DIREITOS SOCIAIS em tempos de PANDEMIA

editora
VENTUROLI

FELIPE PRATA MENDES
PEDRO TOURINHO TUPINAMBÁ
VANESSA ROCHA FERREIRA
organizadores

DIREITOS SOCIAIS em tempos de PANDEMIA

editora
VENTUROLI

EDITORA VENTUROLI
CNPJ – 37.192.089/0001-45

EDITOR
Conselho Editorial
E-mail: conselho@editoraventuroli.com
www.editoraventuroli.com

Endereço
Quadra CLS 314 Bloco A s/n Loja 16 Parte A – Asa Sul – Brasília-DF
CEP – 70.383-510
Telefone (61) 9 9946-2030

PROJETO GRÁFICO E PRODUÇÃO EDITORIAL
Linotec
www.linotec.com.br

Impresso no Brasil
Printed in Brazil

Dados Internacionais de Catalogação na Publicação (CIP)
(Câmara Brasileira do Livro, SP, Brasil)

Direitos sociais em tempos de pandemia / organização Felipe Prata Mendes, Pedro Tourinho Tupinambá, Vanessa Rocha Ferreira. -- 1. ed. -- São Paulo : Linotec Produção Editorial, 2020.

Vários autores.
Bibliografia
ISBN 978-65-991430-1-4

1. Coronavírus (COVID-19) - Diagnóstico 2. COVID-19 - Pandemia - Aspectos jurídicos 3. Direito à saúde 4. Direitos fundamentais sociais 5. Direito social I. Mendes, Felipe Prata. II. Tupinambá, Pedro Tourinho. III. Ferreira, Vanessa Rocha.

20-38568 CDU-342.7

Índices para catálogo sistemático:
1. Direito social 342.7

Maria Alice Ferreira - Bibliotecária - CRB-8/7964

"Temos o direito de ser iguais quando a nossa diferença nos inferioriza; e temos o direito de ser diferentes quando a nossa igualdade nos descaracteriza. Daí a necessidade de uma igualdade que reconheça as diferenças e de uma diferença que não produza, alimente ou reproduza as desigualdades". (SANTOS, Boaventura de Sousa. **Reconhecer para libertar**: os caminhos do cosmopolitanismo multicultural. Rio de Janeiro: Civilização Brasileira, 2003. p. 56)

Autores

– Ana Luísa Gonçalves Rocha

Mestranda em Direito, Estado e Constituição, na sublinha Internacionalização, Trabalho e Sustentabilidade, do Programa de Pós-Graduação em Direito da UnB. Graduada em Direito pela UnB. Integrante do Grupo de Pesquisa *Trabalho, Constituição e Cidadania* (UnB/CNPq). Advogada.

– Carolina Di Assis

Mestranda em Direito, Estado e Constituição, na sublinha Internacionalização, Trabalho e Sustentabilidade, do Programa de Pós-Graduação em Direito da UnB. Integrante do Grupo de Pesquisa *Trabalho, Constituição e Cidadania* (UnB-CNPq). Especialista em Docência Universitária pela PUC Goiás. Bacharel em Direito pela UFG. Licenciada em Letras-Português pela UFG. Servidora efetiva do Instituto Federal de Educação, Ciência e Tecnologia Goiano – *Campus* Trindade.

– Carolina Vieira de Oliveira

Mestranda do Programa de Pós-graduação Interdisciplinar em Direitos Humanos da Universidade Federal de Goiás. Advogada.

– Claudine Teixeira da Silva Rodrigues

Juíza Titular da 19ª Vara do Trabalho de Belém/PA. Especialista em Direito das Relações Sociais e Processo do Trabalho pelo Centro de Ensino Superior do Amapá. Especialista em Economia do Trabalho pelo Centro de Estudos Sindicais e Economia do Trabalho da UNICAMP/SP.

– Cláudio Jannotti da Rocha

Professor da Universidade Federal do Espírito Santo (UFES), na Graduação e no Mestrado. Doutor e Mestre em Direito pela Pontifícia Universidade Católica de Minas Gerais (PUC MINAS). Coordenador e Pesquisador do Grupo de Pesquisa *Trabalho, Seguridade Social e Processo* (UFES-CNPq). Autor de livros e artigos publicados no Brasil e no Exterior. Advogado. Palestrante.

– Danilo Gonçalves Gaspar

Juiz do Trabalho do Tribunal Regional do Trabalho da 5ª Região (Aprovado em 1º Lugar na Prova Oral). Ex-Juiz do Trabalho do TRT da 22ª Região (Aprovado em 1º Lugar na Prova Oral e em 1º Lugar Geral no Concurso). Mestre em Direito Privado e Econômico (UFBA). Pós-Graduado em Direito e Processo do Trabalho (Curso Preparatório para Carreira Jurídica JusPodivm – Salvador/BA). Bacharel em Direito (Faculdade Ruy Barbosa – Salvador/BA). Professor de Direito do Trabalho da Faculdade Baiana de Direito – FBD. Professor de diversos cursos de Pós-Graduação em Direito e Processo do Trabalho. Professor de diversos cursos preparatórios para concursos públicos e exame da OAB.

– Érika Alencar

Professora universitária dos cursos de Direito da Faculdade de Belém (Fabel) e Faculdade Cosmopolita. Coordenadora acadêmica do Curso de Direito da Faculdade Cosmopolita (PA). Advogada. Mestra em Direitos Fundamentais pelo PPGD da Universidade da Amazônia (UNAMA).

– Fabiana Sabino de Oliveira Cebolão

Mestranda em Direito, Políticas Públicas e Desenvolvimento Regional pelo Programa de Pós-Graduação em Direito do Centro Universitário do Estado do Pará (PPGD/CESUPA). Advogada Trabalhista. Graduada em Direito pelo Centro Universitário do Estado do Pará (CESUPA).

– Felipe Prata Mendes

Doutorando em Direito do Trabalho pela Pontifícia Universidade Católica de São Paulo (PUC). Mestre em Direito, Políticas Públicas e Desenvolvimento Regional pelo Centro Universitário do Pará (CESUPA). Especialista em Direito e Processo do Trabalho pela FGVlaw/São Paulo. Professor do Curso de Direito (CESUPA). Professor do Curso de Pós-Graduação em Direito Processual Civil e do Trabalho (CESUPA/ESA). Advogado, com experiência em Direito Individual e Coletivo do Trabalho. Membro do Grupo de Pesquisa: Trabalho Decente (CESUPA).

– Gabriela Neves Delgado

Professora Associada de Direito do Trabalho dos Programas de Graduação e Pós-graduação da Faculdade de Direito da UnB. Pós-doutora em Sociologia do Trabalho pela UNICAMP. Doutora em Filosofia do Direito pela UFMG. Mestre em Direito do Trabalho pela PUC Minas. Pesquisadora Coordenadora do Grupo de Pesquisa *Trabalho, Constituição e Cidadania* (UnB/CNPq). Autora de livros e artigos jurídicos em sua área de especialização. Advogada.

– Georgenor Franco de Sousa

Desembargador do Trabalho de carreira do TRT da 8ª Região. Doutor em Direito Internacional pela Faculdade de Direito da Universidade de São Paulo. Doutor *Honoris Causa* e Professor Titular de Direito Internacional e do Trabalho da Universidade da Amazônia, Presidente Honorário da Academia Brasileira de Direito do Trabalho. Membro da Número da Academia Iberoamericana de Derecho del Trabajo y de la Seguridad Social. Membro da Academia Paraense de Letras, da Academia Paraense de Letras Jurídicas, da Academia Brasileira de Direito da Seguridade Social e Conda Asociación Iberoamericana de Derecho del Trabajo y de la Seguridad Social.

– Gisele Santos Fernandes Góes

Doutora (PUC/SP). Mestre (UFPA). Professora de Direito Processual Civil (UFPA). Procuradora Regional do Trabalho da 8ª Região. Secretária Titular da Região Norte (IBDP – Instituto Brasileiro de Direito Processual). Membro do Instituto Iberoamericano de Derecho procesal. Membro da Associação Norte e Nordeste de Professores de Processo – ANNEP. Membro da Associação Brasileira de Direito Processual – ABDPro. Cofundadora do Projeto Mulheres no Processo Civil. Cofundadora do Fórum Permanente de Processualistas do Trabalho.

– Guilherme Guimarães Feliciano

Professor Associado II do Departamento de Direito do Trabalho e da Seguridade Social da Faculdade de Direito da Universidade de São Paulo. Juiz Titular da 1ª Vara do Trabalho de Taubaté/SP. Livre-docente em Direito do Trabalho e Doutor em Direito Penal pela FDUSP. Doutor em Ciências Jurídicas pela Faculdade de Direito de Lisboa.

– Igor de Oliveira Zwicker

Doutorando em Direito pela Universidade Federal do Pará (PA). Mestre em Direitos Fundamentais pela Universidade da Amazônia (PA). Analista Judiciário (Área Judiciária) e Assessor Jurídico-Administrativo do Tribunal Regional do Trabalho da Oitava Região (PA/AP). Professor de Direito. Autor de livros e artigos publicados.

– José Claudio Monteiro de Brito Filho

Doutor em Direito pela PUC/SP. Vice-coordenador do PPGD e Editor-chefe da Revista Jurídica do CESUPA. Titular da Cadeira nº 26 da Academia Brasileira de Direito do Trabalho.

– Laís de Castro Soeiro

Mestranda em Direito do PPGD-CESUPA. Advogada.

– Luiza Cristina de Albuquerque Freitas Ferreira

Doutoranda e Mestre em Direito pelo Programa de Pós-Graduação em Direitos Humanos da UFPA. Analista Processual do Tribunal de Justiça do Estado do Pará e Professora do Centro Universitário Metropolitano da Amazônia.

– Ney Maranhão

Professor de Direito do Trabalho da Universidade Federal do Pará. Professor Permanente do Programa de Pós-graduação *Stricto Sensu* em Direito da Universidade Federal do Pará (Mestrado e Doutorado). Doutor em Direito do Trabalho pela Universidade de São Paulo, com estágio de Doutorado-Sanduíche na Universidade de Massachusetts (Boston/EUA). Especialista em Direito Material e Processual do Trabalho pela Universidade de Roma – La Sapienza (Itália). Mestre em Direitos Humanos pela Universidade Federal do Pará. Coordenador do Grupo de Pesquisa "Contemporaneidade e Trabalho" – GPCONTRAB (UFPA/CNPQ). Professor convidado em diversas Escolas Judiciais de Tribunais Regionais do Trabalho. Juiz Titular de Vara da Justiça do Trabalho da 8ª Região (PA-AP). Titular da Cadeira nº 30 da Academia Brasileira de Direito do Trabalho. Eleito para a Cadeira nº 25 da Academia Paraense de Letras Jurídicas.

– Noêmia Porto

Juíza do Trabalho. Doutora e Mestre em Direito, Estado e Constituição pela Universidade de Brasília (UnB). Presidente da Associação Nacional dos Magistrados da Justiça do Trabalho (ANAMATRA – biênio 2019-2021). Professora universitária.

– Pastora do Socorro Teixeira Leal

Pós-doutora pela Universidad Carlos III de Madrid (Espanha). Doutora em Direito pela Pontifícia Universidade Católica de São Paulo (SP). Mestra em Direito pela Universidade Federal do Pará (PA). Bacharela em Direito pela Universidade Federal do Pará (PA). Professora de graduação e de pós-graduação (Mestrado e Doutorado) da Universidade Federal do Pará (PA) e da Universidade da Amazônia (PA). Desembargadora do Trabalho do Tribunal Regional do Trabalho da Oitava Região (PA/AP).

– Paulo Roberto Lemgruber Ebert

Advogado. Professor universitário. Doutor em Direito do Trabalho e da Seguridade Social pela Universidade de São Paulo (USP). Especialista em Direito Constitucional pela Universidade de Brasília (UnB). Especialista em Direito e Processo do Trabalho pelo Centro Universitário de Brasília (UniCEUB).

– Pedro Tourinho Tupinambá

Juiz Titular da 3ª Vara do Trabalho de Marabá (TRT-8ª Região). Professor de Direito Constitucional da Faculdade Cosmopolita (PA). Professor Convidado de Direito e Processo do Trabalho dos cursos de Pós-graduação em Direito da Faculdade de Belém (FABEL). Mestrando em Direitos Fundamentais pelo PPGD da Universidade da Amazônia (UNAMA). Especialista em Direito e Processo do Trabalho pela Universidade Anhanguera – Uniderp. Pós-graduado em Economia do Trabalho e Sindicalismo pela UNICAMP/Ejud8.

– Platon Teixeira de Azevedo Neto

Doutor em Direito pela Universidade Federal de Minas Gerais. Professor Permanente do Mestrado em Direito e Políticas Públicas da Universidade Federal de Goiás. Professor Adjunto da Faculdade de Direito da Universidade Federal de Goiás. Juiz Titular de Vara do Trabalho do Tribunal Regional do Trabalho da 18ª Região (Goiás).

– Sayonara Grillo

Doutora em Ciências Jurídicas e Mestre em Teoria do Estado e Direito Constitucional pela PUC-Rio. Professora Associada 3 da Faculdade Nacional de Direito da Universidade Federal do Rio de Janeiro e do corpo permanente do Programa de Pós-Graduação em Direito da UFRJ, onde coordena o grupo de pesquisa Configurações Institucionais e Relações de Trabalho – CIRT, registrado no diretório de pesquisas do CNPq. Desembargadora do Trabalho – TRT-1ª Região.

– Suzanne Teixeira Odane Rodrigues

Advogada. Mestranda em Direito, Justiça e Desenvolvimento pelo Instituto Brasiliense de Direito Público – IDP. Especialista em Direito e Processo do Trabalho pela Pontifícia Universidade Católica do Rio Grande do Sul – PUCRS

– Tiago Figueiredo Gonçalves

Mestre e Doutor em Direito pela Pontifícia Universidade Católica de São Paulo (PUC/SP). Professor da Universidade Federal do Espírito Santo – UFES (graduação e mestrado). Coordenador do Curso de Direito da Universidade Federal do Espírito Santo (UFES). Professor do Curso de Graduação em Direito do Centro Universitário do Espírito Santo (UNESC). Advogado.

– Valena Jacob Chaves Mesquita

Doutora e Mestre em Direito pela UFPA. Professora da Graduação em Direito e do Programa de Pós-Graduação em Direitos Humanos da UFPA. Diretora-Geral do Instituto de Ciências Jurídicas da UFPA e Pesquisadora da Clínica de Direitos Humanos da Amazônia/UFPA. Diretora da Escola Judicial da Associação Brasileira de Advogados Trabalhistas – ABRAT e Diretora da Associação Luso-brasileira de Juristas do Trabalho – JUTRA

– Vanessa Rocha Ferreira

Doutora em Direitos Humanos pela Universidade de Salamanca (Espanha). Mestre em Direitos Fundamentais pela Universidade da Amazônia (Unama/PA). Professora da Graduação e da Pós-graduação do Curso de Direito do Centro Universitário do Estado do Pará (CESUPA). Coordenadora do Grupo de Pesquisa Trabalho Decente (CNPq-CESUPA). Auditora do Tribunal de Contas do Estado do Pará (TCE/PA).

Apresentação

Recentemente o mundo tem enfrentado uma crise jamais imaginada, ocasionada pela propagação do Coronavírus (Covid-19). No dia 11 de março de 2020, devido ao elevado nível de sua propagação pelo mundo, a Organização Mundial da Saúde (OMS) decretou tratar-se de uma Pandemia.

Esta obra foi desenvolvida para reunir estudos feitos por pesquisadores e pesquisadoras de todo o país, com ênfase na discussão dos direitos sociais durante esse período de crise sanitária, econômica e social ocasionada pela Pandemia da Covid-19.

O primeiro artigo, intitulado "**DIREITOS SOCIAIS: FUNDAMENTAIS OU NÃO?**", discute, com base nas obras de Filosofia Política e de Direito Constitucional, a fundamentalidade dos direitos sociais sobre dois aspectos de justiça: o da constitucionalidade da conduta de relativização e o da justiça, em sentido filosófico-político, de uma distribuição que considera os direitos de igualdade como menos relevantes.

O segundo artigo, denominado "**AS MEDIDAS PROVISÓRIAS SOBRE DIREITO DO TRABALHO NA PANDEMIA DA COVID-19**", faz uma análise das inúmeras Medidas Provisórias que foram editadas a partir do reconhecimento do estado de calamidade pública, visando minimizar os danos causados pela terrível Pandemia.

O terceiro artigo, nominado "**DIREITO DO TRABALHO DE CRISE E A REGULAÇÃO LABORAL DA CALAMIDADE**", busca refletir sobre alguns elementos da "Regulação Laboral da Pandemia" estabelecida durante a crise sanitária decorrente da Covid-19.

O quarto artigo, titulado "**FLEXIBILIZAÇÕES TRABALHISTAS E A PANDEMIA DA COVID-19 NO BRASIL**", tem como objetivo geral analisar as inovações normativas implementadas pelas MPs n. 927, 928 e 936, verificando se tais normas estão de acordo com os princípios do direito do trabalho.

O quinto artigo, denominado "**CORONAVÍRUS E MEIO AMBIENTE DE TRABALHO: DE PANDEMIAS, PANTOMIMAS E PANACEIAS**", visa discutir questões referentes ao meio ambiente laboral durante a Pandemia da Covid-19.

O sexto artigo, denominado "**OS REFLEXOS DA DECISÃO DO STF NA CARACTERIZAÇÃO DA COVID-19**", visa sanar eventuais dúvidas a respeito da caracterização da Covid-19 como doença ocupacional. O artigo analisa a decisão do STF, proferida no dia 29.04.2020 que, por maioria, no julgamento conjunto das medidas cautelares apresentadas nos autos das Ações Declaratórias de Inconstitucionalidade – ADIs n. 6342,

6344, 6346, 6348, 6349, 6352 e 6354, reconheceu a inconstitucionalidade do art. 29 da MP n. 927/2020.

O sétimo artigo, titulado "**A UTILIZAÇÃO DO TELETRABALHO DURANTE A PANDEMIA DA COVID-19**", propõe a analisar o uso do teletrabalho como alternativa à manutenção de empregos e renda durante o período da Pandemia da Covid-19 e os impactos dessa mudança de regime laboral na vida do trabalhador.

Posteriormente, o oitavo artigo, denominado "**ALTERNATIVA VIRTUAL AO ISOLAMENTO SOCIAL: ASPECTOS DO TELETRABALHO EM TEMPOS DE PANDEMIA**", visa discutir aspectos específicos da transição do regime de trabalho presencial para o regime de teletrabalho, necessário para o momento da Pandemia.

O nono artigo, com o título "**A MELANCOLIA NO TELETRABALHO EM TEMPOS DE CORONAVÍRUS**", objetiva tecer algumas reflexões críticas a respeito dessa modalidade de trabalho, sobretudo sob o aspecto jurídico da jornada de trabalho e da subjetividade no trabalho, especificamente no que concerne ao sentimento de melancolia que pode arrebatar os teletrabalhadores.

O décimo artigo, apresentado sob o título "**EM DEFESA DO BEM-ESTAR FÍSICO, MENTAL E SOCIAL DO EMPREGADO EM TEMPOS DE "HOME OFFICE" E DO NOVO CORONAVÍRUS**", tem por objetivo discutir o bem-estar físico, mental e social dos empregados que estão, durante a Pandemia da Covid-19, utilizando a modalidade de teletrabalho.

Na sequência, o décimo primeiro artigo, cujo título é "**O CONTRATO INTERMITENTE EM MEIO À PANDEMIA DA COVID-19: UMA REFLEXÃO PARA O FUTURO**", tem a finalidade de analisar o contrato intermitente previsto no Direito Brasileiro e o seu impacto na remuneração justa do trabalhador, fazendo uma reflexão, com base no Direito Comparado e nas medidas emergenciais adotadas durante o período de Pandemia, quanto às alternativas que buscam atenuar o efeito precarizante dessa modalidade contratual.

O décimo segundo, denominado "**A UBERIZAÇÃO E O CORONAVÍRUS**", visa analisar aspectos referente ao meio ambiente de trabalho daqueles trabalhadores *uberizados*, especificamente os que entregam mercadorias, uma vez que estão mais expostos ao contágio do Coronavírus.

O décimo terceiro, designado "**MULHERES E MERCADO DE TRABALHO: A PANDEMIA POTENCIALIZA AS DESIGUALDADES**", analisa, a partir da premissa constitucional da igualdade, vista como respeito à diversidade e à diferença, a situação das mulheres trabalhadoras durante a pandemia da Covid-19, indicando possibilidades que poderiam e deveriam ser consideradas na atuação jurídica, na formulação de políticas públicas, incluindo legislativas, e, ainda, empresariais, para que o enfrentamento da crise possa ocorrer de maneira realmente inclusiva para todos e todas.

O décimo quarto artigo, denominado "**ACORDOS JUDICIAIS TRABALHISTAS EM TEMPOS DE COVID-19**", apresenta reflexões acerca da possiblidade de repactuação dos acordos judiciais trabalhistas homologados em um cenário pré-pandêmico, bem como aferir o papel da Justiça do Trabalho na mitigação dos riscos ocasionados pela crise global.

O décimo quinto artigo, intitulado "**A HOMOLOGAÇÃO DE ACORDO EXTRAJUDICIAL EM TEMPOS DE PANDEMIA**", objetiva analisar as alternativas para a utilização da homologação de acordo extrajudicial como meio de resolução de conflitos em tempos de pandemia, bem como os limites que devem ser observados na aplicação do instituto.

E, por fim, o último artigo dessa obra, intitulado "**O PAPEL DO MINISTÉRIO PÚBLICO – EM ESPECIAL DO MINISTÉRIO PÚBLICO DO TRABALHO – NO ENFRENTAMENTO DE PROBLEMÁTICAS ESTRUTURAIS DECORRENTES DO CONTEXTO PANDÊMICO**", visa discutir a atuação do Ministério Público, durante a Pandemia da Covid-19, como agente fundamental para resguardar os valores irradiados e imanados pela Constituição Federal.

É importante destacar que o livro conta com a participação de juristas das mais diversas áreas do direito e de diversas regiões do Brasil. Essa participação permite que a obra tenha posicionamentos e percepções diferentes sobre assuntos relacionados à Pandemia da Covid-19, enriquecendo o debate acadêmico.

Trata-se de livro que aborda matérias relevantes para o atual momento de crise vivenciada em escala global, sobretudo porque analisa questões relacionadas à proteção de direitos básicos, que são os direitos sociais.

Belém do Pará, maio de 2020.

Felipe Prata Mendes

Doutorando em Direito do Trabalho pela PUC-SP. Mestre em Direito, Políticas Públicas e Desenvolvimento Regional pelo Centro CESUPA. Professor Universitário

Pedro Tourinho Tupinambá

Mestrando em Direitos Fundamentais pela UNAMA. Juiz do Trabalho do TRT – 8ª Região. Professor Universitário.

Vanessa Rocha Ferreira

Doutora em Direitos Humanos pela Universidade de Salamanca. Mestre em Direitos Fundamentais pela UNAMA. Professora Universitária.

Sumário

Prefácio

A pandemia da COVID-19, ao lado de gerar uma gravíssima crise sanitária, que o mundo ainda luta para controlar, gerou também uma crise econômica, pela paralisação significativa da atividade produtiva.

Para conter os efeitos devastadores de um vírus agressivo e, em muitos casos, mortal, muitas medidas restritivas foram adotadas no âmbito dos países. No Brasil não foi diferente, com União, estados-membros e municípios, além do Distrito Federal, fixando diversas ações com o objetivo de combater a pandemia e criando uma série de restrições ao exercício de atividades, nos setores público e privado.

Isso, em alguns casos, gerou diversos questionamentos em relação ao respeito a direitos básicos das pessoas, tanto em matéria de liberdade quanto de igualdade.

No tocante aos direitos de igualdade, denominados na Constituição da República Federativa do Brasil de Direitos Sociais, eles estão no centro das discussões, não somente porque a pandemia é, primeiramente, uma questão de saúde, mas, também, porque as medidas tomadas em relação ao funcionamento da atividade econômica, principalmente com o objetivo de forçar o isolamento social de forma horizontal, interferiram de forma bastante intensa no direito ao trabalho.

Em relação ao direito à saúde, ficou claro, desde o início, que a total indiferença do Governo, por longos anos, em todos os níveis da Federação, pela criação de um sistema sanitário inclusivo e com proteção abrangente, tornou mais difícil a proteção da população durante a pandemia, com dificuldades ainda maiores que as enfrentadas nos países em que esse direito é levado a sério.

Não que qualquer estado soberano estivesse totalmente preparado para lidar com a pandemia, mas, no caso brasileiro, além de um problema de proporções gigantescas, ainda tivemos de nos deparar com um sistema que, embora teoricamente adequado, na prática é pouco mais que um desastre.

No tocante ao direito ao trabalho, foram inúmeras as medidas adotadas, no bojo de um pacote mais amplo ainda de iniciativas para minorar as perdas decorrentes da impossibilidade das pessoas de gerar renda para manter sua capacidade de sobrevivência e, no caso dos que empreendem economicamente, de manter seus negócios.

Possibilidade de suspensão dos contratos individuais de trabalho, manejo de férias e banco de horas em condições distintas das habituais, redução de jornada e de salários, além de estímulo ao teletrabalho, entre outras medidas, tudo isso foi regulamentado de forma especial para o período da pandemia, como forma de se contrapor aos efeitos econômicos dela.

Somado a isso, houve a tentativa de regulamentação da atividade jurisdicional, indispensável para a administração dos conflitos trabalhistas, que se agudizaram em um cenário de crise, mas que, em um primeiro momento, só funcionou em casos de urgência. A situação não está ainda normalizada e tão cedo não estará, mas experiências e tentativas já existem, e a proteção voltou a ser oferecida.

É do direito social ao trabalho, em todas as suas facetas, que este livro trata, em iniciativa importante, até para possibilitar a compreensão do que está sendo feito, além de deixar um registro para o futuro, mostrando como a situação foi manejada no plano normativo e no que isso resultou.

É uma obra que congrega autores com as mais variadas experiências e matizes, além de coordenada por acadêmicos já experientes na organização de coletâneas: Vanessa Rocha, Felipe Mendes e Pedro Tupinambá.

Tenho certeza de que será um livro importante, e que vale a pena conhecer.

Belém/PA, maio de 2020

José Claudio Monteiro de Brito Filho

Doutor em Direito das Relações Sociais pela PUC/SP. Vice-coordenador do PPGD e Editor-chefe da Revista Jurídica do CESUPA. Titular da Cadeira nº 26 da Academia Brasileira de Direito do Trabalho.

Direitos Sociais: Fundamentais ou Não?

José Claudio Monteiro de Brito Filho

Laís de Castro Soeiro

1. INTRODUÇÃO

Previstos nos artigos 6º a 11 da Constituição da República Federativa do Brasil (CRFB) como direitos fundamentais, sempre houve um tratamento diferenciado para os direitos sociais, dando a entender que, talvez, essa fundamentalidade não seja exatamente igual à que é conferida aos direitos de liberdade.

Isso tem feito com que a concessão dos direitos sociais obedeça a critérios menos rígidos em comparação com os direitos de liberdade, sempre condicionada a critérios de política econômica, com se não fossem direitos tão básicos, assim.

Agora, durante a pandemia da COVID-19, ficou claro, ao vermos um sistema de saúde que já era precário não ter como oferecer as melhores condições para a preservação da saúde da população, como essa distinção é real, o que talvez parcela das pessoas não percebesse, por não fazer parte direta de suas vidas.

Ficou claro, também, na decisão do Supremo Tribunal Federal (STF) na ADI com MC 6363/DF, na qual os direitos fundamentais à redução dos salários e da jornada somente por contratação coletiva, previstos no artigo 7º, incisos VI e XIII, da CRFB, foram desconsiderados.

É como se os direitos sociais, embora previstos na Constituição da República como fundamentais, pudessem ser relativizados para atender situações de conveniência, como sempre foram na saúde, e agora foram no trabalho.

Nosso objetivo, neste breve texto, é discutir a questão a partir de um duplo aspecto de justiça: da constitucionalidade da conduta de relativização e da justiça, em sentido filosófico-político, de uma distribuição que considera os direitos de igualdade como menos relevantes.

O problema de pesquisa, considerando essa contextualização, é o seguinte: é uma medida de justiça, sob um duplo aspecto, considerar os direitos sociais como fundamentais, ou podem eles ser relativizados e considerados como um ideal político menos relevante?

O estudo, no plano metodológico, é uma análise jurídico-filosófica, com base nas obras de Filosofia Política e de Direito Constitucional, principalmente a obra Uma teoria da justiça, de John Rawls, publicada originariamente em 1971 (2008).

O texto está dividido em quatro itens, sendo o primeiro esta Introdução. Em seguida, fazemos a análise filosófica e, posteriormente, a análise constitucional necessária para cumprir o objetivo geral da pesquisa. Finalizamos com a conclusão, oferecendo uma resposta ao problema de pesquisa.

É um texto breve, pelas circunstâncias em que está sendo escrito, mas que esperamos possa contribuir para uma discussão que, embora se tenha tornado mais aguda durante a pandemia da COVID-19, é perene, pois a relativização da fundamentalidade dos direitos sociais sempre foi uma constante.

2. A IGUALDADE COMO IDEAL POLÍTICO NECESSÁRIO À JUSTIÇA

John Rawls, quando escreveu Uma teoria da justiça (2008), propondo a teoria da justiça como equidade, afirmou sua ideia de apresentar uma concepção de justiça que se opusesse ao utilitarismo, segundo ele, uma teoria que "não leva a sério a distinção entre as pessoas" (RAWLS, 2008, p. 33).

Para Rawls, o utilitarismo não dava conta de oferecer uma distribuição de direitos que atendesse às necessidades dos integrantes de uma sociedade bem ordenada. E ele tinha e tem inteira razão.

A respeito do utilitarismo, ensina Vita (1993, p. 13) que:

> [O] utilitarismo é uma teoria ética teleológica, isto é, uma teoria que define o que é correto ou justo fazer em função de uma concepção da boa vida humana. Essa concepção, no caso do utilitarismo, é vazia de conteúdo próprio, já que resulta da agregação de preferências e desejos *de facto* dos agentes, sem que a motivação ou a validade dessas preferências e desejos sejam colocadas em questão.

Já Kymlika (2006, p. 11) indica que, na forma mais singela, o utilitarismo "afirma que o ato ou procedimento moralmente correto é aquele que produz a maior felicidade para os membros da sociedade". Mais adiante, o mesmo autor afirma que, no utilitarismo, as preferências dos indivíduos não são satisfeitas quando contrárias ao que "maximiza a utilidade de maneira geral" (KYMLICKA, 2006, p. 25).

A palavra de ordem do utilitarismo contemporâneo, a propósito, mais que preferências, é necessidade. É que as políticas públicas mais gerais, como as de educação e de saúde, normalmente trabalham como uma ideia de universalização ou de pretensão de universalização, mas, fixando padrões de atendimento, pelo que, todos aqueles que necessitam de mais do que é previsto nesses padrões, e que constituem um grupo não majoritário, são excluídos do âmbito de proteção. Em outras palavras, o utilitarismo se preocupa com a comunidade como um todo, mas não com os indivíduos particularmente considerados, bastando, para essa concepção de justiça, que o bem-estar geral seja satisfeito.

Mas Rawls, quando concebeu a teoria da justiça como equidade, não estava somente oferecendo oposição ao utilitarismo, concepção de justiça àquele momento dominante. Não, ele estava rompendo com a concepção liberal mais tradicional, que tinha na liberdade o único ideal político a ser considerado para uma distribuição justa, e que, hoje, é bem representada pelo que denominamos de libertarismo ou libertarianismo.

A propósito do libertarismo, sua defesa de um Estado mínimo e sem funções distributivas, além de sustentando, também, ou por via de consequência, somente as liberdades, faz com que essa teoria não seja capaz de reconhecer os direitos de igualdade como tendo a mesma importância que os direitos de liberdade.

Isso é possível depreender, facilmente, com Nozick (2009, p. 21), expoente do libertarismo, que afirma:

> [a]s principais conclusões que retiramos acerca do estado são as de que um estado mínimo, limitado às funções estritas da proteção contra a violência, roubo, fraude, execução de contratos, e por aí em diante, justifica-se; e que o estado mínimo, além de correto, é inspirador. Duas implicações dignas de nota são a de que o estado não pode usar os seus instrumentos coercitivos com o objetivo de obrigar alguns cidadãos a ajudar outros, ou de proibir determinadas atividades às pessoas para o próprio bem ou proteção delas.

Para o libertarismo, os direitos de igualdade não devem fazer parte dos direitos básicos dos indivíduos, sendo suficiente que as pessoas gozem de liberdade para que se possa ter uma sociedade justa.

Rawls (2008), na teoria da justiça como equidade, resolve essas duas questões, que a seu ver produziriam uma distribuição injusta, a partir de duas opções, que devem ser vistas como interligadas: 1) elenca a igualdade como um ideal político relevante para a justiça e 2) reconhece que os direitos básicos, que chama de bens primários, devem ser distribuídos a todas as pessoas, na medida de suas particularidades.

A primeira opção afasta o limitado esquema libertário, enquanto a segunda corrige o principal problema do utilitarismo. É que não podemos falar em uma distribuição justa se ela não propícia um alicerce que permita às pessoas, em qualquer condição, buscar atingir seus planos de vida, nem, ainda, quando a distribuição não atinge todas as pessoas.

Para Rawls (2008), enquanto os direitos de liberdade devem ser distribuídos de forma igual a todos os integrantes da sociedade, no que ele denomina posição de cidadania igual, os de igualdade não, pois, como se vão constituir no alicerce necessário a cada um dos indivíduos, de onde partirão para buscar o cumprimento de seus projetos de vida, é preciso que sua concessão leve em consideração os que mais precisarão desses direitos, que são os menos favorecidos.

Isso consta expressamente no segundo princípio de justiça de Rawls (2008, p. 75), também chamado de princípio da diferença, e que prescreve, na sua formulação original, o seguinte:

> Segundo: as desigualdades sociais e econômicas devem estar dispostas de tal modo que tanto (a) se possa razoavelmente esperar que se estabeleçam em benefício de todos como (b) estejam vinculadas a cargos e posições acessíveis a todos.

Mais adiante, mas, na mesma obra, Rawls (2008, p. 376), apresentando uma formulação mais elaborada e clara do princípio, registra sua opção por uma distribuição de recursos que leve em conta os menos favorecidos.

É que, qualquer concessão de direitos de igualdade que atenda às necessidades básicas dos menos favorecidos certamente contemplará as necessidades básicas dos que têm mais, pois estes últimos já têm uma base, um alicerce mais sólido do que os primeiros.

Os direitos, dessa forma, assim como a distribuição dos encargos entre os indivíduos, levam em consideração as necessidades dos menos favorecidos. Podemos dizer, dessa feita, que os sujeitos protegidos, na teoria de Rawls, em relação aos direitos de igualdade, são os que têm menos.

Tivéssemos essa concepção de justiça – seguramente a mais includente e que considera todos os direitos indispensáveis à vida digna das pessoas – a definir a distribuição de nossos direitos, possivelmente estaríamos enfrentando menos agruras na atual pandemia da COVID-19, pois olharíamos os direitos de igualdade na perspectiva correta: como direitos que precisam atentar para as necessidades de cada um, e que levam, para a sua definição, a perspectiva dos menos favorecidos.

Não seriam admitidos, dessa feita, nem um serviço de saúde que atua dentro de limites que não atendem a todas as necessidades humanas, nem a simples desconsideração de direitos fundamentais dos trabalhadores, como fez o STF, por maioria, no caso da ADI com MC 6363/DF, caso reconhecêssemos os direitos de igualdade, no Brasil chamados de direitos sociais, como verdadeiramente relevantes para uma distribuição justa.

3. A FUNDAMENTALIDADE DOS DIREITOS SOCIAIS

A fundamentalidade de um direito diz respeito à possibilidade de considerá-lo como um direito fundamental, essencial, em que há "[...] uma especial dignidade de proteção dos direitos num sentido formal e material" (CANOTILHO, 2002, p. 376).

O sentido formal deriva da noção de que os direitos, para serem tratados como tal, precisam estar positivados na Constituição da República, diferentemente do sentido material, que admite que outras normas, não constitucionais, como os tratados e as convenções internacionais, versem igualmente sobre direitos fundamentais.

Como assevera Marmelstein (2008, p. 174):

> [...] os direitos sociais são, à luz do direito positivo-constitucional brasileiro, verdadeiros direitos fundamentais, tanto em sentido formal (pois estão na Constituição e têm status de norma constitucional) quanto em sentido material (pois são valores intimamente ligados ao princípio da dignidade da pessoa humana).

Os direitos sociais, de igualdade, sempre foram vistos de forma distinta quando comparados aos direitos de liberdade, por exemplo. Isso porque, a sociedade parece compreender mais facilmente a fundamentalidade plena dos direitos de liberdade, ignorando premissas básicas, como a indivisibilidade e a interdependência dos direitos fundamentais.

É como pontuam, assertivamente, Piovesan e Vieira (2006, p. 1) ao defenderem que "[...] o estudo dos direitos fundamentais deve ser orientado por uma visão integral, marcada pela indivisibilidade e interdependência dos direitos clássicos de liberdade e dos sociais, econômicos e culturais". Piovesan (2010, p. 56) destaca ainda que:

> Cabe ainda mencionar que a Carta de 1988, no intuito de proteger maximamente os direitos fundamentais, consagra dentre as cláusulas pétreas a cláusula "direitos e garantias individuais". Considerando a universalidade a indivisibilidade dos direitos humanos [...] essa cláusula alcança os direitos sociais. Para Paulo Bonavides: "os direitos sociais não são apenas justiciáveis, mas são providos, no ordenamento constitucional, da garantia da suprema rigidez do parágrafo 4º do art. 60". São, portanto, direitos intangíveis, direitos irredutíveis, de forma que tanto a lei ordinária como a emenda à Constituição que a afetarem, abolirem ou suprimirem os direitos sociais padecerão do vício de inconstitucionalidade.

Essa visão deturpada dos direitos sociais é fruto de uma construção doutrinária e social que se fundamenta na ideia do chamado mínimo existencial, o conjunto de direitos e condições mínimas para garantia da dignidade humana.

Segundo Torres (2008, p. 53), o mínimo existencial se relaciona aos direitos sociais porque "representa a quantidade mínima de direitos abaixo da qual o homem não tem condições para sobreviver com dignidade". No entanto, é preciso ter cuidado com as palavras do autor.

Não se pode, jamais, limitar a fundamentalidade dos direitos sociais à noção de mínimo existencial, ao contrário, é preciso ter em mente que os direitos e garantias fundamentais são todos os previstos na Constituição como tais, e têm aplicação direta e imediata, como dispõe o § 1º do art. 5º da CRFB, pelo que os direitos sociais gozam de fundamentalidade plena.

Nesse sentido, Sarmento (2008, p. 566):

> [...] conceber os direitos sociais como normas programáticas implica deixá-los praticamente desprotegidos diante das omissões estatais o que não se compatibiliza nem com o texto constitucional, que consagrou a aplicabilidade imediata de *todos* os direitos fundamentais, nem com a importância destes para a vida das pessoas.

Os direitos sociais, constitucionalmente assegurados, têm aplicabilidade imediata, pela sua natureza prestacional positiva, no entanto, exigem a intervenção do Estado para a criação de políticas públicas de justiça social, tendo por finalidade a concretização da igualdade social e a melhoria das condições de vida dos grupos minoritários.

Apesar de não haver dúvidas quanto à fundamentalidade dos direitos sociais, os indivíduos, muitas vezes, parecem não compreender a importância de protegê-los ou preferem ignorá-los. Essa percepção ficou clara com a decisão do Supremo Tribunal Federal na ADI com MC 6363/DF.

A decisão enfraquece as entidades sindicais e, consequentemente, enfraquece o trabalhador que dela se utiliza para fazer com que sua voz seja ouvida. Isso porque não há negociação em que não exista o mínimo de equilíbrio entre empregado e empregador.

A relativização de direitos fundamentais, sob o argumento de um estado de excepcionalidade, por conta da pandemia da COVID-19, afronta os preceitos constitucionais para atender a anseios econômicos e políticos considerados urgentes para o governo brasileiro, e não só por ele. Em verdade, decisões como essa só reforçam o desinteresse do Estado, e de grande parte da sociedade, pela efetivação de direitos fundamentais.

O Alto Comissariado da Organização das Nações Unidas para os Direitos Humanos (ACNUDH) pronunciou-se a respeito do tema, alertando que a COVID-19 é um teste para indivíduos, sociedades, governos e comunidades. É o momento da solidariedade e da cooperação para combater o vírus e mitigar os efeitos – com frequência, involuntários – das medidas adotadas para deter sua propagação (ACNUDH, 2020), jamais para negar direitos básicos das pessoas.

Diante desse cenário, o respeito aos direitos humanos em todos os âmbitos, incluindo os direitos econômicos, sociais e culturais, bem como os direitos civis e políticos, será fundamental para o sucesso das respostas de saúde pública diante da pandemia. (ACNUDH, 2020). Não podemos permitir que os direitos fundamentais sociais sejam reiteradamente relativizados, conforme a conveniência do poder público, e que isso se torne uma verdadeira normalização de abusos.

4. CONCLUSÃO

A histórica relativização dos direitos sociais, considerados, na prática das políticas públicas e, como visto, às vezes pelo próprio STF, como tendo menor importância, podendo ser concedidos de forma precária ou, conforme o caso, até ignorados, não resiste à análise sob um duplo aspecto de justiça.

Em uma perspectiva de justiça distributiva, não pode ser uma distribuição de direitos concebida como adequada, justa, se não levar em conta que somente os direitos de liberdade não são suficientes, pois, como as pessoas são diferentes, sofrendo os efeitos da sorte natural e da sorte social, precisam de uma distribuição, também, de direitos de igualdade básicos e que lhes possam garantir um alicerce mínimo para que, daí para a frente, possam praticar os atos necessários ao cumprimento de seus projetos de vida.

De igual sorte, a relativização também não resiste a uma análise constitucional a respeito. Os direitos sociais são tocados pela fundamentalidade na Constituição da República, não estão em patamar abaixo dos direitos de liberdade e têm idêntica essencialidade, sendo básicos para a promoção do bem de todos prevista no artigo 3º, IV, da CRFB como um dos objetivos fundamentais da República.

Nem o fato de que os direitos sociais têm um custo mais elevado justifica uma concessão mitigada[1]. São direitos básicos das pessoas, imprescindíveis para uma vida com dignidade, e estão dentro dos serviços que o Estado – que só existe para nos garantir direitos que não conseguimos exercitar por conta própria – está obrigado a oferecer.

Por esse motivo, esses direitos devem ser concedidos de forma plena, com o máximo respeito à sua fundamentalidade.

---

1 Todos os direitos que o Estado está obrigado a conceder implicam custos, como bem explicam Holmes e Sunstein (2019).

REFERÊNCIAS

ACNUDH. **COVID-19 e a dimensão de direitos humanos.** Disponível em: https://nacoesunidas.org/covid-19-e-a-dimensao-de-direitos-humanos. Acesso em: 22 abr. 2020.

BRASIL. **Constituição da República Federativa do Brasil de 1988**. Brasília, DF. Disponível em: http://www.planalto.gov.br/ccivil_03/constituicao/constituição.htm. Acesso em: 21 abr. 2020.

BRASIL. Supremo Tribunal Federal. **Medida Cautelar na Ação Direta de Inconstitucionalidade 6363/DF**. Requerente: Rede Sustentabilidade. Relatora: Min. Ricardo Lewandowski, 06 de abril de 2020. Disponível em: http://stf.jus.br/arquivo/cms/noticiaNoticiaStf/anexo/ADI6363.pdf. Acesso em: 21 abr. 2020.

CANOTILHO, J. J. Gomes. **Direito constitucional e teoria da Constituição**. 5. ed. Coimbra: Almedina, 2002.

HOLMES, Stephen; SUNSTEIN, Cass R. **O custo dos direitos**: por que a liberdade depende dos impostos. São Paulo: WMF Martins Fontes, 2019.

KYMLICKA, Will. **Filosofia política contemporânea**: uma introdução. Tradução de Luis Carlos Borges. São Paulo: Martins Fontes, 2006.

MARMELSTEIN, George. **Curso de direitos fundamentais**. São Paulo: Atlas, 2008.

NOZICK, Robert. **Anarquia, estado e utopia**. Lisboa: Edições 70, 2009.

PIOVESAN, Flávia. Justiciabilidade dos direitos sociais e econômicos: desafios e perspectivas. *In:* CANOTILHO, J. J. Gomes; CORREIA, Marcus Orione Gonçalves; CORREIA, Érica Paula Barcha (org.). **Direitos fundamentais sociais**. São Paulo: Saraiva, 2010.

PIOVESAN, Flávia; VIEIRA, Renato Stanziola. Justiciabilidade dos direitos sociais e econômicos: desafios e perspectivas. **Araucaria**: Revista Iberoamericana de Filosofia, Política, Humanidades e Relações Internacionais, v. 8, n. 15, p. 128-146, abr. 2006. Disponível em: https://revistascientificas.us.es/index.php/araucaria/article/view/1117. Acesso em: 23 abr. 2020.

RAWLS, John. **Uma teoria da justiça**. 3. ed. Tradução de Jussara Simões. São Paulo: Martins Fontes, 2008.

SARMENTO, Daniel. A proteção judicial dos direitos sociais: alguns parâmetros ético-jurídicos. *In:* SOUZA NETO, Cláudio Pereira; SARMENTO, Daniel. **Direitos sociais:** fundamentos, judicialização e direitos sociais em espécie. Rio de Janeiro: Lumen Juris, 2008.

TORRES, Ricardo Lobo. **O mínimo existencial e os direitos fundamentais.** São Paulo: Renovar, 2008.

VITA, Álvaro de. **Justiça liberal**. Rio de Janeiro: Paz e Terra, 1993.

As Medidas Provisórias sobre Direito do Trabalho na Pandemia da COVID-19

Georgenor de Sousa Franco Filho

1. INTRODUÇÃO

Em meio aos terríveis momentos que são impostos à humanidade nessa verdadeira terceira guerra mundial, em que o inimigo é desconhecido e não sabemos onde realmente ele está e como pode ser destruído, sobrevém a grave e grande dúvida de como será *o dia seguinte*. Ou seja, como ficará o mundo do trabalho e como sobreviverão (se sobreviverem) os empregos que existiam (?) até, pelo menos no Brasil, meados de março de 2020.

É induvidoso que a pandemia causa pânico, isolamento, desemprego e desaceleração da economia. Essas consequências dramáticas tornam necessário que sejam adotadas medidas emergenciais de controle para manter a convivência social e a vida humana com razoável qualidade.

Consoante o Decreto Legislativo n. 6, de 20.3.2020, foi reconhecido estado de calamidade pública até 31.12.2020 em todo o território nacional, exclusivamente para os fins do art. 65 da Lei Complementar n. 101, de 4.5.2000, notadamente para as dispensas do atingimento dos resultados fiscais previstos no art. 2º da Lei n. 13.898, de 11.11.2019, e da limitação de empenho de que trata o art. 9º da mencionada Lei Complementar n. 101/2000.

Desde antes, uma série de medidas provisórias vinham sendo editadas pelo Poder Executivo Federal, considerando a urgência e a emergência da situação posta e, sobretudo, do que se poderia vislumbrar de desastroso para toda a sociedade. Cumpria-se o disposto no art. 62 da Constituição da República, e, assim, foi editada a Medida

Provisória (MP) n. 921, de 7.2.2020, abrindo crédito extraordinário ao Ministério da Defesa, à qual se seguiu a MP n. 925, de 18.3.2020, sobre aviação civil.

A partir do reconhecimento do estado de calamidade pública, inúmeras MPs foram editadas, e continuam a ser, cada qual cuidando de diversos aspectos destinados a minimizar os danos causados pela terrível pandemia que assola todo o planeta.

Com a MP n. 927, de 22.3.2020, dispondo sobre as medidas trabalhistas para enfrentamento do estado de calamidade pública reconhecido pelo Decreto Legislativo n. 6/2020 e da emergência de saúde pública de importância internacional decorrente do coronavírus (covid-19), teve início a série de disposições legais para cuidar do mal no ambiente trabalhista.

É certo que pelas indicações as providências têm sido tomadas com vistas à preservação de emprego, garantia da saúde geral e sustentabilidade da economia e, por corolário, das empresas e dos postos de trabalho.

Tentaremos, adiante, pormenorizar alguns aspectos, visando a avaliar se existe uma iminente precarização dos empregos no Brasil ou se está sendo tentada, com essa série de MPs, a preservação desses empregos.

2. MEDIDAS PROVISÓRIAS TRABALHISTAS

A primeira medida provisória que tratou de matéria que pode se vincular às questões trabalhistas foi a MP n. 925, de 18.3.2020, estabelecendo medidas emergenciais para a aviação civil brasileira, relativamente aos contratos de concessão de aeroportos, quanto às contribuições fixas e variáveis, cujos vencimentos foram prorrogados para 18 de dezembro de 2020. Trata-se, evidentemente, de matéria mais ligada a direito do consumidor que, todavia, pode ter reflexo nas questões trabalhistas envolvendo algum provável passageiro prejudicado com tarefas que teria a cumprir no destino e cuja viagem não pôde realizar. Como consequência, dos seus prejuízos precisará ser ressarcido e a empresa de aviação poderá ser responsabilizada pelo dano.

A partir da MP n. 927/2020, uma sucessão de MPs tenta regulamentar especificamente as condições de trabalho nos tempos de pandemia.

A MP n. 927, a primeira a se dedicar especificamente às relações de trabalho, foi bastante extensa nas suas disposições. Cuida de teletrabalho, antecipação de férias individuais, concessão de férias coletivas, aproveitamento e antecipação de feriados, banco de horas, medidas de segurança e saúde no trabalho, direcionamento do trabalhador para qualificação e diferimento do recolhimento do FGTS (art. 3º).

De todos os dispositivos, o art. 18 causou de imediato comoção na sociedade, porque concedia ao empregador poder para, unilateralmente, suspender por até quatro meses o contrato de trabalho de seu empregado, desde que este fosse participar de um curso ou programa de qualificação profissional não presencial. Os reclamos foram de tal monta que, imediatamente após, a MP n. 928, de 23.3, revogou esse artigo 18 (art. 2º).

Os demais dispositivos continuam a vigorar e deverão, no prazo constitucional (art. 62 da Constituição), ser apreciados pelo Parlamento brasileiro, e voltaremos a alguns de seus aspectos adiante.

A MP n. 936, de 1º.4, institui o Programa Emergencial de Manutenção do Emprego e da Renda e dispõe sobre medidas trabalhistas complementares para enfrentamento do estado de calamidade pública. Seu teor é mais razoável que a anterior MP n. 927, porém, ainda assim, foi objeto da ADI n. 6.363/DF, cujo relator inicial, Min. Ricardo Lewandowski, em sede liminar, invalidou, *ad referendum* do Plenário, a possibilidade de acordos individuais previstos no seu art. 11, § 4º da MP 936, condicionando-os à anuência sindical. Ao ser julgada pelo Pleno, o STF por maioria entendeu que deveria prevalecer a regra constante do dispositivo inquinado na sua integralidade, sendo redator do acórdão o Min. Alexandre de Morais. Dada sua importância, retornaremos adiante a seu exame.

Em seguida, foi editada a MP n. 944, de 3.4, que institui o Programa Emergencial de Suporte a Empregos, destinado à realização de operações de crédito com empresários, sociedades empresárias e sociedades cooperativas, excetuadas as sociedades de crédito, com a finalidade de pagamento de folha salarial de seus empregados. As linhas de crédito são específicas para beneficiar pessoas jurídicas com receita bruta anual superior a R$ 360.000,00 e igual ou inferior a R$ 10.000.000,00, calculada com base no exercício de 2019 (art. 2º, *caput*). Esses recursos destinam-se a folhas de pagamento dos empregados, por dois meses, até o valor de duas vezes o salário mínimo por empregado e para o processamento dessas folhas (art. 2º, § 1º). Note-se que, para subsidiar esse programa, a União transferiu ao Banco Nacional de Desenvolvimento Econômico e Social (BNDES) a expressiva importância de R$ 34 bilhões.

A MP n. 945, de 4.4, cuidou de medidas temporárias no âmbito do setor portuário e sobre a cessão de pátios sob administração militar. No primeiro, trata do trabalhador avulso diagnosticado com a Covid-19 ou integrante do grupo de risco que passará a receber uma indenização compensatória mensal, correspondente a 50% sobre a média mensal do que recebeu do Órgão Gestor de Mão de Obra (OGMO) no período de 1.10.2019 a 31.3.2020. No segundo, a drástica redução de voos das empresas privadas de aviação importou em superlotação dos pátios dos aeroportos civis, daí a cessão temporária dos pátios dos aeroportos militares, sem ônus para as companhias aéreas durante o período do estado de calamidade pública, salvo situações específicas que indica.

Adiante, a MP n. 948, de 8.4, tratou do cancelamento de serviços, de reservas e de eventos dos setores de turismo e cultura em razão do estado de calamidade pública. Esse setor foi grandemente atingido, e a medida em questão cuida dos direitos dos consumidores que haviam comprado ingresso para eventuais espetáculos previamente programados e cancelados em razão da pandemia, cuidando de reembolso dos valores pagos ou da remarcação dos serviços. Quanto aos artistas prejudicados com cancelamento de seus eventos, se já contratados, não devem efetuar reembolso, se houver remarcação do espetáculo para até doze meses após o encerramento do estado de calamidade pública (art. 4º, *caput*), que deverá ser devolvido ao cliente na hipótese do serviço não ser prestado nesse período, com atualização monetária (parágrafo único do art. 4º).

Note-se que não se cuida da situação do artista enquanto trabalhador, mas apenas e tão somente dos direitos dos consumidores, dos fãs que iriam assistir algum espetáculo com a participação desse artista. O artista, pessoa física, como a grande massa de pessoas que está nos palcos do Brasil, e, inclua-se, os que trabalham nos bastidores, nas coxias, atrás das cenas, iluminadores, cenógrafos, maquiadores, pessoal de camarim, músicos, enfim, uma gama de profissionais, como eles, centenas e milhares, ficam? A eles se aplicará a regra comum dos demais trabalhadores, a da MP n. 936.

A MP n. 950, de 8.4, destina-se aos consumidores. Cuida de medidas temporárias emergenciais destinadas ao setor elétrico, a fim de minimizar os gastos com energia elétrica para população de baixa renda.

Em síntese, das MPs editadas até o momento (abril 2020), as MPS ns. 927, 928, 936, 944, 945 e 948 cuidam diretamente de temas trabalhistas. A finalidade de todas parece ser evidente: preservar empregos e conservar (como as demais) minimamente a economia. Não identificamos vontade de precarizar, e voltaremos, ao final, a cuidar dessa temática.

Adiante, cuidaremos de dois aspectos muito específicos deste grave momento para o mundo do trabalho: o teletrabalho e a negociação do trabalho.

3. TELETRABALHO

A MP n. 927/2020 cuida de teletrabalho, também chamado de trabalho remoto ou a distância, envolvendo tecnologia da informação. No direito brasileiro do trabalho, sua introdução concreta ocorreu através da Lei n. 13.467/2017, que, ao promover modificações na CLT, também criou um novo capítulo, o II-A, cuidando de teletrabalho, com diversas regras dispondo sobre essa atividade.

A definição legal dessa atividade está na CLT:

> Art. 75-B. Considera-se teletrabalho a prestação de serviços preponderantemente fora das dependências do empregador, com a utilização de tecnologias de informação e de comunicação que, por sua natureza, não se constituam como trabalho externo.
>
> Parágrafo único. O comparecimento às dependências do empregador para a realização de atividades específicas que exijam a presença do empregado no estabelecimento não descaracteriza o regime de teletrabalho.

Assim, no caso brasileiro, é perfeitamente possível identificar, à vista do preceito legal e da realidade vivida, pelo menos três situações mais comuns: 1) o teletrabalho em telecentros (do tipo *lan house* ou *cyber café*); 2) o teletrabalho realizado na casa do próprio teletrabalhador; e 3) o teletrabalho nas dependências do empregador. No momento de crise que vivemos, tudo leva a admitir a preponderância da segunda situação: a atividade ser desenvolvida na moradia do empregado.

Pela CLT, a atividade em regime de teletrabalho pode ocorrer, conforme os §§ 1º e 2º do art. 75-C em duas situações: 1) alteração entre regime presencial e de teletrabalho desde que haja mútuo acordo entre as partes, registrado em aditivo contratual (§ 1º) ou (2) alteração do regime de teletrabalho para o presencial por determinação do empregador, garantido prazo de transição mínimo de quinze dias, com correspondente registro em aditivo contratual (§ 2º).

Outro aspecto a destacar refere-se às despesas. No regime celetista puro, o *caput* do art. 75-D consolidado prevê que a responsabilidade pela aquisição, manutenção ou fornecimento dos equipamentos tecnológicos e da infraestrutura necessária e adequada à prestação do trabalho remoto será prevista em contrato escrito, bem como o reembolso das despesas arcadas pelo empregado.

A nova formatação do teletrabalho apresenta algumas diferenças do regime regular. Durante esse estado de calamidade pública, a situação apresenta-se diversa, a partir da faculdade dada ao empregador para, *a seu critério*, alterar o regime de trabalho presencial para o teletrabalho, o trabalho remoto ou outro tipo de trabalho a distância e determinar o retorno ao regime de trabalho presencial, independentemente da existência de acordos individuais ou coletivos, dispensado o registro prévio da alteração no contrato individual de trabalho (art. 4º da MP n. 927). Ou seja, durante essa fase transitória, essas serão as regras a serem observadas, afastada temporariamente as que estão nos §§ 1º e 2º do art. 75-C consolidado, lembrando que o empregado deve ser notificado da alteração com antecedência mínima de 48 horas, por escrito ou virtualmente (§ 2º do art. 4º da MP n. 927).

No que tange às despesas e reembolso, à semelhança da regra celetista, a MP n. 927 admita que sejam previstas em contrato escrito, firmado previamente ou no prazo de trinta dias da data da mudança do regime de trabalho (§ 3º do mesmo art. 4º).

Não possuindo o obreiro os equipamentos e a infraestrutura necessária a essa atividade remota, o § 4º do art. 4º apresenta duas hipóteses: (1) o empregador poderá fornecer os equipamentos em comodato e pagará os serviços de infraestrutura, não possuindo esses pagamentos natureza salarial; e, (2) impossível o regime de comodato, a jornada de trabalho será computada como tempo à disposição do empregador.

Dois pontos ainda a ressaltar. O primeiro refere ao uso de aplicativos e programas de comunicação fora da jornada normal de trabalho. Isso ocorrendo, o tempo despendido não será considerado à disposição do empregador, nem tampouco regime de prontidão ou de sobreaviso, salvo se houver previsão em acordo individual ou coletivo (§ 5º do art. 4º da MP n. 927). Observe-se, por oportuno, que as medidas avaliativas desse comportamento do trabalhador (uso desses recursos fora da jornada normal) devem ser efetuadas com a indispensável cautela a fim de não ser violada a privacidade e a intimidade do obreiro, por exemplo, ingresso em sua caixa postal de *e-mails* particulares ou em *chats* de conversas privadas.

O segundo é que o teletrabalho é expressamente permitido para estagiários e aprendizes (art. 5º), sendo a relação prevista apenas para esse período e regida pela MP n. 927/2020.

4. VALIDADE DAS NEGOCIAÇÕES

O art. 18 da MP n. 927 foi expressamente revogado pelo art. 2º da MP n. 928, editada 24 horas após a anterior. Sua aplicação havia sido demasiadamente criticada e não poderia sobreviver efetivamente, o que ocorreu.

Assim, a MP n. 936, de 1º.4, trouxe novos mecanismos a fim de evitar suspensões descontroladas e demissões em massa. Entretanto, ao STF foi apresentada a ADI n. 6363/DF destinada a ver declarada a inconstitucionalidade do § 4º do art. 11, do art. 12 e de diversos dispositivos outros para afastar o uso de acordo individual para tratar sobre as medidas de redução de salário e jornada de trabalho e suspensão de contrato de trabalho. Note-se que essa suspensão guarda, em muitos aspectos, bastante semelhança com a *interrupção* de contrato de trabalho.

A mencionada ADI teve liminar concedida e, em sede de embargos declaratórios, o relator, Min. Ricardo Lewandowski, esclareceu (1) serem válidos e legítimos os acordos individuais celebrados na forma da MP n. 936/2020, os quais produzem efeitos imediatos, valendo não só no prazo de 10 dias previsto para a comunicação ao sindicato, como também nos prazos estabelecidos no Título VI da Consolidação das Leis do Trabalho, agora reduzidos pela metade pelo art. 17, III, daquele ato presidencial, e (2) ressalvou a possibilidade de adesão, por parte do empregado, à convenção ou acordo coletivos posteriormente firmados, os quais prevalecerão sobre os acordos individuais, naquilo que com eles conflitarem, observando-se o princípio da norma mais favorável. Aduziu ainda que, na inércia do sindicato, subsistirão integralmente os acordos individuais tal como pactuados originalmente pelas partes.

Foi exatamente nesse sentido o voto apresentado pelo relator, na sessão de 16.4, do Pleno do STF, mas, no dia 17.4, acabou prevalecendo, por expressiva maioria (7x3), a divergência do Min. Alexandre de Morais, tendo sido firmado entendimento no sentido de não deferir a liminar pedida pelo autor da ADI, mantidas, até que seja julgado seu mérito (e não há data prevista), as regras contempladas na MP n. 936/2020.

Percebe-se a tendência clara, trazida pela gravidade do momento que a humanidade atravessa, de privilegiar a autonomia privada individual em detrimento da coletiva. Enquanto a reforma trabalhista de 2017 caminhou no sentido de fazer valer grandemente o negociado (coletivamente) sobre a legislação tutelar, essa fase pandêmica revela a importância que está sendo dada ao individualismo, que pode significar um enfraquecimento do trabalhador, agora também debilitado com as preocupações com a saúde.

O que temos, então, nesse delicado território onde encontramos dois polos geralmente opostos, é a prevalência, ainda que temporária (pelo tempo em que vigorar o estado de calamidade pública) do acordo individual sobre aqueles decorrentes de negociação coletiva.

De notar que alguns querem, equivocadamente, ler o que não está escrito na Constituição de 1988. Isto é, a possibilidade de existir previsão de acordo *individual* consagrado no art. 7º, XIII, da Lei Fundamental, porque ali consta *acordo ou convenção coletiva de trabalho*, donde o *acordo* poderia ser *individual*. Além de absurda interpretação, a melhor doutrina é clara nesse particular, bastando a tanto a lição sempre presente de Delgado (2019, p. 1052).

Com efeito, podemos sintetizar que, atualmente e nessa fase pandêmica do Direito do Trabalho, podem ocorrer mediante acordo individual ou, facultativamente, através de acordo ou convenção coletiva de trabalho: previsões para antecipação de férias de períodos futuros e de feriados municipais religiosos; para prorrogar jornadas de trabalho, estabelecer escalas suplementares e alterar intervalores interjornadas em serviços de saúde; para compensar jornada especial; e para reembolso de despesas decorrentes de teletrabalho, como referimos acima.

O mais importante é o reconhecimento da validade do acordo individual (art. 12), possibilitando a redução da jornada e do salário em até o máximo de 25%, embora também seja possível ambas as reduções, em percentuais de 50% ou 70%, ou a suspensão do contrato de trabalho, quando o empregado estiver em uma das seguintes situações: (1) ganhar R$ 3.135,00 ou menos (2) perceber salário igual ou superior a duas vezes o valor do teto do RGPS, que atualmente é de R$ 12.202,12, e for possuidor de diploma de nível superior, o que o caracteriza como empregado hipersuficiente, figura criada pelo atual art. 444, parágrafo único, da CLT.

Fora essas hipóteses de acordo individual, outras alterações devem ser mediante negociação coletiva, o que inclui os trabalhadores com salários entre as faixas referidas acima, bem como reduções em valores diversos de 25%, 50% ou 70%, além da suspensão do contrato para qualificação profissional do art. 476-A, da CLT, exclusivamente na modalidade não presencial, por período de um a três meses (art. 17, I, da MP n. 936).

Para suprir a suspensão do contrato ou a redução de salário e jornada, foi criado um benefício emergencial calculado sobre o valor mensal do seguro-desemprego a que teria direito o trabalhador, observadas condições específicas (art. 6º, *caput*), devendo ficar bem claro que não se trata de seguro-desemprego, mas de mera base de cálculo. Será pago durante o tempo da suspensão do contrato ou enquanto durar a redução de jornada e de salário (art. 5º, § 2º, III), e não poderá ser acumulado com o pagamento de outro auxílio emergencial (art. 18, § 5º).

A redução do salário e da jornada de trabalho negociada individualmente poderá ocorrer por até noventa dias, sendo essas reduções nos percentuais de 25%, 50% e 70% (art. 7º, III, da MP n. 936).

A suspensão do contrato de trabalho, a seu turno, pode ser no máximo de sessenta dias, fracionável em dois períodos de trinta dias cada (art. 8º, *caput*).

Ponto relevante é a garantia de emprego expressa no art. 10, o que é uma novidade bastante alvissareira em um momento de tantas dificuldades e preocupações[1]. É direito

1 Existem, no Direito brasileiro, outras garantias de emprego: gestante, acidentado, cipeiro, membro de comissão de conciliação prévia, dirigente sindical, entre outros. Não existe, no âmbito celetista, porém, a estabilidade anteriormente consagrada, adquirida ao cabo de dez anos de trabalho na mesma empresa, conforme prevê a CLT.

do empregado que recebe o benefício emergencial, durante o período acordado para redução de jornada e de salário ou suspensão temporária do contrato de trabalho e, após o retorno à normalidade, por período equivalente ao dessa redução ou suspensão. Em outros termos, havendo as reduções, a garantia de emprego será de até 180 dias (90 + 90). Ocorrendo suspensão, essa garantia será de até 120 dias (60 + 60).

Caso o obreiro seja dispensado sem justa causa durante esse período de garantia terá direito, além das verbas rescisórias regulares, a uma indenização que varia entre 50% e 100% do salário, considerando os percentuais de redução de jornada e salário ou ocorrência de suspensão do contrato de trabalho (art. 10, § 1º).

Em apertada síntese, são essas as mudanças temporárias que reputamos mais relevantes em matéria de Direito do Trabalho nessa fase que se atravessa em todo o mundo.

5. BUSCANDO CONCLUIR

O que foi tentado neste brevíssimo ensaio foi traçar lineamentos acerca das principais providências tomadas, no âmbito do Direito do Trabalho, para o enfrentamento das múltiplas dificuldades advindas da pandemia causada por essa terrível praga que é a Covid-19.

Ao deparar com a imperiosa necessidade de isolamento social a fim de evitar a disseminação descontrolada desse vírus, foi constata a ameaça do desemprego e o perigo da quebra da estrutura econômica mundial. Evidente que esses temores iriam se refletir, como se refletiram, no Brasil, tendo o Governo Federal adotado uma série de providências, que incluiu a edição de sucessivas medidas provisórias, considerando o estado de calamidade pública que está decretado.

Do que se verifica, pensamos que algumas conclusões preliminares, que não são definitivas e, portanto, podem ser alteradas no futuro, podem ser admitidas neste momento da vida humana.

Começa pela necessidade imperiosa dessas normas para tentar, de alguma forma, criar mecanismos ordenadores da ordem pública.

Depois, a indispensável necessidade de garantir a sobrevivência das pessoas ante a ameaça iminente de desemprego e perda de salários, daí a criação de instrumentos como benefício emergencial, garantia temporária de emprego, possibilidade de negociação individual para redução de salários e de jornada de trabalho e suspensão de contrato de trabalho.

Adiante, reavivar a atenção que os sindicatos de trabalhadores devem ter para os integrantes da categoria que representam, associados ou não. E isso pode, e deve, se processar, inclusive, não apenas participando voluntariamente de negociação, mas promovendo cursos de aperfeiçoamento, qualificação e formação profissionais, sobretudo na área da informática, tendo em conta que o trabalho virtual está sendo muito praticado e, provavelmente, é um caminho sem volta. É imperioso que o trabalhador se adeque às modernas tecnológicas da informação. Ou faz isso, ou será excluído do mercado de trabalho.

Nesse aspecto, ressaltamos que os sindicatos possuem, nesse momento grave, a grande responsabilidade e a incrível chance de recuperar o que perderam com a reforma trabalhista de 2017. Se ficaram sem a arrecadação da extinta contribuição sindical, podem, agora, por conta desse estado pandêmico, oferecer seus serviços e mostrar sua verdadeira utilidade. Basta que os bons líderes e dirigentes sindicais se habilitem a esse fim. A chance está aí. É preciso saber usar a oportunidade.

Por fim, sem esquecer a imperiosa necessidade de garantir segurança jurídica às relações entre capital e trabalho, é preciso que sabíamos todos distinguir precarização das relações trabalhistas de preservação de empregos.

Precarizar significa promover instrumentos que destruam direitos trabalhistas conquistados depois de árduas lutas, retirando-lhes garantias fundamentais, tipo supressão de horas extras, extinção de direito a férias e repouso semanal e redução de uso de equipamentos mínimos de proteção individual. Não identificamos, nesse momento singular da história da humanidade, qualquer um desses aspectos. Nem se queira, ainda que de relance, admitir que as medidas adotadas no Brasil representam um ato de soberania do Estado, e tente-se encontrar *factum principis* nas providências tomadas. Estamos, claramente, diante de uma situação de força maior, exatamente como prevê o art. 501 da CLT, quando consigna: "Art. 501. Entende-se como força maior todo acontecimento inevitável, em relação à vontade do empregador, e para a realização do qual este não concorreu, direta ou indiretamente".

Constatamos, sim, que as providências adotadas até o momento, embora não sejam as ideais, representam um expressivo esforço para manter minimamente o emprego e o nível de renda da população e permitir que a economia consiga tentar se recuperar. A preservação do emprego, ainda que de forma débil, e da economia, também de maneira bastante leve, poderão sobreviver ao estado de calamidade pública. É o que se espera, o que esperamos todos, a fim de, quando chegar ao final, não tenhamos destruído a própria humanidade. O problema, não esqueçamos, é mundial, não sendo exclusividade do Brasil.

Temos sempre destacado, quando tecemos comentários sobre essa terrível pandemia e seus efeitos no mundo do trabalho, um aspecto que nos chama a atenção e o repetiremos agora. Trata-se de uma comparação entre duas situações: a ficção e a realidade. Vivemos, hoje, incrivelmente, a realidade da ficção.

As invenções de Leonardo da Vinci, em pleno Século XV, poderiam ser incluídas como ficções: helicóptero, paraquedas, roupas de mergulho, máquina voadora, metralhadora, tanque de guerra. Mas, enfim, foram invenções. No entanto, existem outras coisas. Era ficção a clonagem que Mary Shelley descreveu em "Frankenstein". Era ficção quando Júlio Verne escreveu "20.000 mil léguas submarinas" e o Nautilus foi às profundezas oceânicas com o Capitão Nemo, e "Viagem a Lua", mesmo através de uma bala de canhão. Era ficção quando Monteiro Lobato escreveu "O Presidente Negro" e falou de trabalho remoto. Depois, Albert Camus escreveu "A peste", em 1947, descrevendo uma terrível epidemia de peste que dizimou parte da população de Orã, na Argélia, no pós-guerra, com mortes e enterros em massa (assim temos visto na realidade terrível do dia a dia). Menos distante, Steven Soderbergh, em 2011, dirigiu o filme de suspense *Contágio*, nada mais do que uma ficção sobre um vírus que se origina na China, provavelmente de um animal silvestre, entra em contato com seres humanos e, em poucos dias, já infecta centenas de pessoas em diversos países (o Covid-19 surgiu em Wuhan, na China). Tudo isso era ficção. Exato, tudo era... E era porque tudo isso existe hoje. Existe clonagem. Temos submarinos. O homem foi a Lua. O teletrabalho existe. Existe o novo coronavírus. E os funerais são coletivos em sepulturas também coletivas. E, agora, mandamos que todos fiquemos em casa para sobreviver. Será a décima praga de Moisés (Êx., 11, 1-10)?

Todos esses temas estão postos à reflexão da humanidade. É provável que, passada essa terceira guerra mundial, uma guerra biológica, contra um inimigo desconhecido, em que não se digladiam ideologias, regimes, sistemas, mas se enfrenta o que ninguém sabe, talvez ressurja um mundo melhor, no qual as disputas sejam menos agressivas e a felicidade seja a mola propulsora de todos. Se não for assim, amanhã não será outro dia. Será apenas a continuação do que ficou para trás. Devemos acreditar, no entanto, que o ser humano, espiritualmente enriquecido, vai voltar a sorrir e ser feliz, superando as dificuldades terríveis desses momentos ingratos. A vitória nessa terceira guerra será novamente do homem, imagem e semelhança de Deus. É o que devemos esperar para a humanidade.

REFERÊNCIAS

BRASIL. **Consolidação das Leis Trabalhistas (CLT)**, de 13 de julho de 2017. Disponível em: http://www.planalto.gov.br/ccivil_03/_ato2015-2018/2017/lei/l13467.htm. Acesso em: 21 abr. 2020.

BRASIL. **Constituição da República Federativa do Brasil de 1988.** Promulgada em 5 de outubro de 1988. Disponível em http://www.planalto.gov.br/ccivil_03/constituicao/constituição.htm. Acesso em: 21 abr. 2020.

BRASIL. **Medida Provisória nº 936**, de 01 de abril de 2020. Institui o Programa Emergencial de Manutenção do Emprego e da Renda e dispõe sobre medidas trabalhistas complementares para enfrentamento do estado de calamidade pública reconhecido pelo Decreto Legislativo nº 6, de 20 de março de 2020, e da emergência de saúde pública de importância internacional decorrente do coronavírus (**covid-19**), de que trata a Lei nº 13.979, de 6 de fevereiro de 2020, e dá outras providências. Disponível em: http://portal.stf.jus.br/processos/detalhe.asp?incidente=5886604. Acesso em: 25 abr. 2020.

FRANCO FILHO, Georgenor de Sousa. **Curso de direito do trabalho**. 5. ed. São Paulo: LTr, 2019.

DELGADO, Maurício Godinho. **Curso de direito do trabalho.** 18. ed. São Paulo: LTr, 2019.

Direito do Trabalho de Crise e a Regulação Laboral da Calamidade

SAYONARA GRILLO

1. INTRODUÇÃO

O Direito do Trabalho tem a crise como sua companheira histórica de viagem. Em tempos de recessão, de contração financeira e baixo desenvolvimento, sob agendas liberais ou conservadoras, mudanças no conteúdo das normas podem ser tão significativas que a teoria laboral já cunhou a expressão "Direito do Trabalho de Crise" para designar um conjunto de institutos jurídicos aparentemente provisórios, mas que acabam por estabelecer marcas indeléveis na estrutura do ramo especializado, ainda quando passados os períodos dos graves problemas econômicos, tendo como uma das consequências a crise do próprio Direito do Trabalho. Não obstante, menos preocupado com a oferta de mão de obra e seu custo, um Direito do Trabalho que merece tal alcunha, em toda sua ambiguidade intrínseca a um produto cultural forjado no capitalismo, orientado por sua principiologia e valores, responderia à crise com seus institutos constitucionalizados a partir das lutas sociais: garantia do emprego, interrupção do contrato, redução dos riscos à vida, aumento do seguro-desemprego, liberação de fundos públicos, proibição de discriminação por idade e condição social etc.[1]

1 Sobre o tema, consultar Ermida Uriarte: "De cualquier manera, cabe señalar, a la vez, que ante la crisis el Derecho de Trabajo puede reaccionar de dos maneras diferentes. Por una parte, puede debilitar la protección apostando, de conformidad con el modelo neoliberal, a que la disminución de costos permita al empresario mejorar su rendimiento y así, mantener o generar empleo. Esto es lo que ha sucedido generalmente, desde la década de los '70. Pero por otra parte, el Derecho del trabajo puede enfrentar la crisis de una manera más propia de su función tradicional, esto es, manteniendo o aun aumentando la protección para desestimular la transferencia del costo de la crisis a la parte

Com a calamidade sanitária declarada pela pandemia mundial do coronavírus e a nova crise gerada pela abrupta paralisação produtiva e recessão econômica decorrente da retração salarial, outras nações adotaram políticas de transferência de recursos públicos para mitigar os efeitos da pandemia para empresas e trabalhadores, medidas de proteção ao emprego e renda, diante do crescimento exponencial de dispensas e pedidos de seguro-desemprego,[2] bem como para minorar os efeitos das políticas de distanciamento social.

A preservação de um meio ambiente de trabalho hígido e higienizado, com novos e reforçados equipamentos de proteção individual e coletivo, foi também objeto das preocupações em diversos países, ao lado da complementação dos salários não adimplidos e o retorno de um papel ativo do Estado na economia. Com o intento de suplementar os mecanismos liberais existentes no campo laboral para enfrentamento de medidas de crise (contratação coletiva para redução temporária de salários e garantia de emprego, férias coletivas, banco de horas e redução de jornada e suspensão contratual negociada com sindicatos etc.), no contexto da pandemia eclode um novo "Direito de Emergência", que traz mais problemas e desafios para os juristas.[3] Enquanto em vários países as diretrizes de reforço da proteção social, da renda e da preservação do emprego foram a tônica deste "Direito de Emergência Sanitária" para assegurar o necessário distanciamento social, no Brasil, os institutos de proteção típicos de amenização das crises sociais não foram utilizados de modo adequado, assim como os mecanismos de flexibilização já existentes em nosso direito individual e coletivo do trabalho, inclusive os constitucionalmente previstos para situações de crise. Recorreu-se a uma extensa regulação jurídica provisória, agravando ainda mais a instabilidade política e institucional vivenciada no último ano, com o recrudescimento dos ataques ao Estado Social e Democrático de Direito.

O objetivo deste artigo é refletir sobre alguns elementos da "Regulação Laboral da Pandemia" estabelecida durante a crise sanitária decorrente da Covid-19. Para tanto, arrola as medidas prévias de impacto trabalhista previstas na Lei nº 13.979, de 2020, apresenta o debate sobre a possibilidade de redução salarial e de jornada e de suspensão contratual por meio do acordo individual, criada pela Medida Provisória (MP) nº 936, e indica as principais mudanças no regime de férias e de teletrabalho introduzidas pela Medida Provisória nº 927, de março de 2020. Ademais, examina a instrumentalização do mecanismo de trabalho remoto e do direito de férias para mitigar os problemas

---

más débil: puédese, por ejemplo, limitar la posibilidad del despido o aumentar su costo, se puede crear o mejorar un sistema de seguro deparo, etc." (ERMIDA URIARTE, 2007, p. 61).

2 Enquanto no Brasil, o "apagão estatístico" nos impede de ter acesso a dados confiáveis, estima-se que mais de 200.000 pessoas não puderam sequer requerer seu seguro-desemprego; nos Estados Unidos, até abril de 2020, mais de 26,5 milhões de pessoas solicitaram auxílio-desemprego desde o início da crise iniciada um mês antes.

3 Em diversos países, a orientação legislativa tem sido substancialmente diversa daquela adotada entre nós.

econômicos empresariais durante o período de calamidade pública e reflete sobre a necessária preservação dos direitos à intimidade, à privacidade, às férias e ao lazer das pessoas que vivem do trabalho, sob regimes empregatícios regulados pelo Direito do Trabalho.

2. MEDIDAS PRÉVIAS PARA O ENFRENTAMENTO DO CORONAVÍRUS: DEFINIÇÕES E ASPECTOS TRABALHISTAS DO DIREITO DE EMERGÊNCIA

Em 6 de fevereiro de 2020, antes da declaração de emergência global da pandemia pela Organização Mundial da Saúde (OMS), foi publicada a Lei nº 13.979, oriunda de procedimento legislativo com prévia aprovação parlamentar, contendo as primeiras disposições para enfrentamento da emergência de saúde pública de importância internacional decorrente do coronavírus.

À época ainda não existiam as restrições à locomoção interna e externa, conforme introduzido pela Medida Provisória nº 926/2020, mas já se estabelecera a possibilidade de a autoridade sanitária decretar medidas de isolamento e de quarentena, sendo a primeira concernente à separação de pessoas com Covid, estejam doentes ou assintomáticas, de maneira a evitar a contaminação ou a propagação do vírus (art. 2º, I, Lei nº 13.979/2020), e a segunda como restrição de atividades ou separação de pessoas suspeitas de contaminação das pessoas não doentes (art. 2º, II, Lei nº 13.979/2020). Durante o isolamento e a quarentena, as ausências devem ser consideradas como "falta justificada ao serviço público ou à atividade laboral privada", de modo a assegurar o cômputo do tempo de serviço para todos os efeitos legais, inclusive recebimento de remuneração pelos trabalhadores afetados, ainda que não estejam em licença médica.

Não obstante, depois que declarada a ocorrência do estado de calamidade pública pelo Decreto Legislativo nº 06, de 20 de março de 2020, e adotadas políticas de distanciamento social em importantes cidades brasileiras, com variados decretos estaduais sobre temas laborais e aplicáveis ao funcionalismo público,[4] um conjunto de Medidas Provisórias (MPs) foi editado pela Presidência da República. Seja para suspender a eficácia de regras trabalhistas durante a pandemia (como as disposições temporárias previstas na MP nº 927, de 22 de março); seja para subverter os institutos jurídicos de gestão de crise econômica como a suspensão dos contratos de trabalho (como o artigo 18 da MP nº 927, revogado pela MP nº 928), ou pela própria Constituição, com a redução da jornada e salário negociada coletivamente com participação obrigatória dos sindicatos no procedimento; seja para estabelecer um programa emergencial de suporte ao emprego (MP nº 944, de 3 de abril); seja para ampliar o rol de atividades essenciais previsto na legislação de greve e para permitir a contratação de empregados

4 Até o momento de encerramento deste artigo, em 1º de maio de 2020, não há *lockdown* decretado, não obstante as graves medidas de restrição de locomoção adotadas em alguns estados e municípios para a contenção da pandemia.

em substituição a trabalhadores avulsos nos portos nacionais (MP nº 945, de 4 de abril), tais Medidas Provisórias promoveram um rebaixamento das garantias incidentes sobre as relações de emprego, desestruturando a arena pública de regulação laboral e reforçando o unilateralismo patronal como eixo decisório para questões de trabalho.

Dar segurança jurídica às empresas foi o foco das Medidas Provisórias. Tal instrumento legislativo, porém, não foi utilizado para transferir renda aos trabalhadores, dando segurança jurídica às pessoas para sobreviverem durante o distanciamento. Os critérios constitucionais de urgência e relevância foram desconsiderados para a adoção das minguadas compensações à população impedida de trabalhar. Registre-se que a Renda Básica de Cidadania Emergencial foi aprovada por meio de processo legislativo, somente em 02 de abril de 2020, e corresponde a um auxílio de R$ 600,00, valor três vezes maior que aquele inicialmente proposto pelo governo federal em mensagem enviada ao Congresso.[5] Ademais, o cronograma de pagamento de tais benefícios foi lento, não obstante tenha se iniciado pelos inscritos no Cadastro Único e no programa Bolsa Família, beneficiando também outros trabalhadores em condições de vulnerabilidade extrema e sem emprego regular, desde que tenham conseguido se inscrever no programa emergencial.[6]

A garantia dos direitos fundamentais sociais, não obstante a grave crise social exacerbada pela calamidade sanitária, não esteve no centro das atenções do Poder Executivo em suas ações regulamentares. As dificuldades econômicas de acesso aos serviços públicos de diagnósticos, agravadas pela falta de insumos e de serviços privados para a realização de testes relacionados à Covid-19, acabariam por tornar pouco eficazes as garantias trabalhistas relacionadas ao pagamento de salários das pessoas em situação de quarentena e de isolamento social, previstas no artigo 3º, § 3º, da Lei nº 13.979 de 6 de fevereiro de 2020. Caberá ao Poder Judiciário, nas diversas controvérsias que provavelmente surgirão no pós-pandemia, reconhecer como fato público e notório a ausência de testes e indisponibilidade de serviços públicos de saúde, ao distribuir o ônus probatório relacionado às justificativas das faltas ao serviço,[7] como medida adequada para reparar os danos sofridos pela população em

---

5 O Auxílio emergencial destina-se aos trabalhadores informais, microempreendedores individuais (MEI), autônomos e desempregados, cuja renda individual não ultrapasse meio salário mínimo ou familiar até 3 salários mínimos. O salário mínimo em abril de 2020 correspondia a aproximadamente 90 dólares.

6 Em duas semanas quase 50 milhões de trabalhadores informais se cadastraram para receber o auxílio, sendo que milhares não conseguiram acesso por força de exigências estabelecidas no decreto presidencial de regulamentação, como a exigência de CPF. Por outro lado, a amplitude do número de pessoas, muito superior ao previsto, ao lado do apagão estatístico, explicita a invisibilidade da miséria brasileira.

7 A dinâmica de distribuição do ônus probatório no CPC de 2015 determina que diante das peculiaridades da causa relacionadas à excessiva dificuldade de cumprir o encargo probatório ou à

decorrência das diretrizes de distanciamento social para prevenção da pandemia, prestigiando a noção de boa-fé objetiva e os princípios da solidariedade e o dever de colaboração recíproca.

3. REGULAÇÃO JURÍDICA DA CALAMIDADE: A PANDEMIA BRASILEIRA DA DESPROTEÇÃO

O tempo nos permitirá avaliar com a devida atenção a extensa regulação trazida pelas medidas provisórias adotadas no Brasil, que caminharam em direção oposta às presentes em experiências comparadas sobre o denominado Direito de Emergência Sanitário no âmbito da Covid-19, em especial aquelas voltadas a reduzir os impactos negativos sobre a classe trabalhadora em geral (como renda mínima, garantia de emprego durante a pandemia etc.); ao meio ambiente de trabalho (desinfecção, novos equipamentos de proteção individual de trabalho, como máscaras e álcool em gel etc.); e aos profissionais que prosseguiram exercendo atividades laborativas em situação de risco de contaminação, mínimo (exercem atividades essenciais e prosseguiram laborando), médio (exercem atividades essenciais, com contato público intenso, como supermercados) e máximo (com alto risco de contágio, como o pessoal da área de saúde e entregadores de mercadorias). No entanto, é necessário tecer algumas observações gerais sobre o que denominamos de *pandemia brasileira da desproteção*, ou seja, a naturalização do descompromisso com a ordem jurídica constitucional, a desvalorização da vida e das necessidades das famílias e pessoas.[8]

A regulação jurídica da calamidade pandêmica afronta o próprio Direito do Trabalho de Crise instituído na Constituição de 1988 como válvula de escape para excepcionalidades. E isso só foi possível pois a exceção já havia sido recebida por alguns como uma flexibilização autorizada, e a normalidade imposta pelas políticas neoliberais e pela lógica do pensamento único já havia admitido, como se estivesse em conformidade com ordem constitucional, trabalhar em turnos ininterruptos de revezamento durante oito horas diárias[9] ou trabalhar em jornada de 24 horas, bastando mero acordo coletivo. Em 2017, o extraordinário tornou-se ordinário com a introdução dos artigos 611-A e 611-B na Consolidação das Leis do Trabalho (CLT), não obstante a afronta à Convenção 154 da Organização Internacional do Trabalho (OIT) por inverter o

---

maior facilidade de obtenção da prova do fato contrário, poderá o juiz atribuir de modo diferente, desde que fundamentado, os ônus legalmente atribuídos às partes (art. 373).

8 A presente seção contém as reflexões que desenvolvi no artigo "Medidas para Preservação do Emprego em tempos de COVID-19: notas sobre o isolamento da negociação coletiva e o distanciamento da ordem constitucional brasileira." (GRILLO, 2020, no prelo).

9 Uma leitura crítica da jurisprudência de flexibilidade adotada pelo Tribunal Superior do Trabalho pode ser encontrada em minha tese de doutorado (SILVA, 2008).

objetivo de ampliação dos direitos por meio da suplementação e da complementação da legalidade estatal.

E assim chegamos a 2020, com o importante meio de equacionamento dos conflitos coletivos, a negociação coletiva, enfraquecida enquanto seus instrumentos jurídicos eram validados em descompasso com a materialidade constitucional. A autonomia coletiva constitucionalizada não se confunde com autonomia privada, tendo a CRFB/88 outorgado aos entes sindicais protagonismo para agir em nome dos trabalhadores em defesa de seus direitos e interesses individuais e coletivos (art. 8º, inciso III), participar da definição de políticas públicas e participar em fóruns nos quais seus interesses trabalhistas e previdenciários estejam em discussão (art. 10), negociar coletivamente (art. 8º, inciso VI), adotar medidas de conflito diretas (art. 9º) ou judiciais, inclusive para a salvaguarda constitucional perante o Supremo Tribunal Federal, já que as Confederações Sindicais podem propor Ações Diretas de Inconstitucionalidade (SILVA, 2008).

Apesar da percepção pessoal de alguns juristas, firmada em um senso comum, os sindicatos têm relevância e assento constitucional. E em nossa história constitucional, a Constituição de 1988 não somente reconheceu as "convenções e acordos coletivos de trabalho" (art. 7º, inciso XXVI), mas deu protagonismo ao procedimento da "negociação coletiva" para tornar "obrigatória a participação dos sindicatos nas negociações coletivas de trabalho" (inciso XIV do artigo 7º; VI do artigo 8º e §§ 1º e 2º do artigo 114 da CF), sempre para assegurar os valores e objetivos constitucionais de redução das desigualdades e valorizar o trabalho. Afinal, mesmo em precedentes liberais, de viragem ontológica no âmbito do Supremo Tribunal Federal, se reconhecia que a autonomia individual da vontade só pode ser "exercida nos estreitíssimos limites permitidos pelo ordenamento trabalhista", desde que "autorizada pela categoria, no exercício de sua autonomia coletiva" (BRASIL, 2015).

Não obstante as controvérsias que caracterizam a atividade doutrinária, bem como os dissensos hermenêuticos, certo consenso se estabeleceu entre os juristas das mais diversas matrizes ideológicas, no sentido de que a redução salarial só pode ocorrer por meio de negociação coletiva válida. É hegemônica a leitura de que a Constituição de 1988 possibilitou ajustes das condições de trabalho em situações de crise, admitindo a redutibilidade salarial provisória, compensação de horários e trabalho em turno de revezamento, desde que sob negociação e tutela sindical, na expressão de Arnaldo Süssekind (2004). Considerado um dos pais da CLT, o eminente ex-ministro do Tribunal Superior do Trabalho e Ministro do Trabalho logo após o Golpe de 1964, sempre foi taxativo no sentido de que a partir da Constituição de 1988 somente estaria autorizada a flexibilização por meio de convenção ou acordo coletivo nos casos previstos no art. 7º da Constituição, tendo o sindicato a prerrogativa de dispor de direitos individuais de empregados por ele representados, com aplicação imediata – não retroativa – aos contratos de trabalho em curso (SÜSSEKIND, 2004, p. 57).

A Constituição tornou a irredutibilidade salarial um direito fundamental de todos os trabalhadores, mas atenta ao futuro e às crises econômicas e financeiras, consubstanciais à economia capitalista, criou uma válvula de escape para as excepcionalidades (mas sempre temporária e mediante fortes retribuições, interpretou a doutrina). Assim, o Direito do Trabalho de Crise está definido na Constituição: por meio da negociação coletiva, com a participação obrigatória do sindicato, é permitido reduzir, excepcionalmente, salários e dispor de modo diverso sobre jornada de trabalho para assegurar o emprego e preservar a renda, ainda que diferida no tempo.

Desse modo, cabe relembrar que a ausência de participação sindical efetiva, para negociar acordos que estabeleçam a estabilidade no emprego e a reposição das reduções salariais temporárias, assegurando a participação futura nos lucros, reposições remuneratórias e outras garantias compensatórias, corrói a perspectiva do diálogo social e se distancia da Constituição e da Convenção 154 da OIT.

O Supremo Tribunal Federal em suas diversas composições desde a Constituição de 1988 construiu um conjunto de precedentes, estabelecendo uma interpretação constitucional que oscila entre dois princípios centrais do Direito do Trabalho: o que reconhece a inversão da hierarquia das fontes formais de direito (e, portanto, dá primazia à autonomia coletiva) ao lado do princípio da primazia da norma mais favorável. A atual composição, mais pragmática e liberal, decidiu ser possível afastar direitos legais dos trabalhadores, desde que mediante acordos e convenções coletivas firmados pelos sindicatos, sustentando que a legitimidade dos entes sindicais e necessária modernização das relações laborais levariam a admiti-los como meios válidos para afastar direitos dos trabalhadores (BRASIL, 2015). Em decisões de lavra dos ministros Barroso e Gilmar Mendes, essa foi a tônica que impulsionou a virada liberal recente, que rompeu com a jurisprudência anterior daquela corte, no sentido de que não seria lícito, sequer às convenções e aos acordos coletivos de trabalho, suprimir direitos dos trabalhadores com assento constitucional, diante da natureza irrenunciável dos direitos fundamentais dos trabalhadores (BRASIL, 2001).[10]

---

10 A primazia dos direitos fundamentais, afirmando uma jurisprudência garantista em matéria de direitos sociais, encontra-se no Recurso Extraordinário 234.186-3, *DJ* 31.08.2001, relatoria do ministro Sepúlveda Pertence (BRASIL, 2001), no qual foi afirmado que nem por meio de acordos e convenções coletivas é permitido afastar os direitos do trabalho assegurados constitucionalmente. Já em 2015, no julgamento do Recurso Extraordinário 590.415, de relatoria do ministro Barroso, a participação dos sindicatos foi reconhecida como exigência constitucional para legitimar as demandas empresariais, antecipando disposições da Reforma de 2017: "As normas paternalistas, que podem ter seu valor no âmbito do direito individual, são as mesmas que atrofiam a capacidade participativa do trabalhador no âmbito coletivo e que amesquinham a sua contribuição para a solução dos problemas que o afligem. É através do respeito aos acordos negociados coletivamente que os trabalhadores poderão compreender e aperfeiçoar a sua capacidade de mobilização e de conquista, inclusive de forma a defender a plena liberdade sindical. Para isso é preciso, antes de tudo, respeitar a sua voz". Ao admitir a quitação geral de direitos por meio de adesão individual à norma coletiva negociada pelo sindicato e com substancial

Mas as saídas previstas na ordem constitucional e os precedentes do Supremo Tribunal Federal foram desconsiderados em tempos de pandemia pela posição vitoriosa naquela corte, cuja posição consequencialista não foi justificada pelo necessário esforço argumentativo, ao menos segundo os votos orais da sessão telepresencial convocada para apreciar liminar monocraticamente concedida e não ratificada em 17 de abril.[11] Ainda que em cognição sumária, a não ratificação de uma decisão que havia guardado ampla deferência ao Poder Executivo, utilizando-se da técnica de interpretação em conformidade com a Constituição para fixar efeitos pela não comunicação tempestiva às entidades sindicais dos acordos individuais firmados com base na MP 936, foi objeto de crítica por parte da doutrina jurídica. "As normas constitucionais não podem ser deixadas em quarentena, nem lançadas em segregação compulsória", aplicando-se em tempos de crise e pandemia, afirmou Gustavo Garcia, pois a "Constituição não pode ser descumprida ainda quando louváveis fins, e os argumentos fáticos, as percepções subjetivas, a pandemia, não justificam excepcionar a Constituição" (GARCIA, 2020).

E no âmbito da pandemia, nos resta começar a interpretar, instituto por instituto, fato por fato, reconstruindo a dogmática à luz da Constituição. Assim, nos limites deste artigo, começamos a tomar notas, escrevendo sobre as regras na perspectiva de reconstrução. Para que a vida seja plena, escolhemos começar por pensar em férias e privacidade, pois além do trabalho informal e da degradação da vida para milhões de brasileiros sem labor, também importa refletir sobre os modos pelos quais o labor se intensifica e se degrada para os que permanecem exercendo atividade em isolamento e os que permanecerão com suas relações empregatícias no pós-pandemia.

4. DIREITO DE FÉRIAS E DIREITO À VIDA PRIVADA: NOVOS PROBLEMAS NA REGULAÇÃO DO TRABALHO

Entre os direitos sociais fundamentais assegurados aos trabalhadores avulsos, empregados, rurais, urbanos ou domésticos e servidores públicos, o direito às férias

---

indenização compensatória, em giro liberal, o Supremo firmou precedente no sentido de que a legitimidade dos entes sindicais e sua participação na negociação coletiva justificariam atribuir à tal fonte autônoma idêntica hierarquia que à lei: "Nessa linha, não deve ser vista com bons olhos a sistemática invalidação dos acordos coletivos de trabalho com base em uma lógica de limitação da autonomia da vontade exclusivamente aplicável às relações individuais de trabalho. Tal ingerência viola os diversos dispositivos constitucionais que prestigiam as negociações coletivas como instrumento de solução de conflitos coletivos, além de recusar aos empregados a possibilidade de participarem da formulação de normas que regulam as suas próprias vidas. Trata-se de postura que, de certa forma, compromete o direito de serem tratados como cidadãos livres e iguais" (BRASIL, 2015).

11 Com votos vencidos do relator originário (Min. Ricardo Lewandoski) e dos ministros Rosa Weber e Edson Fachin, tendo sida atribuída ao ministro Alexandre de Moraes a redação do Acórdão da Medida Cautelar (STF, Pleno, MC na ADI 6.363/DF, Rel. p/ ac. Alexandre de Moraes, j. 17.04.2020), cujo mérito ainda não foi julgado até o fechamento deste artigo.

remuneradas, com interrupção da prestação de serviços por lapso temporal anual e com acréscimo de um terço sobre a remuneração, é irrenunciável[12] e encontra-se previsto no artigo 7º, inciso XVII, da Constituição brasileira.

O descanso anual remunerado, de duração variável, objetiva restaurar a capacidade física e psíquica dos indivíduos, desgastada pela continuidade do trabalho, permitindo-lhes a fruição da convivência familiar e o direito ao lazer, com a possibilidade de desfrutar dos bens naturais e culturais, com viagens, turismo, reencontros familiares, ampliando os horizontes pessoais e de vida das pessoas que vivem do trabalho ou simples ócio criativo.

Como observam Palomeque López e Álvarez de La Rosa, o direito ao descanso anual durante um período prolongado foi uma histórica reivindicação do movimento operário, sendo um direito que deve ser garantido pelos poderes públicos (2009, p. 665). Não à toa, o Pacto Internacional de Direitos Econômicos, Sociais e Culturais da ONU estabelece o direito de todos à condições de trabalho equitativas e satisfatórias que assegurem o descanso, o desfrute do tempo livre e as férias periódicas remuneradas (art. 7º, 2, d), como ademais está assegurado no artigo 24 da própria Declaração Universal dos Direitos Humanos. A Convenção 132 da Organização Internacional do Trabalho (OIT), ratificada pelo Brasil mediante o Decreto nº 3.197, de 1999, também assegura o direito anual às férias remuneradas e estabelece diversas garantias às quais toda a legislação ordinária deve se ajustar para preservar o núcleo do direito social fundamental assegurado, ademais, por normas de direitos humanos internalizadas pelo país e que detêm *status* de supralegalidade.

A Reforma Trabalhista de 2017 efetuou alterações no regime legal de férias, estabelecendo a controversa faculdade de seu parcelamento em até três períodos anuais, preservando regras básicas procedimentais necessárias para permitir que o instituto trabalhista atenda aos seus objetivos, entre os quais a sua prévia comunicação em 30 dias (art. 135, CLT), ainda que mantida a regra segundo a qual sua fruição ocorrerá no período adequado aos interesses empresariais (art. 136, CLT), o que obviamente deve ser mitigado com a diretriz estabelecida na Convenção 132 da OIT que assegura a participação do empregado em tal escolha.

As férias coletivas constituem-se em instituto típico do direito do trabalho de crise, sendo bastante utilizados pelas empresas durante retrações econômicas. Para atender às necessidades empresariais, a CLT ainda prevê a redução do aviso prévio para 15 (quinze) dias em caso de férias coletivas, comunicadas aos sindicatos, quando serão

---

12 Segundo Chiarelli, advém da OIT a "declaração prévia e legal de nulidade de acordo visando a negar ou a abandonar o direito às férias, a garantia de recebimento do salário pertinente às férias durante o período de sua duração e a proibição de que a despedida do trabalhador, por vontade patronal, antes de o trabalhador desfrutar de seu período de férias, anule o seu direito, impedindo-o de transformá-lo em crédito trabalhista, cobrando-o e recebendo-o como tal." (1989, p. 153).

gozadas por todos os empregados da empresa ou de setores específicos desta, inclusive daqueles empregados sem períodos aquisitivos completos.

Não obstante, a flexibilização das regras legais sobre férias, inclusive as coletivas, foi uma das primeiras medidas trabalhistas adotadas no âmbito do que estamos denominando de regulação jurídica da calamidade, aplicável provisoriamente durante a emergência sanitária reconhecida pelo Decreto Legislativo nº 6, de 2020.

A Medida Provisória nº 927, de 22 de março de 2020, acolheu inúmeras demandas patronais para convalidação de decisões empresariais adotadas unilateralmente para o enfrentamento da emergência sanitária. A MP aprofunda o processo de conversão do acordo individual escrito em núcleo do "direito empresarial do trabalho", talvez a denominação mais compatível com a inversão principiológica exacerbada, característica da regulação jurídica da pandemia. "Respeitados os limites estabelecidos na Constituição" e "a fim de garantir a permanência do vínculo empregatício", a MP admite que o acordo individual escrito celebrado durante o estado de calamidade pública tenha preponderância sobre os "demais instrumentos normativos, legais e negociais", embora a lição preponderante do Direito do Trabalho afirma que a autonomia individual é residual.

O artigo 3º da MP 927 apresenta as providências que podem ser decididas pelo empregador para enfrentar os efeitos econômicos decorrentes do estado de calamidade, sob argumento de preservação do emprego e da renda. São elas: (a) o teletrabalho; (b) a antecipação de férias individuais; (c) a concessão de férias coletivas; (d) o aproveitamento e a antecipação de feriados; (e) o banco de horas; (f) a suspensão de exigências administrativas em segurança e saúde no trabalho; e (h) o diferimento do recolhimento do Fundo de Garantia do Tempo de Serviço – FGTS.

Para a continuidade das atividades econômicas em tempos de distanciamento social, para preservar a vida e a saúde de todas as pessoas, muitas empresas adotaram o regime de teletrabalho. Outras tantas, na impossibilidade de adoção do trabalho remoto concederam férias a seus empregados. Novos desafios à eficácia dos direitos fundamentais se apresentam em tempos de pandemia, mormente diante da relevância de assegurar o conteúdo material dos direitos ao trabalho, ao descanso e ao lazer, e o direito constitucional de férias, bem como reafirmar a incidência direta de direitos fundamentais à privacidade e à intimidade no âmbito do teletrabalho prestado nas residências. Nesta seção, focalizaremos dois aspectos relacionados à regulação do regime de férias e teletrabalho durante a crise sanitária do coronavírus.

Por teletrabalho compreende-se a prestação de serviços preponderantemente fora das dependências do empregador com a utilização de tecnologias de informação e de comunicação, ainda que algumas tarefas ou atividades exijam a presença pessoal nos estabelecimentos empresariais. Desde a Reforma Trabalhista de 2017 tal modalidade foi inserida na CLT, exigindo ajuste contratual prévio e expresso, estabelecendo que a alteração do regime presencial para o teletrabalho pressupõe um período de 15 dias para a transição, garantindo-se o reembolso das despesas assumidas pelo empregado para a prestação do serviço remoto, tais como as relativas ao tráfego de dados pela internet e eletricidade.

A introdução de atividades remotas por teletrabalho no contexto da pandemia ocorreu sem planejamento prévio, tendo atingido inúmeras empresas e famílias. Para convalidar as determinações empresariais, a MP nº 927 admitiu a imposição do teletrabalho e do trabalho remoto ou outro tipo de trabalho a distância, mesmo sem prévia previsão contratual, suspendendo o artigo 75-C da CLT, durante o período da pandemia.

Pelo direito de emergência criado, a mudança do local da prestação laboral decorre do *jus variandi* do empregador, sem garantia de tempo para adaptações familiares, bastando notificação prévia de 48 horas, por escrito ou meio eletrônico. Assegura-se o prazo de 30 dias para ajuste contratual posterior sobre o reembolso das despesas arcadas pelo empregado com a realização do teletrabalho, bem como com a aquisição e manutenção dos equipamentos e da infraestrutura necessária para sua consecução. Admite-se a utilização do comodato de equipamentos para o trabalho remoto, bem como declara a natureza indenizatória do valor desembolsado pelas empresas com os ressarcimentos. A MP silencia sobre o conteúdo e o modo da prestação laboral em teletrabalho. Tal lacuna normativa não permite, todavia, que o poder empregatício se apresente com a mesma intensidade que ocorre no estabelecimento patronal. O *jus resistentiae* do empregado permite controlar a intensidade das regras de condutas, e o domicílio familiar não pode converter-se em lócus de exercício do poder empregatício. Assim como a casa não é o plenário de julgamento para exigir o uso da toga, nem pelos ministros ou desembargadores, também a sala ou o quarto da casa dos empregados não são espaços franqueados à observação e vigilância patronal.

Com ou sem trabalho remoto, o período de confinamento pelas diretrizes de distanciamento social afetou profundamente a sociabilidade nos espaços familiares, trazendo inúmeros desafios para a compatibilidade entre os direitos à intimidade e à privacidade, constitucionalmente previstos, e também para a preservação da saúde psíquica das pessoas em isolamento, o que nos faz refletir sobre as "razões programáticas e pragmáticas, solidárias e utilitárias" (CHIARELLI, 1989, p. 152) pelas quais as férias constituem direito fundamental. A fadiga gera a redução da força física, limitação da acuidade, a diminuição da criatividade, e o modo pelo qual se recupera a integridade físico-psíquica de uma pessoa desgastada e sob intenso estresse – como os gerados pela insegurança, pelo medo e intensificado pelo isolamento durante a pandemia da Covid-19 – "segundo qualquer avaliação ergométrica, passa pela recomposição de sua energia, diretamente ligada a um período de paralisação laboral, preferentemente de lazer", prossegue Carlos Chiarelli (1989, p. 152) ao examinar o trabalho na Constituição de 1988.

Mas o pragmatismo do direito de emergência não se relaciona à necessidade de resgate da produtividade do trabalhador desgastado sob sua submissão à rotina do cotidiano laboral disciplinado e subordinado, ou à renovação da disposição e espírito de convivência para o trabalho comum, que pressupõe uma política de valorização dos profissionais. Trafegando no universo do trabalho desvalorizado e de um trabalhador descartável, a Medida Provisória nº 927 permite ao empregador: (a) antecipar as férias individuais e reduzir o período de comunicação a 48 horas, por escrito ou por outro meio eletrônico, inclusive estabelecendo como prioridade a concessão de férias para os trabalhadores em *grupo de risco* acentuado; (b) suspender a fruição das já concedidas aos profissionais de saúde ou daqueles que desempenhem funções essenciais; (c) postergar o pagamento do acréscimo constitucional de um terço de férias do período para até o dia 20 de dezembro de 2020, salvo em caso de rescisão anterior, e da própria remuneração do período de descanso; bem como a (d) recusar-se a converter um terço de férias em pecúnia.

Por outro lado, dispensa-se a empresa de comunicar previamente ao órgão local do Ministério da Economia e aos sindicatos representativos da categoria profissional a decisão de conceder férias coletivas, com a redução do já diminuto prazo de prévio aviso previsto na CLT aos trabalhadores para 48 horas e desconsideração dos sujeitos sindicais. A possibilidade de programar a vida e de fazer planos para as férias fica absolutamente comprometida, subtraindo da pessoa que trabalha o seu direito futuro de sonhar em realizar planos pessoais futuros. Enfim, as mínimas exigências que a CLT estabelece para equilibrar a relação de emprego em prol do trabalhador nos casos de decretação de férias coletivas por conta de crises econômicas ou de períodos de retração da atividade empresarial são desconsideradas na crise sanitária.

O futuro próximo de trabalho se apresenta como muito duro. Além de perder seus descansos nas férias posteriores, também as pausas revigorantes dos feriados estão a perigo. Para diminuir os prejuízos empresariais com as políticas de distanciamento social e de interdição da circulação eventualmente impostas pelas autoridades públicas, a MP também admite a antecipação e o gozo de feriados não religiosos federais, estaduais, distritais e municipais, bastando para tanto que o empregador notifique de modo expresso aos empregados os feriados aproveitados. A bilateralidade é uma ficção na normalidade do trabalho, e na anormalidade pandêmica perde-se o pudor para ampliar o poder unilateral para a fuga ao direito.

A regulação jurídica da calamidade brasileira pretende levar às últimas consequências uma concepção deturpada de que o contrato de trabalho se caracterizaria por uma relação sinalagmática perfeita entre trabalho e salário. O avanço civilizatório do Direito do Trabalho é tanto maior quanto menor for a dependência de labor efetivo para recebimento da contraprestação, admitindo-se interrupções nas obrigações correspectivas, A remuneração decorre da existência de uma relação contratual, mantida durante os lapsos temporais de interrupção da prestação pessoal de serviço, seja por determinação das autoridades sanitárias ou públicas, seja por previsões legais ou contratuais (como os descansos semanais, as férias, os feriados, os períodos de paralisação temporária do estabelecimento etc.). Tais aspectos foram desconsiderados, transferindo majoritariamente para os trabalhadores os ônus das políticas públicas para evitar a disseminação da pandemia. A Lei 13.979, de 6 de fevereiro de 2020, que dispôs sobre as repercussões jurídicas das faltas ao trabalho em decorrência de medidas de isolamento e de quarentena, parece ter sido esquecida quando o universo de atingidos se estende para milhares, milhões de afetados.

De toda sorte, em caso de controvérsia judicial sobre a juridicidade da determinação de férias fruídas durante a pandemia, alguns critérios podem ser utilizados para examinar a validade da antecipação das férias individuais ou coletivas. Aspectos relacionados (i) à pessoa do empregado e daqueles que com ele coabitam (situação de isolamento pessoal por contágio ou convivência com pessoa com Covid-19, interrupção ou suspensão contratual por doença etc.); (ii) ao local da prestação laboral (por exemplo, cidade em *lockdown*, com restrição de locomoção ou proibição de acesso a bens públicos, como praias, praças etc.); (iii) ou à natureza da prestação de serviços (que exijam contato presencial, sendo impossível sua continuidade, ainda que parcial, por teletrabalho) devem ser avaliados pelo julgador. Afinal, a flexibilização dos prazos para aviso, gozo e pagamento, com antecipação de férias individuais e concessão de férias coletivas, foi justificada na Exposição de Motivos da Medida Provisória não apenas como medida para evitar aglomeração de pessoas nos ambientes de trabalho, auxiliando na contenção da transmissão, mas como "uma alternativa aos setores ou atividades nos quais não se aplica o teletrabalho".

De outro lado, a antecipação das férias não pode ser utilizada como medida obstativa ao cômputo do período de afastamento do trabalho por parte do empregado como de falta justificada, em casos de isolamento ou quarentena, nos termos do artigo 3º, § 3º, da Lei nº 13.979/2020, já referido, quando declarado previamente.

Os acordos individuais pactuados e as medidas empresariais de enfrentamento à crise, previstas nos artigos 2º e 3º da Medida Provisória nº 927, na nossa interpretação, estão condicionadas ao atingimento dos objetivos neles previstos, a saber: (i) a garantia da permanência do vínculo empregatício, (ii) a preservação do emprego, (iii) e a preservação da renda, três aspectos teleológicos observáveis no tempo e com o tempo. Deste modo, antecipação de férias é disposição válida na medida em que preserva o emprego e a renda do trabalhador, e inadequada quando se converte em instrumento de desmedida do capital, simplesmente um modo de protrair a dispensa imotivada, sem preservação do vínculo empregatício depois da pandemia. Presume-se, ademais, que as medidas adotadas pelos empregadores tenham uma relação de causalidade direta com o enfrentamento dos efeitos econômicos que decorrem da calamidade do coronavírus, e não com a simples má gestão ou imprevidência empresarial.

Por fim, não se pode olvidar que a previsão de descanso em férias anuais também tem relevância econômica, não apenas por restaurar a produtividade do trabalhador, mas também por estimular a economia nacional, com impactos favoráveis nos setores de turismo, viagens e hotelaria. Assim, a faculdade de transação individual de períodos futuros de férias, prevista na Medida Provisória nº 927, deve ser recebida com cautela, evitando sua disseminação. A antecipação de férias futuras não pode ser ilimitada, sob pena de instaurar um futuro regime de negação dos direitos fundamentais de lazer e integridade física, pela ausência de férias, ou de criar uma modalidade de crédito financeiro em favor do empregador, limitadora da liberdade de trabalho. Afinal, o contrato de trabalho é de trato sucessivo, e a fruição das férias depois de um ano de fatigante trabalho (período aquisitivo) existe para permitir às pessoas dedicarem-se às suas prioridades familiares e aos seus projetos de vida, recuperarem suas energias em um lapso temporal determinado (período concessivo de um ano), resgatando o bom rendimento e preservando a saúde psicofísica dos indivíduos, potencialmente afetada pelo distanciamento social.

O deslocamento abrupto do trabalho para dentro das residências – microcosmo elevado à centralidade deste tempo de pandemia, para o qual confluíram as dimensões laborais, educacionais, culturais, de cuidados e de lazer possível – converteu a moradia em espaço de *home office*, sem adaptações, e intensificou a demanda psíquica. Sem previsão legal ou contratual prévia, a utilização massiva das plataformas digitais de videoconferência está trazendo sérios desafios à convivência entre as dimensões laborais e familiares. A permissão para teletrabalho não inclui a determinação de controle do rendimento por meio de vídeo, sendo abusiva a exigência de manutenção das câmeras ativas, que imponham ao empregado revelar seu ambiente familiar, por mera exigência patronal. A ausência de disciplina sobre a questão do uso de câmeras e a pessoalidade intrínseca à atividade laborativa não autorizam que as gerências, os clientes ou outros trabalhadores possam dirigir seus olhares para o interior das residências dos empregados. Ao empregado em teletrabalho durante a pandemia é assegurado o direito a manter suas câmeras desligadas, principalmente para preservar sua vida privada e familiar, resguardando ainda a imagem de suas crianças e o direito destas à plena circulação em suas casas.

A eficácia dos direitos fundamentais se irradia com toda sua força vinculante às relações de trabalho, relembrando que o direito à privacidade é direito constitucional, sendo a casa asilo inviolável e espaço privado por excelência. Vale relembrar com Ingo Sarlet (2015, p. 302) que "todas as normas consagradoras de direitos fundamentais são dotadas de eficácia e, em certa medida, diretamente aplicáveis já ao nível da Constituição e independentemente de intermediação legislativa" diante da eficácia vinculante dos direitos fundamentais nas relações privada, mormente em situação de desigualdade de poder. Ainda que se admita uma eficácia mediata ou indireta dos direitos fundamentais nas relações entre particulares, o significado que se extrai de tais concepções é o de que as regras sobre o conteúdo da prestação laboral e o contrato de trabalho não podem contrariar o conteúdo dos direitos fundamentais, "impondo-se uma interpretação das normas privadas (infraconstitucionais) conforme os parâmetros axiológicos contidos nas normas de direitos fundamentais, o que habitualmente ocorre quando se trata de aplicar conceitos indeterminados" (SARLET, 2015, p. 399-400).

Na ordem jurídica, prevalece a interpretação mais favorável aos direitos fundamentais. As regras provisórias de um direito de emergência não podem entrar em colisão com os direitos sociais e constitucionais. Não há que se falar em conflito entre poder empregatício e liberdades individuais dos empregados no caso do *home office* ou em colisão entre livre iniciativa e direitos sociais. A brutal restrição de liberdade de locomoção e circulação – ainda que se admita sua justificativa em face do princípio da precaução, da noção de solidariedade, e do valor maior de preservação da vida – e a execução contratual de prestação de serviços à distância em regime de trabalho remoto durante a emergência sanitária exigem uma posição ativa de menor restrição possível aos direitos fundamentais das pessoas, ampliando seu raio de incidência e buscando sua maior eficácia. Ademais, no campo dos direitos sociais, a interpretação não é diversa e deve sempre buscar a interpretação que assegure maior fruição e satisfação.

A constitucionalização de direitos fundamentais implica assegurar condições materiais para o exercício dos direitos individuais e coletivos. É exatamente em momentos de crise que os direitos fundamentais, em todas suas dimensões, demonstram sua função, relevância e sentido. A crise não pode suspender a Constituição e servir de pretexto para a fuga do direito.

5. CONCLUSÃO

Um direito do trabalho de crise não pode estar apartado dos direitos fundamentais. Para a garantia do meio ambiente e da saúde de todos, desenvolvem-se as políticas públicas de distanciamento e isolamento sociais como instrumentos para a realização dos valores da fraternidade e dos direitos de solidariedade. Nesse sentido, as políticas públicas relacionadas à pandemia, que traduzem a necessária proteção à coletividade para preservação da vida de todos e de cada um, se articulam com os demais direitos fundamentais. Entrementes, intensificando a viragem ontológica que colocou o Direito do Trabalho em crise, por uma contrarreforma permanente, da qual a Reforma Trabalhista de 2017 é uma das manifestações ao lado da extensa desregulamentação e desestruturação do sistema institucional do trabalho promovida em 2019 (extinção do Ministério do Trabalho, Declaração de Liberdade Econômica etc.), o negacionismo do executivo federal nos legou um conjunto de regras que não merecem receber a alcunha de Direito do Trabalho, nem de Emergência, nem de Crise. A calamidade da regulação jurídica pró-unilateralismo detém parcas compensações aos trabalhadores e não preserva adequadamente renda e emprego.

A garantia de renda, trabalho, saúde e vida são aspectos intrínsecos ao Estado Social e Democrático de Direito. Se a existência de muitos está em risco, se a vida humana é desafiada por um vírus que a ciência ainda não foi capaz de evitar, o viver adquire um sentido amplificado. Da reivindicação do direito de viver (e sobreviver à Covid-19) advém a substância da vida e o desejo de viver em sua plenitude.

A pandemia e a crise sanitária e econômica decorrente do coronavírus colocam em realce todas as dimensões dos direitos fundamentais e da existência humana. O trabalho necessário para a preservação das pessoas, para evitar a contaminação de muitos e o adoecimento de todos, ganha centralidade. O isolamento adia o desenvolvimento dos projetos existenciais e de múltiplas atividades humanas, ao tempo em que estabelece uma gramática de cuidados e prevenção.

O viver em épocas de pandemia traz uma emergência por um bem viver no presente e no futuro. Para tanto, é preciso assegurar a fruição plena dos direitos fundamentais para todos, sem negligenciar nenhum aspecto ou dimensão. A crise não é suficiente para converter o Direito em Não Direito. São escolhas que orientam a ação, ainda que dentro de estruturas e contextos difíceis. A regulação jurídica da pandemia não pode ser converter na negação do direito ao viver com dignidade.

REFERÊNCIAS

BARCIELA, Gonzalo. El derecho del trabajo frente a la emergencia sanitária: remuneraciones, suspensiones y despidos. **Revista Argentina de Derecho Social**, n. 3, ano 2, p. 27-31, abr. 2020.

BRASIL. Supremo Tribunal Federal (1.ª Turma). **Recurso Extraordinário nº 234.186-3/SP**. Relator: Min. Sepúlveda Pertence, 03 de junho de 2001. Disponível em: http://redir.stf.jus.br/paginadorpub/paginador.jsp?docTP=AC&docID=254552. Acesso em: 15 abr. 2020.

BRASIL. Supremo Tribunal Federal. **Recurso Extraordinário nº 590.415/SC**. Relator: Min. Roberto Barroso, 30 de abril de 2015. Disponível em: http://portal.stf.jus.br/processos/downloadPeca.asp?id=306937669&ext=.pdf. Acesso em: 15 abr. 2020.

CHIARELLI, Carlos Alberto Gomes. **Trabalho na Constituição**: direito individual. São Paulo: LTr, 1989.

ERMIDA URIARTE, Oscar. La crisis financiera global y el derecho del trabajo. *Revista de La Facultad de Derecho*, Montevidéu, n. 26, p. 59-64, jan.-jul. de 2007.

GARCIA, Gustavo Filipe Barbosa. **Respeito à Constituição em situações de crise:** redução salarial em decisão do STF. Disponível em: https://www.conjur.com.br/2020-abr-27/barbosa-garcia-respeito-constituicao-situacoes-crise. Acesso em: 27 abr. 2020.

GRILLO, Sayonara. Medidas para preservação do emprego em tempos de COVID-19: notas sobre o isolamento da negociação coletiva e o distanciamento da ordem constitucional brasileira. In: NEMER NETO, Alberto; ROCHA, Cláudio Jannnotti, RIZK FILHO, José Carlos. **Direito do Trabalho e o Coronavírus**. Porto Alegre: Lex Magister, 2020. No prelo.

LAZZARATO, Maurizio. **Fascismo ou revolução?** O neoliberalismo em chave estratégica. São Paulo: N-1 Edições, 2019.

PALOMEQUE LÓPEZ, Manuel Carlos; ÁLVAREZ DE LA ROSA, Manuel. **Derecho del Trabajo**. 17. ed. Madrid: Editorial Universitária Ramón Areces, 2009.

SALVO, Natalia; RUIZ, Alvaro. El impacto del coronavírus em las relaciones laborales. **Revista Argentina de Derecho Social**, n. 3, ano 2, p. 18-26, abr. 2020.

SARLET, Ingo Wolfgang. **A eficácia dos direitos fundamentais**. 12. ed. Porto Alegre: Livraria do Advogado, 2015.

SILVA, Sayonara Grillo Coutinho Leonardo da. **Relações coletivas de trabalho:** configurações institucionais no Brasil contemporâneo. São Paulo: LTr, 2008.

Flexibilizações Trabalhistas e a Pandemia da Covid-19 no Brasil

LUIZA CRISTINA DE ALBUQUERQUE FREITAS FERREIRA

VALENA JACOB CHAVES MESQUITA

1. INTRODUÇÃO

A pandemia de COVID-19 decorre da transmissão global de uma doença respiratória aguda que é causada pelo coronavírus da síndrome respiratória aguda grave 2, também denominado SARS-CoV-2.

De acordo com dados da Organização Mundial de Saúde (OMS), disponibilizados no Boletim Epidemiológico n. 08 da Secretaria de Vigilância em Saúde, até o dia 08 de abril de 2020, o mundo registrou 1.446.677 casos confirmados de COVID-19, com 83.112 óbitos, sendo que no *ranking* mundial, o Brasil ocupa o 14º lugar em número de casos confirmados e, desde 20 de março de 2020, o Ministério da Saúde declarou estado de transmissão comunitária da doença em todo o território nacional.

Como a transmissão da doença ocorre através de contato ou por gotículas respiratórias, o vírus é espalhado no ar e nas superfícies quando uma pessoa infectada deixa gotículas de saliva ou secreção e outra entra em contato com esse ambiente contaminado. Diante do sistema de saúde (público e privado) do Brasil não ter capacidade para tratar todos aqueles que se contaminarem e precisarem de auxílio médico, as medidas adotas pelo governo para combater a pandemia envolvem o isolamento social, e, com isso, impactam diretamente na economia do país, já que as pessoas deixam de circular e também de adquirir bens e serviços.

Assim, diante da notável relação entre a economia e o direito do trabalho, foram publicadas as Medidas Provisórias (MPs) n. 927/2020 (dispõe sobre as medidas trabalhistas para enfrentamento do estado de calamidade pública decorrente da pandemia causada pela COVID-19), n. 928 (revoga o art. 18 da MP 927/2020), e n. 936/2020 (institui o Programa Emergencial de Manutenção do Emprego e da Renda e dispõe sobre medidas trabalhistas complementares para enfrentamento do estado de calamidade pública), com o objetivo de apresentar um patamar normativo específico para a situação trabalhista durante a pandemia da COVID-19.

Conforme se verá na segunda seção deste trabalho, entre as medidas propostas pelo Executivo encontra-se a possibilidade de o empregador negociar diretamente com o empregado, no plano individual, com preponderância sobre os demais instrumentos normativos existentes, além da permissão de suspensão do contrato de trabalho.

Dessa forma, o presente estudo tem como objetivo geral analisar as inovações normativas implementadas pelas MPs n. 927, 928 e 936, verificando se tais normas estão de acordo com os princípios do direito do trabalho. Para tanto, o trabalho partirá do seguinte problema de pesquisa: Quais as mudanças normativas implementadas pelas MPs n. 927, 928 e 936, de 2020, e de que forma elas devem ser interpretadas a partir dos princípios do Direito do Trabalho?

Especificamente, o trabalho buscará, inicialmente, expor como se dava a flexibilização trabalhista no Brasil antes da pandemia decorrente da COVID-19, e, em seguida, analisará as mudanças normativas provocadas pelas MPs n. 927, 928 e 936, para, por fim, confrontar as novas normas editadas com os limites principiológicos do direito do trabalho, fixando, assim, parâmetros interpretativos.

O estudo proposto se justifica em razão da necessidade de se verificar os limites interpretativos que devem ser aplicados às novas normas trabalhistas, já que a mera interpretação gramatical/literal do texto normativo poderá conduzir a situações rechaçadas pelo Direito do Trabalho, e que não serão convalidas pelo Poder Judiciário, gerando, com isso, insegurança jurídica.

Para alcançar o objetivo geral e os específicos pretendidos, será realizada uma pesquisa explicativa, pois o estudo se propõe a identificar as modificações decorrentes das MPs n. 927, 928 e 936, confrontando-as com os princípios do Direito do Trabalho.

Nesse sentido, Gil (2008) destaca que a pesquisa explicativa é o método que permite o aprofundamento do conhecimento acerca da realidade, já que permite a exploração da razão e do porquê das coisas a partir da identificação dos fatores que contribuem para a ocorrência do fenômeno.

No estudo se utilizará o método dedutivo, já que a partir dos dados gerais coletados com base nas pesquisas bibliográficas se inferirão conclusões sobre casos específicos. Em menor escala, se utilizará o método comparativo, para que seja possível analisar eventuais similitudes e diferenças existentes antes e após a reforma trabalhista com relação às flexibilizações no direito dos trabalhadores.

2. FLEXIBILIZAÇÃO TRABALHISTA ANTES DA PANDEMIA DA COVID-19

A presente seção será desenvolvida com o objetivo de, primeiramente, analisar o conceito de flexibilização trabalhista, e, em seguida, serão apresentadas e avaliadas as medidas flexibilizatórias já existentes no Brasil antes da pandemia decorrente da COVID-19, com o objetivo de traçar um norte comparativo com as alterações realizadas em razão da pandemia.

De acordo com Leite (2019, p. 367-368) o direito do trabalho, mais do que qualquer outro ramo do direito, sofre influências diretas das mudanças que ocorrem no campo econômico. Assim, diante das crises econômicas, faz-se necessária a disponibilização de ferramentas que permitam a flexibilização das normas, com o objetivo de garantir a continuidade da empresa, e, com isso, da fonte empregadora.

Nesse contexto, Cassar (2018, p. 33) destaca que a flexibilização pressupõe a manutenção da intervenção estatal nas relações trabalhistas, garantindo-se as condições mínimas necessárias à garantia da dignidade do trabalhador, e, ao mesmo tempo, permite-se, em determinados casos, a criação de exceções ou regras menos rígidas.

Dessa forma, como se pode perceber, as normas flexibilizatórias existem como forma de se garantir a unidade da Constituição, garantindo-se a coexistência dos bens jurídicos constitucionalmente protegidos, tutelando-se, ao mesmo tempo, a proteção do trabalhador e da sua dignidade, bem como a manutenção da saúde da empresa.

Godinho (2019, p. 72-73) considera que a flexibilização trabalhista deve ser considerada como a possibilidade jurídica, criada por norma estatal ou por norma coletiva, que prevê a atenuação da força imperativa das normas componentes do Direito do Trabalho, mitigando a amplitude de seus comandos e/ou os parâmetros próprios para a sua incidência.

Assim, pode-se dizer que as normas flexibilizatórias são aquelas produzidas com o objetivo de dinamizar as relações trabalhistas, retirando a rigidez imposta pela força cogente das normas trabalhistas, seja por mecanismos legalmente previstos, seja por permissivos concedidos pelo legislador para que as partes (empregado e empregador) realizem a negociação por elas próprias.

Dessa forma, por considerar o princípio da força cogente das normas trabalhistas, Godinho (2019, p. 73) destaca que a flexibilização, para ser lícita, só pode ocorrer em dois casos: a) quando norma constitucional ou legal prever ou autorizar a flexibilização para aquele caso; b) quando se tratar de parcela supralegal e, portanto, direito criado no âmbito de negociação coletiva, que, por não incorpora-se ao patrimônio jurídico do empregado, pode ser posteriormente suprimido.

Javillier (1988, p. 55-58) conceitua como flexibilização de adaptação aquela que decorre da estratégia sindical em face das dificuldades momentâneas enfrentadas pela empresa ou advindas de uma crise econômica, de modo que nela admite-se a pactuação de disposições *in pejus* ao trabalhador com o objetivo de preservar interesses maiores da categoria, decorrentes da necessidade de se manter a fonte empregadora.

Assim, atento à necessidade de garantir ao empregador a possibilidade de flexibilizar as normas trabalhistas em casos específicos, a própria Constituição Federal de 1988 trouxe possibilidades flexibilizatórias em seu texto, a exemplo da possibilidade de redução de salários por meio de convenção e acordo coletivo (art. 7º, VI, CF/88), compensação de jornada de trabalho (art. 7º, XIII, CF/88) e fixação de elastecimento da jornada dos trabalhadores em turnos ininterruptos de revezamento (art. 7º, XIV, CF/88).

Contudo, apesar da possibilidade flexibilizatória, o constituinte sempre exigiu a participação do Sindicato Profissional nas negociações, como representante dos trabalhadores, nos termos do art. 8º, III, da CF/88. No plano infraconstitucional tal exigência se repetia nos instrumentos existentes na CLT, quais sejam: o *lay off*, o Plano de Seguro-Emprego (PSE) e a transação acerca de direitos de disponibilidade relativa por meio das negociações coletivas.

O *lay off* consiste na possibilidade prevista no art. 476-A da CLT em razão da qual, diante de dificuldade financeira, as empresas poderiam promover a suspensão dos contratos de trabalho por período determinado, variável entre dois a cinco meses[1], para que os empregados realizem cursos de qualificação profissional durante esse período.

Para poder implementar a referida suspensão o empregador deveria, primeiramente, obter a autorização do sindicato profissional por meio de convenção ou acordo coletivo, e, em seguida, obter a aquiescência formal do empregado, devendo, ainda, promover a notificação do seu respectivo sindicato patronal informando-o do ocorrido com antecedência mínima de 15 dias da suspensão contratual (art. 476-A, § 1º, CLT).

Durante o período de suspensão contratual decorrente do *lay off* o empregado tem assegurado o direito de receber os benefícios voluntariamente concedidos pelo empregador, fixados no acordo ou convenção coletiva que autorizou a adoção da medida, que não terão natureza salarial, além da bolsa qualificação profissional, prevista no art. 2º-A da Lei n. 7.998/90, custada pelo Fundo de Amparo ao Trabalhador (FAT).

Objetivando coibir o uso de *lay off* para situações nas quais a empresa não almeja, realmente, continuar com o trabalhador, o § 5º do art. 476-A da CLT garantiu ao empregado sujeito à suspensão a estabilidade provisória do emprego durante o período de *lay off* e, ainda, nos três meses subsequentes ao seu término, de modo que eventual dispensa imotivada durante o período estabilitário obriga o empregado ao pagamento de indenização ao trabalhador, no valor fixado no acordo ou na convenção coletiva que autorizou a suspensão do contrato, que será de no mínimo 100% do valor da última remuneração do trabalhador anterior à suspensão contratual.

---

1 Nos termos do § 7º do art. 476-A da CLT o prazo máximo de cinco meses de duração do *lay off* poderia ser prorrogado se houve autorização por acordo ou convenção coletiva, exigindo-se, ainda, novamente, a aquiescência formal do empregado. Nesse caso, para que fosse possível a prorrogação, o empregador deveria arcar com o ônus decorrente do valor da bolsa de qualificação profissional durante o período de prorrogação.

Para os casos de *lay off* o legislador fixou ainda a impossibilidade de reutilização do benefício em relação ao mesmo empregado dentro do período de 16 meses (art. 476-A, § 2º, da CLT), bem como estabeleceu que se o empregador não promovesse o curso ou programa de qualificação, e/ou exigisse que o empregado permanecesse trabalhando, a suspensão estaria descaracterizada, ficando o empregador obrigado ao pagamento dos salários e demais encargos sociais decorrentes (art. 476-A, § 6º, da CLT).

Acerca da possibilidade flexibilizatória decorrente do *lay off*, Franco Filho (2017, p. 240) considera que a instrumento deve ser considerado como vantajoso para ambas as partes envolvidas, vez que permite ao empregado ter acesso a melhor qualificação profissional, e a empresa, além de ter um funcionário mais bem qualificado, adquire um prazo para retomar seu capital.

A segunda possibilidade flexibilizatória existente antes da pandemia da COVID-19 é o Programa de Seguro-Emprego (PSE), regulamentado na Lei n. 13.189/15, que, de acordo com seu art. 1º, tem como objetivos: a) possibilitar a preservação dos empregos em momentos de retração da atividade econômica; b) favorecer a recuperação econômico-financeira das empresas; c) sustentar a demanda agregada durante momentos de adversidade, para facilitar a recuperação da economia; d) estimular a produtividade do trabalho por meio do aumento da duração do vínculo empregatício; e e) fomentar a negociação coletiva e aperfeiçoar as relações de emprego.

Para a adesão ao PSE as empresas deveriam celebrar acordo coletivo de trabalho específico de redução de jornada e salário, e aderir ao programa formalmente junto ao Ministério do Trabalho até 31 de dezembro de 2017, de modo que neste caso estavam autorizadas a reduzir em até 30% da jornada e do salário dos empregados. Assim, como a adesão teria que ser feita até 2017, o PSE não se mostra adequado para o enfrentamento da pandemia da COVID-19, exceto se houvesse alguma norma alterando o prazo de formalização junto ao Ministério da Economia.

Por fim, a terceira medida flexibilizatória decorre da possibilidade de as empresas (e/ou os sindicatos patronais), juntamente com os sindicatos profissionais, poderem negociar acerca dos direitos de indisponibilidade relativa, listados taxativamente no art. 611-A da CLT, que envolvem, por exemplo a possibilidade de transacionar sobre pacto quando à jornada de trabalho (inciso I), banco de horas (inciso II), teletrabalho e trabalho intermitente (inciso VIII) e troca do dia do feriado (inciso XI).

Nos termos do § 2º do art. 611-A da CLT, na negociação não se exige a indicação de contrapartidas recíprocas, sendo que na interpretação das referidas cláusulas negociais a Justiça do Trabalho deverá atuar com base na intervenção estatal mínima, respeitando a autonomia privada negocial das partes, só podendo anular as cláusulas se verificada alguma invalidade prevista no art. 104 do Código Civil de 2002[2], conforme prevê o art. 8º, § 3º, da CLT.

---

2 Nos termos do art. 104 do Código Civil a validade do negócio jurídico requer a presença, cumulativa, de três requisitos: "I – agente capaz; II – objeto lícito, possível, determinado ou determinável; III – forma prescrita ou não defesa em lei".

Dessa forma, mesmo antes da publicação das Medidas Provisórias n. 927, 928 e 936 o Direito do Trabalho já contava com algumas medidas aptas a auxiliar as empresas no enfrentamento das dificuldades eventualmente decorrentes da paralisação das atividades, sempre trazendo a necessidade de participação do ente coletivo com o objetivo de garantir a paridade entre as partes nas tratativas realizadas.

3. FLEXIBILIZAÇÕES REALIZADAS DURANTE A PANDEMIA DA COVID-19

Durante a pandemia da COVID-19, o Poder Executivo Federal, no uso da prerrogativa que lhe foi concedida pelo art. 62, *caput*, da Constituição de Federal de 1988, editou várias Medidas Provisórias com o objetivo de regular as necessidades criadas em razão das medidas que estavam sendo adotadas pelo poder público para o enfrentamento da situação.

Nesse aspecto, a Constituição permitiu ao Presidente da República, em casos de relevância e urgência, criar Medidas Provisórias, que detém a mesma força de lei. Trata-se aqui de um processo legislativo às avessas, já que a norma é criada pelo Presidente, e, após, é submetida à apreciação do Congresso Nacional.

No âmbito trabalhista, as MPs criadas foram as de n. 927, 928 e 936, de 2020, que trouxeram flexibilizações de adaptação, alterando o regramento de alguns instrumentos jurídicos já existentes e criando outras possibilidades jurídicas não previstas na CLT. Conforme se verá na presente seção, as referidas normas, diferentemente das medidas flexibilizatórias anteriormente previstas no direito brasileiro, admitiram como válida a negociação direta entre trabalhador e empresa, sem a participação do ente coletivo.

A primeira Medida Provisória trabalhista foi a de n. 927, publicada dois dias após o Ministério da Saúde considerar a transmissão comunitária no território brasileiro da COVID-19. De acordo com artigo 1º da referida norma, o objetivo da medida foi dispor sobre possibilidades jurídicas que poderiam ser adotadas pelos empregadores com vistas a preservar o emprego e a renda dos empregados durante o estado de calamidade pública reconhecido pelo Decreto Legislativo nº 6, de 20 de março de 2020[3].

No âmbito do parágrafo único do artigo 1º, o Executivo reconheceu que o estado de calamidade pública importa hipótese de força maior para fins trabalhistas. Nos termos do art. 501 da CLT se considera como sendo de força maior todo acontecimento inevitável em relação à vontade do empregador, para o qual este não concorreu direta ou indiretamente.

Assim, sobrevindo a extinção da empresa ou de estabelecimento comercial em razão da pandemia da COVID-19, o empregador tem direito de promover o pagamento

3 Nos termos do art. 1º do Decreto Legislativo n. 06, de 2020, o estado de calamidade pública foi reconhecido até o dia 31 de dezembro de 2020.

de apenas 50% das indenizações devidas em razão da rescisão sem justa causa, consoante previsão normativa constante no art. 502, III, CLT.

O art. 2º da MP n. 927/2020 garantiu ao empregador a possibilidade de, durante o estado de calamidade, negociar diretamente com o empregado, por meio de acordo individual escrito, com o objetivo de garantir a permanência do vínculo empregatício, sendo que nesses casos as cláusulas negociais terão prevalência sobre todos os demais instrumentos normativos.

Dessa forma, o único limite imposto ao empregador no âmbito dessas negociações foram os direitos constitucionalmente assegurados aos empregados, que consistem naqueles de indisponibilidade absoluta, o que evidencia a desproteção por parte do Poder Executivo em relação ao trabalhador, conforme será melhor evidenciado na seção seguinte deste trabalho.

O artigo 3º da MP n. 927/2020 trouxe um rol exemplificativo com oito medidas que poderiam ser adotadas pelos empregadores como forma de enfrentamento dos efeitos econômicos decorrentes da pandemia da COVID-19, quais sejam: implementação de teletrabalho, antecipação de férias individuais e coletivas, aproveitamento e antecipação de feriados, banco de horas, suspensão de exigências administrativas em segurança e saúde no trabalho; direcionamento do trabalhador para qualificação; e diferimento do recolhimento do Fundo de Garantia do Tempo de Serviço (FGTS).

Com relação ao teletrabalho, primeiramente cabe destacar que foi dado a ele tratamento semelhante ao trabalho a distância e ao trabalho remoto[4], sendo tratados pela norma como se fossem expressões sinônimas, já que o § 1º do art. 4º da MP n. 927/2020 considerou como teletrabalho, trabalho remoto ou trabalho a distância, "a prestação de serviços preponderante ou totalmente fora das dependências do empregador, com a utilização de tecnologias da informação e comunicação que, por sua natureza, não configurem trabalho externo".

Diferentemente da previsão constante no art. 75-C da CLT, que exigia o mútuo acordo entre as partes, registrado em aditivo contratual, e o prazo mínimo de 15 dias para fins de transição, o art. 4º da MP n. 927/2020 garantiu ao empregador, exclusivamente, a possibilidade de alterar o regime de trabalho para teletrabalho, dispensando-se a exigência de acordos individuais, coletivos, bem como o registro da alteração no contrato de trabalho. O prazo de transição do regime presencial para o regime de teletrabalho também foi reduzido para 48 horas, admitindo a comunicação do trabalhador por meio escrito ou eletrônico (art. 4º, § 2º, MP 927/2020).

---

4 Leite (2019, p. 232) considera como trabalho a distância ou trabalho em domicílio, aquele que é realizado pelo empregado sem a vigilância pessoal e direta do empregador. Já o teletrabalho é considerado pelo autor como sendo aquele prestado principalmente fora das dependências do empregador, com utilização de tecnológicas de informação e de comunicação, que, por sua natureza, não se constituam como trabalho externo, portanto, o teletrabalho seria uma modalidade de trabalho a distância (LEITE, 2019, p. 233).

Diante da mudança para a modalidade de teletrabalho, a MP também garantiu ao empregador a exclusão do limite de jornada dos trabalhadores, nos termos do art. 62, III, da CLT, de modo que, durante esse período, o empregado não tem direito de requerer o pagamento de horas extras, já que não dispõe do direito à limitação de jornada diária de trabalho.

O único direito garantido ao trabalhador nesse caso foi de, caso não possuísse os equipamentos tecnológicos e/ou a infraestrutura necessária e adequada à prestação do trabalho, caberia ao empregador disponibilizar tais aparelhos em regime de comodato, e, diante da impossibilidade, o período normal da jornada de trabalho será computado como tempo a disposição do empregador.

Com relação à antecipação das férias individuais e coletivas a MP nº 927/2020 flexibilizou as regras fixadas na CLT, de modo que, no lugar da comunicação por escrito, com antecedência mínima de 30 dias, prevista no art. 135 da CLT, o art. 6º, *caput* da MP n. 927/2020 permitiu a comunicação do empregado tanto por meio escrito quanto eletrônico e reduziu a antecedência mínima entre a comunicação e o início do gozo das férias para 48 horas, permitindo, inclusive, o adiantamento das férias daqueles que estão com períodos aquisitivos em curso e futuros[5].

A MP 927/2020 também flexibilizou a regra constante no art. 145 da CLT, que previa que o pagamento da remuneração das férias deverá ser efetuado até dois dias antes do seu início, estabelecendo que, nas férias concedidas durante o estado de calamidade o empregador poderá optar por efetuar o pagamento da remuneração do período de férias, até o quinto dia útil do mês subsequente, e o adicional de 1/3 de férias poderá ser pago após a sua concessão, até a data na qual é devida a gratificação natalina, portanto, até o dia 20 de dezembro de 2020 (conforme artigos 8º e 9º da MP 927/2020).

Com relação ao abono de férias, que, nos termos do art. 143 da CLT consiste em direito do empregado de converter 1/3 das suas férias em pecúnia, desde que comunique ao empregador até 15 dias antes do término do período aquisitivo, o parágrafo único do art. 8º da MP 927/2020 exigiu a concordância do empregador para que haja a conversão do respectivo período em dinheiro.

A referida Medida Provisória estabeleceu ainda que deveriam ser priorizados com a concessão das férias os trabalhadores que pertençam ao grupo de risco do coronavírus (art. 6º, § 3º, MP n. 927/2020). O art. 12 da MP 927/2020 dispensou, ainda, nos casos de férias coletivas, a prévia comunicação do Ministério da Economia bem como dos sindicatos representativos das categorias abrangidas com as férias coletivas, exigências essas que eram feitas pelo art. 139 da CLT.

Outra medida implementada pela MP 927/2020 foi a possibilidade de o empregador antecipar, a seu critério exclusivo, o gozo dos feriados federais, estaduais, distritais

5 O período aquisitivo corresponde ao período de 12 meses contratuais nos quais o empregado labora para adquirir o direito de férias, consoante previsão normativa constante no art. 130 da CLT.

e municipais, desde que se tratarem de feriados não religiosos, devendo, para tanto, apenas notificar (por escrito ou por meio eletrônico) os empregados, indicando os feriados que estão sendo antecipados, conforme previsão constate no art. 13, *caput*, da referida norma.

Com relação aos feriados religiosos, nos termos do § 2º do art. 13 da MP 927/2020, mediante concordância do empregado por meio de acordo individual escrito, também é possível a sua antecipação. Contudo, aqui trata-se de situação que, pelo menos formalmente, é bilateral, já que o empregado deverá manifestar sua aquiescência por escrito.

A MP 927/2020 flexibilizou o banco de horas, considerado aqui como um regime de compensação de jornada, no qual o excesso de jornada de um dia é compensado com descanso em outro momento. Nesse aspecto a CLT permitia a implementação de banco de horas com possibilidade de compensação das horas no prazo de um ano, caso o banco fosse implementado por meio de acordo ou convenção coletiva (art. 59, § 2º, CLT) ou, no prazo de seis meses, caso a pactuação se desse por acordo individual escrito (art. 59, § 5º, CLT).

Diferente da previsão até então existente, o art. 14 da referida Medida Provisória autorizou ao empregador promover a interrupção da atividade e implementar regime especial de compensação de jornada por meio de banco de horas, estabelecido por meio de acordo coletivo ou individual, com possibilidade de compensação das horas no prazo de 18 meses, contados da data de encerramento do estado de calamidade, sendo que para fins de compensação admite-se a prorrogação da jornada diária de trabalho em até duas horas por dia, observado o limite máximo de dez horas de trabalho diário, sendo a compensação determinada pelo próprio empregador.

A MP nº 927/2020 também dispensou, com exceção dos exames demissionais, a obrigatoriedade de realização dos exames médicos ocupacionais, clínicos e complementares, que poderão ser realizados no prazo de 60 dias após o encerramento do estado de calamidade (art. 15, MP nº 927/2020). Também dispensou a obrigatoriedade de realização de treinamentos periódicos e eventuais dos atuais empregados, previstos em normas regulamentadoras de segurança e saúde no trabalho, podendo tais treinamento serem realizados no prazo de 90 dias após o encerramento do estado de calamidade (art. 16, MP nº 927/2020).

Com relação ao direcionamento do trabalhador para qualificação, previsto no art. 18 da MP nº 927/2020, houve revogação no dia seguinte ao da publicação pela MP nº 928/2020, sendo a matéria tratada de forma diferenciada pela MP nº 936/2020.

A MP nº 927/2020 também implementou a suspensão da exigibilidade de recolhimento de FGTS pelos empregados referentes às competências de março, abril e maio, sendo que em relação a essas parcelas o recolhimento poderá ser realizado de forma parcelada, sem incidência de juros ou taxas de atualização, em até seis parcelas mensais.

Com relação aos trabalhadores que laboram em estabelecimento de saúde, a MP nº 927/2020 implementou flexibilizações de ordem grave em termos de meio ambiente do trabalho, conforme será melhor evidenciado na última seção deste trabalho, permitindo a prorrogação da jornada de trabalho, bem como a adoção de escalas suplementares entre a décima terceira e a vigésima quarta hora do intervalo interjornada, sem que haja penalidade administrativa (art. 26, MP 927/2020), sendo que as horas extras podem ser compensadas com folgas no prazo de 18 meses, contados do encerramento do estado de calamidade pública.

Por fim, a MP 927/2020 estabeleceu no seu art. 29 que os casos de contaminação pelo coronavírus (COVID-19) não serão considerados ocupacionais, exceto mediante comprovação do nexo causal.

Em 1º de abril de 2020 foi publicada a MP n. 936/2020, que instituiu o Programa Emergencial de Manutenção do Empregado e da Renda (PEMER), que tem como objetivos, nos termos dos incisos do art. 2º da referida medida provisória: a) preservar o emprego e a renda; b) garantir a continuidade das atividades laborais e empresariais; e c) reduzir o impacto social decorrente das consequências do estado de calamidade pública e de emergência de saúde pública.

Objetivando atingir os objetivos propostos, o PEMER implementou três medidas: a) o pagamento de Benefício Emergencial de Preservação do Emprego e Renda; b) a redução proporcional de jornada de trabalho e de salários; c) a suspensão temporária do contrato de trabalho.

Com relação à implementação da redução proporcional de jornada de trabalho e de salário, o art. 7º da MP 936/2020 permitiu ao empregador acordar a redução com o empregado, com duração de até 90 dias, devendo observar, cumulativamente, três requisitos: a) preservação do valor do salário-hora de trabalho; b) pactuação por acordo individual escrito entre empregado e empregador, que deverá ser encaminhado ao empregado com no mínimo 2 dias de antecedência; c) redução da jornada de trabalho e de salário, exclusivamente, nos seguintes percentuais: 25%, 50% e 70%.

A jornada e o pagamento do salário deverão ser restabelecidos, obrigatoriamente, no prazo de dois dias após a cessão do estado de calamidade, da data de término do período do acordo individual ou, ainda, da data em que o empregador resolver normalizar a jornada de trabalho.

Já com relação à suspensão temporária do contrato de trabalho, o art. 8º da MP 936/2020 permitiu a suspensão do contrato por até 60 dias, admitindo o fracionamento por até dois períodos de 30 dias cada. A referida pactuação poderá ser realizada por acordo individual celebrado entre empregado e empregador, mediante acordo individual escrito, devendo o empregador encaminhar o acordo ao empregado com antecedência de, no mínimo, dois dias.

Como o período importa em suspensão do contrato de trabalho, durante esse tempo o empregador não está obrigado a promover o recolhimento de contribuição previdenciária, de modo que, se o empregado quiser que o respectivo período integre seu tempo de contribuição, poderá recolher como segurado facultativo (art. 8º, § 2º, II, MP 936/2020).

Nos casos em que a empresa tiver auferido, no ano-calendário de 2019, receita bruta superior a R$ 4.800.000,00, a MP nº 936/2020 estabeleceu que ela somente poderá suspender o contrato de trabalho de seus empregados mediante o pagamento de ajuda compensatória mensal no valor de 30% do valor do salário do empregado, durante o período da suspensão temporária de trabalho pactuado.

Nos termos do art. 5º da MP 936/2020, o benefício emergencial de preservação do emprego e da renda será pago nos casos em que houver redução proporcional de jornada de trabalho e de salário e nas situações de suspensão temporária do contrato de trabalho, consistindo em parcela mensal paga enquanto durarem as hipóteses geradoras, sendo custado com recursos da União.

O valor do Benefício Emergencial de Preservação do Emprego e da Renda terá como base o valor mensal do seguro-desemprego a que o empregado teria direito de receber[6], observadas as seguintes disposições: a) na hipótese de redução de jornada de trabalho e salário, o valor será calculado sobre a base de cálculo do percentual da redução; b) na hipótese de suspensão temporária do contrato, o valor será mensal, correspondente a 100% do valor do seguro-desemprego a que o empregado teria direito nos casos em que a suspensão tiver duração de até 60 dias (art. 8º, *caput*, MP 936/2020), ou 75% do valor do seguro-desemprego para os casos de suspensão previstos no § 5º do art. 8 da MP 936/2020, referente às empresas com receita bruta superior à R$ 4.800.000,00.

4. LIMITES NORMATIVOS E PRINCIPIOLÓGICOS APLICÁVEIS

Conforme já salientado no presente estudo, as Medidas Provisórias consistem em espécie normativa, editada pelo Presidente da República, no exercício de poder anômalo, em razão do qual, diante da relevância e da urgência da situação está autorizado a adotar previdências com vigência imediata, submetendo-as, posteriormente, à apreciação do Congresso Nacional, conforme previsão constante no art. 62 da Constituição Federal de 1988.

Acerca do tema Moraes (2017, p. 923) destaca a necessidade de o ordenamento jurídico possuir um instrumento normativo apto a regular, de forma célere, as situações

---

6 De acordo com o art. 1º da Portaria do Ministério da Economia n. 914/2020, o seguro-desemprego será devido nos seguintes valores: a) para salários médios de até R$ 1.599,61, a parcela consistirá no resultado da multiplicação do salário médio por 0,8; b) para salários médios de R$ 1.599,62 até 2.666,29, a parcela consistirá na multiplicação por 0,5 daquilo que exceder a R$ 1.599,61, somado à R$ 1.279,69; c) para salários acima de R$ 2.666,29 o valor da parcela será de R$ 1.813,02, invariavelmente.

de relevância e urgência, dada a natural demora inerente ao processo legislativo tradicional envolvido na edição de leis ordinárias.

Assim, após a publicação da Medida Provisória o Congresso Nacional terá o prazo de 60 dias, prorrogáveis uma única vez, por igual período, para apreciar a medida adotada pelo Presidente, e convertê-la ou não em lei.

É importante salientar que, com a publicação da Medida Provisória, eventuais leis ordinárias que sejam com ela incompatíveis não serão revogadas de imediato, de modo que, durante o período no qual a Medida Provisória ainda está sendo analisada pelo Congresso Nacional, as leis que com ela conflitarem ficarão com a sua eficácia suspensa, voltando a ter eficácia caso a norma seja rejeitada pelo Congresso, ou, sendo revogadas caso a Medida Provisória seja convertida em lei.

Moraes (2017, p. 933) adverte que, sendo uma espécie normativa definida e acabada, apesar da sua temporalidade, a Medida Provisória está sujeita ao contrato de constitucionalidade, como todas as demais leis e atos normativos, sendo que tal controle poderá se dar tanto em razão da forma como em razão das matérias que foram tratadas, como em relação aos próprios limites materiais e aos requisitos de relevância e urgência.

Dessa forma, pode-se observar que, apesar da urgência e relevância que a pandemia decorrente da COVID-19 gerou em relação à necessidade de se regulamentar as questões trabalhistas, a forma como tal regulamentação foi realizada importou flexibilizações de direitos dos trabalhadores, com o objetivo de garantir a preservação das empresas, contudo, sem o oferecimento aos trabalhadores de nenhuma contrapartida real, já que não há certeza se as empresas, após adotarem as medidas previstas nas Medidas Provisórias, irão ou não se recuperar financeiramente, razão pela qual na presente seção se analisará a constitucionalidade das medidas implementadas, assim como os princípios do direito do trabalho que foram desconsiderados pelo então Presidente da República na edição das referidas normas.

Conforme já destacado na seção anterior deste trabalho, a principal distinção entre as medidas flexibilizatórias previstas em razão da pandemia da COVID-19 e das demais que já existiam no ordenamento jurídico se dá em relação à possibilidade de o trabalhador, sozinho, poder negociar diretamente com o empregador, dispondo acerca de seus direitos.

Tal possibilidade vai de encontro com o princípio mais basilar do direito laboral, qual seja, o princípio da proteção. Nesse sentido, Cassar (2018, p. 171) evidencia que a diretriz básica do Direito do Trabalho é a proteção do trabalhador, já que ele não se encontra em igualdade de condições com o empregador, razão pela qual as normas trabalhistas intervêm na relação laboral com força cogente, limitando a autonomia da vontade das partes com o fito de impedir que o trabalhador, temendo a perda do emprego, se sujeite a condições aviltantes de trabalho.

Dessa forma, o permissivo constante no art. 2º da MP 927/2020 deve ser interpretado com cautela pelos operadores jurídicos, em conjunto com as demais normas integrantes do sistema jurídica, já que a sua interpretação literal viola frontalmente as diretrizes básicas do direito do trabalho, em especial o princípio protetor e o princípio da força cogente das normas trabalhistas, já que o empregado não detém legitimidade para dispor no plano individual dos direitos que lhe são legalmente assegurados, de modo que o empregador só poderá se utilizar da negociação individual nos casos e na forma prevista expressamente na CLT e nas MPs 927 e 936 de 2020.

Em relação às outras alterações promovidas pela MP nº 927/2020, especialmente no que concerne à antecipação de férias e de feriados, verifica-se que normatização foi realizada unicamente com sacrifícios de direitos trabalhistas, de modo que, à exceção dos intervalos intra e interjornada e do descanso semanal remunerado, o trabalhador acabou perdendo todos os demais períodos de descanso, que são de extrema importância para a recuperação da saúde física e mental do empregado.

Nesse sentido, Franco Filho (2018, p. 408-409) destaca que o direito de férias consiste em um dos direitos humanos básicos da pessoa, reconhecido internacionalmente, já que necessário para a recuperação do equilíbrio orgânico em razão da fadiga decorrente do longo período de trabalho.

Assim, permitir o gozo integral das férias durante a pandemia da COVID-19, bem como a antecipação dos feriados, fará com que o empregado tenha que laborar após a pandemia praticamente sem descanso, sendo que, durante o período da pandemia, em razão dos isolamentos sociais impostos, o trabalhador não tem plenas condições de descansar, isso se ele não vier a ser acometido da doença e passar seu período de férias internado em tratamento.

Portanto, a regulamentação apresentada pela Medida Provisória não se revela como razoável e proporcional, na medida em que ceifa do trabalhador o direito ao descanso, não lhe garantindo nenhuma contrapartida por tal lesão, violando, assim, o direito à saúde.

Já com relação ao teletrabalho, cabe destacar que, tendo em vista a forma como a MP nº 927/2020 promoveu sua regulamentação, o empregado, além de ter de custear parte dos insumos necessários ao exercício da sua atividade profissional, a exemplo de gastos com telefone, internet e energia elétrica, também foi excluído da duração da jornada, de modo que, ainda que controlado por meios telemáticos, caso venha a laborar além da jornada pactuada, não tem direito de receber pelas horas extraordinárias realizadas, já que incide no caso a exclusão prevista no art. 62, III, da CLT.

Tal situação importa notável violação do princípio da alteridade, que, segundo Godinho (2019, p. 495-497) consiste na assunção dos riscos do empreendimento exclusivamente pelo empregador, não sendo autorizada a distribuição de prejuízos ou perdas aos empregados. Assim, o autor considera como inconstitucional qualquer dispositivo legal que intente elidir direitos trabalhistas criados por fontes autônomas ou heterônomas ao fundamento de ser o empregador dotado de incapacidade econômica, transitória ou contínua.

Assim, é necessário que a Justiça do Trabalho, ao ser demanda pelos trabalhadores prejudicados, garanta a eles o direito de serem ressarcidos por gastos que comprovadamente tiveram em razão do exercício de teletrabalho diante da omissão da empresa em fornecer os insumos necessários.

Ainda com relação ao meio ambiente do trabalho, e denotando a preocupação exclusiva por parte do Presidente da República em apenas proteger as empresas, a MP nº 927/2020 prevê a possibilidade de aumento da jornada dos trabalhadores, a flexibilização dos intervalores entre turnos, importando em sobrecarga de trabalho físico e elevação do risco de contágio com a COVID-19.

Cabe destacar ainda que não houve um único dispositivo sequer voltado a tutelar o meio ambiente de trabalho dessas pessoas, obrigando as empresas a fornecer EPIS adequados para o exercício das atividades laborativas, sob pena de multa. Ao contrário, o art. 29 expressamente fixou que os casos de contaminação pelo coronavírus (covid-19) não serão considerados ocupacionais, exceto mediante comprovação do nexo causal, sendo que atualmente tal previsão só não está em vigor em razão de decisão plenária proferida pelo STF no âmbito da Medida Cautelar na ADI 6342, que suspendeu a eficácia do referido dispositivo legal.

Por fim, com relação à MP nº 936/2020 também se verifica a violação constitucional dos preceitos mínimos trabalhistas, já que de acordo o art. 7º, inciso VI, da Constituição Federal 1988 o salário do empregado é irredutível, salvo disposto em convenção ou acordo coletivo. Nesse sentido, Cassar (2018, p. 194) destaca que a proteção do salário do trabalhador tem como objetivo assegurar a sua estabilidade financeira, já que os gastos realizados mensais do trabalhador com estimados com base na sua renda média.

Dessa forma, a redução salarial brusca prevista na MP nº 936/2020 viola o patrimônio jurídico mínimo do empregado, que é surpreendido com a redução da sua jornada e, consequentemente, do seu salário, o que importa um efeito cascata que pode levá-lo a não ter a renda necessária para adimplir seus compromissos financeiros assumidos com base na média salarial aferida mensalmente.

A constitucionalidade da possibilidade de redução salarial através de acordo individual foi questionada por meio da ADI 6363, na qual foi deferida, em parte, medida cautelar para dar interpretação conforme a Constituição ao § 4º do art. 11 da MP 936/2020, determinando que os acordos individuais celebrados que importem em redução de jornada deverão ser encaminhados pelo empregador ao sindicato profissional no prazo de 10 dias corridos, para que este, querendo, deflagre negociação coletiva, sendo presumida a inércia do ente patronal como aceite à negociação realizada.

A referida liminar não foi referendada pelo pleno do STF, de modo que em 17 de abril de 2020 ela perdeu eficácia, estando os empregadores totalmente desobrigados de comunicar o ente sindical representante dos trabalhadores acerca das negociações realizadas no plano individual que importem redução salarial.

Dessa forma, a despeito do posicionamento do STF na ADI 6363, evidencia-se que o princípio da supremacia constitucional não está sendo respeitado quando se reconhece eficácia às normas implementadas pelas MPs n. 927 e 936 de 2020, nos termos em que ocorreu a previsão normativa, já que tanto o meio ambiente do trabalho quanto a irredutibilidade salarial do empregado, que também são princípios constitucionais, não estão sendo respeitadas.

Assim, há necessidade de, à luz do caso concreto, o magistrado verificar, ao analisar cada acordo individual celebrado, se houve, de fato, harmonização entre os princípios da continuidade da empresa e da proteção ao trabalhador, coibindo os abusos legalmente permitidos por meio das normas constantes nas MPs n. 927 e 936 de 2020.

5. CONCLUSÃO

A partir de todo o exposto pode-se perceber que, considerando-se as normas criadas pelo Poder Executivo para regular as relações de trabalho durante a pandemia da COVID-19, houve intenção de garantir mecanismos aos empregadores para redução do custo com mão de obra, contudo, não se evidencia a real preocupação de se garantir a continuidade das empresas como resultado das medidas adotadas, já que o trabalhador atingido pelas medidas flexibilizatórias sequer é beneficiado com alguma forma de estabilidade no seu emprego.

Assim, conforme exposto no âmbitos das segunda e terceira seções deste trabalho, as medidas flexibilizatórias implementadas através das MPs 927 e 936 importaram na retirada de vários direitos e proteções dos empregados, inclusive com relação a direitos fundamentais mínimos assegurados no art. 7º da Constituição Federal, não garantindo-se contrapartida aos trabalhadores sequer com relação ao meio ambiente laboral durante a pandemia da COVID-19, em relação àqueles que estão continuando com o exercício das suas atividades laborativas.

Além de violar aos direitos fundamentais dos trabalhadores, conforme evidenciado na terceira seção deste trabalho, as inovações normativas estão em desacordo com o conteúdo dos princípios que orientam o direito do trabalho, em especial o princípio protetivo, o princípio da irredutibilidade salarial e o princípio da alteridade.

O estudo permitiu observar que o Brasil já contava com algumas medidas flexibilizatórias aptas a auxiliar as empresas nesse momento de crise, a exemplo do *lay off* e das negociações coletivas, sendo que através desses mecanismos garantia-se a adequada representação dos trabalhadores através dos sindicatos profissionais, ao mesmo tempo que o empregador poderia ter acesso a meios para resguardar a continuidade da sua empresa.

Contudo, com a vigência das MP n. 927 e 936, autorizou-se a negociação realizada diretamente com o trabalhador, que, mais do que nunca, encontra-se em situação de vulnerabilidade, face ao aumento nos níveis de desemprego no país e o medo real de perder o emprego caso não manifeste a aquiescência àquilo que está sendo requerido pelo empregador.

Portanto, ante a notável desproteção do trabalhador para realizar a negociação, a Justiça do Trabalho assume relevante papel a ser exercido quando as demandas decorrentes dos desempregos ocasionados pela pandemia da COVID-19 lhe forem apresentadas, tendo que assumir um papel ativo, no sentido de analisar as negociações individuais a partir da ótica de ambas as partes, assegurando os direitos trabalhistas mínimos e declarando a nulidade de cláusulas abusivas fixadas de forma impositiva pelo empregador, com prejuízo exclusivamente do trabalhador.

REFERENCIAS

BRASIL **Medida Provisória n. 928**. Altera a Lei nº 13.979, de 6 de fevereiro de 2020, que dispõe sobre as medidas para enfrentamento da emergência de saúde pública de importância internacional decorrente do coronavírus. Diário Oficial [da] República Federativa do Brasil, Poder Executivo, Brasília, DF, de 23 mar. 2020. Disponível em: http://www.planalto.gov.br/ccivil_03/_ato2019-2022/2020/Mpv/mpv928.htm. Acesso em: 15 abr. 2020.

BRASIL. **Constituição Federal da República Federativa do Brasil de 1988**. Diário Oficial [da] República Federativa do Brasil, Poder Executivo, Brasília, DF, de 5 out. 1988. Disponível em: http://www.planalto.gov.br/ccivil_03/constituicao/constituicao.htm. Acesso em: 15 abr. 2020.

BRASIL. **Decreto Legislativo n. 6**. Reconhece, para os fins do art. 65 da Lei Complementar nº 101, de 4 de maio de 2000, a ocorrência do estado de calamidade pública, nos termos da solicitação do Presidente da República encaminhada por meio da Mensagem nº 93, de 18 de março de 2020. Diário Oficial [da] República Federativa do Brasil, Poder Executivo, Brasília, DF, de 20 mar. 2019. Disponível em: http://www.planalto.gov.br/ccivil_03/Portaria/DLG6-2020.htm. Acesso em: 15 abr. 2020.

BRASIL. **Decreto-lei n. 5.452, de 1º de maio de 1943**. Aprova a Consolidação das Leis Trabalhistas (CLT). Diário Oficial [da] República Federativa do Brasil, Poder Executivo, Brasília, DF, de 9 ago. 1943. Disponível em: http://www.planalto.gov.br/ccivil_03/decreto-lei/del5452.htm. Acesso em: 10 abr. 2020.

BRASIL. **Lei n. 10.406, de 10 de janeiro de 2002**. Institui o Código Civil. Publicado no Diário Oficial [da] República Federativa do Brasil, Poder Executivo, Brasília, DF, de 11 jan. 2002. Disponível em: http://www.planalto.gov.br/ccivil_03/leis/2002/l10406.htm. Acesso em: 10 abr. 2020.

BRASIL. **Lei n. 7.998, de 11 de janeiro de 1990.** Regula o Programa do Seguro-Desemprego, o Abono Salarial, institui o Fundo de Amparo ao Trabalhador (FAT), e dá outras providências. Diário Oficial [da] República Federativa do Brasil, Poder Executivo, Brasília, DF, de 12 jan. 1990. Disponível em: http://www.planalto.gov.br/ccivil_03/LEIS/L7998.htm. Acesso em: 10 abr. 2020.

BRASIL. **Medida Provisória n. 927**. Dispõe sobre as medidas trabalhistas para enfrentamento do estado de calamidade pública. Diário Oficial [da] República Federativa do Brasil, Poder

Executivo, Brasília, DF, de 22 mar. 2020. Disponível em: http://www.planalto.gov.br/ccivil_03/_ato2019-2022/2020/Mpv/mpv927.htm. Acesso em: 12 abr. 2020.

BRASIL. **Medida Provisória n. 936**. Institui o Programa Emergencial de Manutenção do Emprego e da Renda e dispõe sobre medidas trabalhistas complementares. Diário Oficial [da] República Federativa do Brasil, Poder Executivo, Brasília, DF, de 1 abril 2020. Disponível em: http://www.planalto.gov.br/ccivil_03/_Ato2019-2022/2020/Mpv/mpv936.htm. Acesso em: 10 abr. 2020.

BRASIL. Ministério da Economia. **Portaria n. 914, de 13 de janeiro de 2020**. Dispõe sobre o reajuste dos benefícios pagos pelo Instituto Nacional do Seguro Social – INSS e dos demais valores constantes do Regulamento da Previdência Social – RPS. Diário Oficial [da] República Federativa do Brasil, Poder Executivo, Brasília, DF, de 14 jan. 2020. Disponível em: http://www.normaslegais.com.br/legislacao/portaria-me-914-2020.htm. Acesso em: 12 abr. 2020.

BRASIL. Ministério da Saúde. **Boletim Epidemiológico 08 da Secretaria de Vigilância em Saúde**. Publicado em 09 de abril de 2020. Disponível em: https://www.saude.gov.br/images/pdf/2020/April/09/be-covid-08-final.pdf. Acesso em: 12 abr. 2020.

CASSAR, Vólia Bomfim. **Direito do Trabalho**. 15. ed. São Paulo: Método, 2018.

FRANCO FILHO, Georgenor de Sousa. **Curso de Direito do Trabalho**. 4. ed. São Paulo: LTr, 2018.

GIL, Antônio Carlos. **Métodos e técnicas de pesquisa social**. São Paulo: Atlas, 2008.

GODINHO, Maurício Godinho. **Curso de Direito do Trabalho**. 18. ed. São Paulo: LTr, 2019.

JAVILLIER, Jean-Claude. **Manual de Direito do Trabalho**. Tradução de Rita Asdine Bozaciyan. São Paulo: LTr, 1988.

LEITE, Carlos Henrique Bezerra. **Curso de Direito do Trabalho**. 11. ed. São Paulo: Saraiva, 2019.

MORAES, Alexandre de. **Direito Constitucional**. 34. ed. São Paulo: Atlas, 2018.

Coronavírus e Meio Ambiente de Trabalho: de Pandemias, Pantomimas e Panaceias

Guilherme Guimarães Feliciano

Paulo Roberto Lemgruber Ebert

1. INTRODUÇÃO – A PANDEMIA: ESCALADA DO DESALENTO

Nos primeiros dias de 2020, o mundo soube do surto endêmico de uma nova forma de coronavírus – o *SARS-CoV-2* –, à altura restrito à cidade de Wuhan, capital da província da China central, entrecortada pelos rios Yangtzé e Han. Ao contrário de seus análogos já conhecidos (a SARS e a MERS, p. ex.[1]), a doença provocada pelo *SARS-Cov-2* – conhecida como *COVID-19* – tinha por características sintomáticas a manifestação mais intensa e duradoura de coriza, febre, diarreia, vômito, falta de apetite, perda do olfato e do paladar, aguda dificuldade respiratória e dores no corpo que poderiam evoluir para um quadro de pneumonia grave.

Desde a fase epidêmica, combater o avanço da síndrome se tornou a preocupação prioritária da Organização Mundial da Saúde, que logo a classificou como "emergência de saúde pública de importância internacional" (= "*public health emergency of international concern*", ou PHEIC), no mais elevado nível de alerta do Regulamento Sanitário Internacional. Na dicção de Tedros Adhanom Ghebreyesus (diretor-geral da OMS) e de Roberto Azevêdo (diretor-geral da OMC),

1 Identificaram-se, até este momento, sete variedades de coronavírus humanos (HCoVs), entre eles o SARS-COV (causador da SARS, ou Síndrome Respiratória Aguda Grave), o MERS-COV (causador da MERS, ou Síndrome Respiratória do Oriente Médio) e o SARS-CoV-2 (vírus causador da COVID-19).

> [o] objetivo do Regulamento Sanitário Internacional é prevenir, proteger contra, controlar e proporcionar uma resposta de saúde pública à disseminação internacional de doenças de modo proporcional aos riscos à saúde pública, com vista a minimizar a interferência no tráfego e no comércio internacionais. As regras da OMC fornecem aos governos as flexibilidades necessárias para enfrentar situações de escassez de suprimentos médicos essenciais e/ou desafios de saúde pública. No entanto, qualquer medida tomada para promover a saúde pública deve ser "direcionada, proporcional, transparente e temporária", em consonância com os recentes apelos dos líderes mundiais. Os governos devem evitar medidas que possam interromper as cadeias de fornecimento e impactar negativamente as pessoas mais pobres e vulneráveis, notadamente em países em desenvolvimento e menos desenvolvidos que são tipicamente dependentes de importações de medicamentos e equipamentos médicos.[2]

A sigla COVID-19 combina a expressão anglófona *"Coronavirus disease"* com o ano de surgimento da moléstia (2019). Nas semanas e meses seguintes, o surto ganharia o *status* de epidemia, atingindo as demais metrópoles chinesas e extrapolando as fronteiras daquele País em direção ao Japão e à Coreia do Sul para, então, se dispersar por todo o mundo, no embalo do frenético trânsito de pessoas e de bens a caracterizar a economia globalizada do século XXI. Em 11 de março de 2020, era reconhecida como uma **pandemia**: doença de alto poder de contágio, que se espalha velozmente ao longo das fronteiras nacionais, alcança vários Estados nacionais e tende à contaminação planetária.[3]

---

2 No original em inglês: "The purpose of the International Health Regulations is to prevent, protect against, control and provide a public health response to the international spread of disease in ways that are commensurate with public health risks, with a view to minimizing interference with international traffic and trade. WTO rules provide governments with the flexibilities they may need to address essential medical supply shortages and/or public health challenges. But any measure taken to promote public health that restricts trade should be 'targeted, proportionate, transparent and temporary', consistent with recent calls from world leaders. Governments need to avoid measures that can disrupt supply chains and negatively impact the poorest and most vulnerable, notably in developing and least developed countries that are typically reliant on imports of medicines and medical equipment". A declaração conjunta foi publicada após o reconhecimento do estado de pandemia global.

3 Cf. Greenberg, Daniels et al. (2005, p. 18 e ss.), as pandemias – de que são (ou foram) exemplos a peste negra (século XIV, dizimando cerca de 200 milhões de pessoas em 10 anos), a gripe espanhola (que matou aproximadamente 50 milhões de pessoas entre 1918 e 1920) e a própria SIDA (modalidade de "pandemia duradoura", que já infectou 38 milhões de pessoas no mundo) – diferem conceitualmente das epidemias, das endemias e dos surtos. A *epidemia* espalha-se dentro dos limites de um mesmo país, superando os números ordinários de contágio esperados pelas organizações nacionais de saúde. A *endemia* atinge determinada região com frequência (a chamada "faixa endêmica"), afetando basicamente os habitantes daquela região, não raro em condições de sazonalidade (*e.g.*, a febre amarela em municípios da região Norte do Brasil); nos termos do art. 20, II, § 1º, "d", da Lei 8.213/1991, descaracteriza a patologia como doença do trabalho,

No final de fevereiro, após a COVID-19 se propagar em solo europeu, foram registrados os primeiros casos no Brasil. No decorrer do mês de março, os doentes já eram contados aos milhares e os mortos às centenas, restando ao Ministério da Saúde reconhecer – e anunciar – a ocorrência de transmissão comunitária em todo o território nacional. Em termos epidemiológicos, tal estágio é caracterizado pela dispersão autônoma da doença em uma determinada região geográfica e pela impossibilidade de identificação e de controle a respeito de sua cadeia de contágio.[4] No momento em que encerramos a redação deste artigo, o Brasil ultrapassa a marca dos catorze mil mortos pelo novo coronavírus (no mundo, somam-se mais de 302 mil óbitos).

2. A PANDEMIA, A CONSTITUIÇÃO E O MEIO AMBIENTE DO TRABALHO. CORONAVÍRUS E POLUIÇÃO LABOR-AMBIENTAL. A PANTOMIMA: MP 927/2020

A partir do momento em que se reconhecia nacionalmente o fenômeno da transmissão comunitária, a dispersão do coronavírus adquiriu outro patamar, tornando-se uma questão efetivamente *ambiental*, na medida em que a circulação do microrganismo nos espaços naturais e artificiais que abrigam a população em geral passou a consubstanciar *risco biológico sistêmico* e *agravado*. No estágio de transmissão comunitária, qualquer indivíduo está sujeito, em maior ou menor grau, a adquirir a COVID-19 nos lugares em que frequenta; e, mais, a transportar o agente transmissor para outros espaços, de modo que o vírus passou a ser um vetor biológico de base antrópica (porque disseminado pelo ser humano) passível de interferir negativamente na qualidade de vida da coletividade e de seus integrantes.[5]

"salvo comprovação de que é resultante de exposição ou contato direto determinado pela natureza do trabalho" (= demonstração/presunção de nexo etiológico). O *surto*, enfim, extrapola os números ordinários de contágio, mas alcança espaços geograficamente restritos e tende a ter curta duração, sem sazonalidades (*e.g.*, um surto de sarampo em determinado grupo escolar).

4 Segundo o conceito epidemiológico definido pelo próprio Ministério da Saúde, a transmissão comunitária compreende "[a] incapacidade de relacionar casos confirmados através de cadeias de transmissão para um grande número de casos ou pelo aumento de testes positivos através de amostras sentinela (testes sistemáticos de rotina de amostras respiratórias de laboratórios estabelecidos)".

5 Sobre a correlação entre meio ambiente e qualidade de vida, Prieur assevera que "[h]oje estamos em vias de consolidar as reflexões formuladas há muito pelos naturalistas e ecologistas, no sentido de que o homem enquanto espécie viva faz parte de um sistema complexo de relações e de interações com seu meio natural. Disso resulta que toda ação humana tem o condão de acarretar efeitos diretos e indiretos. Sendo assim, o meio ambiente é o conjunto de fatores que exercem influência sobre o meio em que vive o homem. [...] Esse termo genérico carece, no entanto, de ser aperfeiçoado e complementado por uma série de outros vocábulos usualmente empregados em sentidos frequentemente próximos, a saber, *ecologia, natureza, qualidade de vida* e *lugar de vida*". [...] A expressão [*qualidade de vida*] tornou-se uma espécie de complemento necessário à própria definição de *meio ambiente*. Ela quer exprimir o desejo de se buscar os aspectos qualitativos da

Nesse contexto, o *meio ambiente do trabalho*, a compreender o sistema formado pelas condições físicas, psíquicas e organizacionais que circundam os indivíduos no desempenho de suas atividades profissionais, passou a figurar como um possível espaço de entronização e circulação do novo coronavírus, de modo que aquele risco agravado, presente na generalidade dos espaços naturais e artificiais, também passou a integrá-los e a condicionar decisivamente a qualidade de vida dos trabalhadores ali inseridos.[6]

Pode-se afirmar, portanto, que a entronização e a circulação do novo coronavírus nos espaços laborais constitui, em um contexto de transmissão comunitária de base antrópica (i.e., por meio de seres humanos), um nítido suposto de *poluição labor-ambiental*, na medida em que tal possibilidade acaba por instituir naqueles espaços um estado de "desequilíbrio sistêmico no arranjo das condições de trabalho [e] da organização do trabalho", de modo a ocasionar aos indivíduos ali ativados "riscos intoleráveis à segurança e à saúde física e mental [...] arrostando-lhes, assim, a sadia qualidade de vida". Ou, na esteira da Lei 6.938/1981 – como preferimos (de modo a evitar polêmicas conceituais[7]) –, um estado de "degradação da qualidade ambiental

---

vida em detrimento dos aspectos quantitativos (nível de vida) e de exprimir, de modo claro, que o conceito de meio ambiente não diz respeito tão-somente à *natureza*, mas também ao homem no que concerne às suas relações sociais, de trabalho e de lazer" (PRIEUR, 2004, p. 1-4 – g.n.). No original: "Aujourd'hui éclate au grand jour ce qui résultait depuis fort longtemps des réflexions des naturalistes et écologues, à savoir que l'homme comme espèce vivante fait partie d´un système complexe de relations et d'interrelations avec son milieu naturel. Il en résulte que toute action humaine a des effets directs ou indirects insoupçonnés. De ce fait, l'environnement est l'ensemble des facteurs qui influent sur le milieu dans lequel l'homme vit. [...] Ce terme général mérite cependant d'être précisé et complété par une série d'autres vocables couramment utilisés dans sens souvent voisins: écologie, nature, qualité de la vie, cadre de vie. [...] La formule [qualité de la vie] est devenue une sorte de complément nécessaire à l'environnement. Elle veut exprimer la volonté d´une recherche du qualitatif après les déceptions du quantitatif (niveau de vie) et bien marquer que l'environnement concerne non seulement la nature mais aussi l'homme dans ses rapports sociaux, de travail, de loisirs."

6 Segundo o conceito formulado por Norma Sueli Padilha, "[o] meio ambiente do trabalho compreende o habitat *laboral* onde o ser humano trabalhador passa a maior parte de sua vida produtiva provendo o necessário para a sua sobrevivência e desenvolvimento por meio do exercício de uma atividade laborativa [e] abrange a segurança e a saúde dos trabalhadores, protegendo-o contra todas as formas de degradação e/ou poluição geradas no ambiente de trabalho. [...] Na leitura principiológica dos valores protegidos pelo art. 225 do Texto Constitucional, não resta dúvida que entre 'todos', inclui-se o ser humano na sua qualidade de trabalhador, pois no exercício desta condição submete diariamente sua saúde e energia vitais a um ambiente que, embora artificialmente construído, deve também proporcionar-lhe sadia qualidade de vida, por meio de controle de agentes degradadores que possam afetar sua saúde em todos os seus múltiplos aspectos".

7 Em relação ao conceito de Maranhão, p. ex., entendemos que a "intolerabilidade" dos riscos não pode ser um elemento do *conceito* de poluição labor-ambiental; antes, é uma *consequência* da configuração do estado labor-ambiental de degradação antrópica, na medida em que poderemos ter desequilíbrio labor-ambiental, com os efeitos do art. 14, § 1º, da Lei 6.938/1981 – responsabilidade civil objetiva –, *mesmo nos casos em que o empregador observe rigorosamente os limites de*

resultante de atividades que direta ou indiretamente [...] prejudiquem a saúde, a segurança e o bem-estar da população [e] criem condições adversas às atividades sociais e econômicas" (art. 3º, III, "a" e "b").

No ordenamento jurídico brasileiro, com efeito, *o direito ao meio ambiente equilibrado*, como consagrado pelo artigo 225, *caput*, da Constituição, abrange todos os aspectos naturais, artificiais e culturais – logo, físicos e imateriais – que circundam os seres humanos e que interferem na sua sadia qualidade de vida, incluindo-se aí aqueles que integram e condicionam o trabalho por eles desempenhado. Nesse sentido, o próprio Supremo Tribunal Federal já teve a oportunidade de reconhecer expressamente que "a existência digna [...] perpassa necessariamente pela defesa do meio ambiente (art. 170, VI, da CRFB/88), nele compreendido o meio ambiente do trabalho (art. 200, VIII, da CRFB/88)."[8]

E como corolário do direito ao meio ambiente do trabalho equilibrado (*ex vi* do artigo 225, *caput*, c.c. artigos 193 e 200, VIII, da Constituição Federal), a *Lex legum* consagrou, no seu artigo 7º, XXII, o direito social jusfundamental à *"redução dos riscos inerentes ao trabalho"*, que **(a)** realiza no plano laboral o princípio jurídico-ambiental da melhoria contínua (ou, como prefere Sebastião Geraldo de Oliveira, princípio do "risco mínimo regressivo"), **(b)** é titularizado por todos os trabalhadores em atividade no território nacional (ou, fora dele, se em conexão com o ordenamento jurídico brasileiro[9]), sejam ou não subordinados, e **(c)** traduz-se, para os empresários, nos deveres de antecipação, de planejamento e de prevenção dos riscos labor-ambientais. Tais

---

tolerância da legislação relativa à saúde e à segurança no trabalho (CLT, decretos, NRs etc.), caso aos riscos artificialmente criados se somem, p. ex., riscos externos de origem natural (*e.g.*, na combinação deletéria entre as substâncias liberadas ou os materiais fornecidos, por um lado, e as condições atmosféricas do local, por outro). Cite-se, como exemplo, caso julgado pelo 1º Autor deste artigo, junto à 1ª Vara do Trabalho de Taubaté/SP, em que certo vigilante havia sido atingido por uma descarga elétrica atmosférica, durante ronda noturna externa, por conta – entre outros fatores – de botas com biqueiras de aço que lhe foram fornecidas pelo empregador. Nesse exemplo, não se pode afirmar que o fornecimento das botas tenha engendrado, por parte do empresário – o "sujeito poluidor" ao qual se imputa o resultado lesivo –, um risco "intolerável" para o empregado ou para o meio ambiente. Porque, todavia, houve a degradação das condições de segurança labor-ambiental com a *combinação* dos riscos internos e externos – e, logo, deu-se o estado de poluição –, é que se pode afirmar, *a posteriori* (e não *a priori*), que tais riscos *combinados* foram juridicamente intoleráveis. Essa objeção foi apresentada a Maranhão à altura da defesa de sua Tese de Doutorado (que originou o livro), em qualificada banca composta pela Universidade de São Paulo para esse fim.

8 BRASIL. Supremo Tribunal Federal. **Recurso Extraordinário com Agravo nº 664.335/SC**. Rel.: Min. Luiz Fux. Plenário. *DJ* 12.2.2015.

9 V., *e.g.*, Lei 7.064/1982, art. 3º, II. *In verbis*: "A empresa responsável pelo contrato de trabalho do empregado transferido [para o exterior] assegurar-lhe-á, independentemente da observância da legislação do local da execução dos serviços: [...] II – a aplicação da legislação brasileira de proteção ao trabalho, naquilo que não for incompatível com o disposto nesta Lei, quando mais favorável do que a legislação territorial, no conjunto de normas e em relação a cada matéria".

deveres demandam, em síntese, a adoção de todas as medidas e instrumentos disponíveis no mercado, de acordo com o estado da técnica, que sejam economicamente viáveis e tecnologicamente aptos a promover a eliminação ou a mitigação das ameaças à vida, à integridade psicofísica e à saúde dos trabalhadores, de modo a *precaver* e *prevenir* a ocorrência de quaisquer vicissitudes.[10]

Em linha com tal diretriz constitucional, a Convenção nº 155 da OIT, ratificada pelo Brasil (Decreto n. 1.254/1994) – e, a nosso viso, internalizada com força de *supralegalidade* (mercê da intelecção do RE n. 466.343 e do RE n. 349.703, entre outros[11]) –, estabelece em seus artigos 16 a 18 que as empresas são obrigadas a garantir a segurança de seus processos operacionais com relação à integridade psicofísica de seus trabalhadores, bem como a implementar todas as medidas cabíveis, segundo a melhor técnica disponível, para elidir ou minimizar os riscos existentes em seus ambientes de trabalho, incluindo-se, aí, a elaboração de procedimentos destinados a lidar com situações de urgência.[12]

Logo, à luz do conceito de meio ambiente do trabalho contemplado pela Constituição Federal de 1988, bem como dos dispositivos constitucionais e convencionais que asseguram a sua higidez com vista ao resguardo da vida, da saúde e da segurança

---

10 A *precaução*, como se sabe, diz com a tutela jurídica de proteção antecipada que atua nos contextos de *incerteza científica* (veja-se o Princípio 15 da Declaração do Rio de Janeiro de 1992), enquanto a *prevenção* diz com essa mesma tutela em contextos ordinários, de modo a evitar a consumação de danos ambientais. A nosso ver, o conceito de precaução é, por assim dizer, uma "especialização" do conceito de prevenção.

11 Ambos deram origem à Súmula Vinculante n. 25, pela qual "[é] ilícita a prisão civil de depositário infiel, qualquer que seja a modalidade do depósito". Tal como o art. 5º, LXVII, porém, o art. 7º, XXII, também se encontra no Título II da Constituição e encerra direito humano fundamental. No primeiro dos arestos citados (voto vencedor), lê-se o seguinte: "[...] diante do inequívoco caráter especial dos tratados internacionais que cuidam da proteção dos direitos humanos, não é difícil entender que a sua internalização no ordenamento jurídico, por meio do procedimento de ratificação previsto na CF/1988, tem o condão de paralisar a eficácia jurídica de toda e qualquer disciplina normativa infraconstitucional com ela conflitante. [...]" (RE 466.343, rel. Min. Cezar Peluso, voto do min. Gilmar Mendes, Plenário, j. 3.12.2008, *DJe* 104 de 5.6.2009, Tema 60).

12 "Art. 16-1. Deverá ser exigido dos empregadores que, na medida que for razoável e possível, garantam que os locais de trabalho, o maquinário, os equipamentos e as operações e processos que estiverem sob seu controle são seguros e não envolvem risco algum para a segurança e a saúde dos trabalhadores.

(...)

Art. 17. Sempre que duas ou mais empresas desenvolverem simultaneamente atividades num mesmo local de trabalho, as mesmas terão o dever de colaborar na aplicação das medidas previstas na presente Convenção.

Art. 18. Os empregadores deverão prever, quando for necessário, medidas para lidar com situações de urgência e com acidentes, incluindo meios adequados para a administração de primeiros socorros."

dos trabalhadores, convém repisar: **o ingresso do novo coronavírus nos locais de trabalho, em um contexto de transmissão comunitária, configura um efetivo risco a desestabilizar o equilíbrio das condições de trabalho e a qualidade de vida dos trabalhadores**, configurando típica hipótese de **poluição labor-ambiental** (CF, art. 200, VIII, c.c. Lei 6.983/1981, art. 3º, III, "a" e "b"), uma vez consumada a contaminação interna.

Note-se, ademais, que, de acordo com a mesma Lei nº 6.938/81, o *poluidor* é classificado, em seu artigo 3º, IV, objetivamente, como "a pessoa física ou jurídica, de direito público ou privado, responsável, direta ou indiretamente, por atividade causadora de degradação ambiental". Daí porque, *oportunizando* a entronização e a circulação do novo coronavírus no meio ambiente artificialmente organizado, em condições de transmissão comunitária, há *risco proibido ou "intolerável"* – i.e., risco não inerente à atividade e desaprovado pela ordem jurídica – que convola o empregador em *poluidor*, para os fins do referido art. 3º, IV (ainda que *indiretamente*, à maneira das entidades financiadoras, licenciadoras ou "oportunizadoras" em geral[13]), haja ou não "culpa" no fato da contaminação interna. Daí por que os tomadores de serviços em geral se encontram obrigados, por força dos artigos 7º, XXII e 225, *caput*, da Constituição Federal e dos artigos 16 a 18 da Convenção nº 155 da OIT, a *implementar programas e medidas concretas de prevenção destinadas a eliminar ou minimizar as ameaças derivadas do novo coronavírus*.

E, nessa precisa ordem de ideias, **entendíamos serem inconstitucionais, por malferimento ao art. 7º, XXII, da Constituição** (risco mínimo regressivo), **os artigos 15, 16, 17, 29 e 31 da Medida Provisória n. 927, de 22.3.2020.** O art. 29 da MP 927/2020, em particular, era a mais cintilante das pérolas que coroavam a **pantomima** ensaiada naquele diploma, quanto à finalidade de proteção do trabalhador (já que o objetivo de preservação do emprego, externado no *caput* do art. 1º, há de ser necessariamente o de preservar o emprego *decente*[14]) e de respeito à ordem constitucional (já que o art. 2º enuncia, como perímetro de validade para os acordos individuais

---

13 Poluidor indireto é aquele que "não executa a atividade diretamente causadora do dano", mas contribui para a lesão, desde que se vincule por um necessário "dever de segurança"; e tal será o caso, se entendermos que o empregador não "causa" a contaminação (porque o vírus já está circulando externamente, em condições de contaminação comunitária), mas a *oportuniza*, já que o meio ambiente de trabalho se transforma em uma "caixa de ressonância" contaminatória. Cf. Bechara (2019, p. 143 e ss.). V. também Benjamin (2019).

14 E "trabalho decente", segundo a Organização Internacional do Trabalho, é todo trabalho produtivo e de qualidade, igualitariamente acessível e adequadamente remunerado, exercido em condições de liberdade, equidade, **segurança** e dignidade humana, apto a contribuir, qual condição fundamental, para a superação da pobreza, a redução das desigualdades sociais, a garantia da governabilidade democrática e o desenvolvimento sustentável. O conceito foi formalizado, na ordem jurídica internacional, em 1999, e depois reafirmado em 2008, na 97ª Conferência Internacional do Trabalho, com a aprovação da "Declaração da OIT sobre a justiça social para uma globalização equitativa".

escritos – e, supõe-se, para todas as possibilidades engendradas pela medida provisória – "os limites estabelecidos na Constituição").

Com efeito, se no início de março de 2020 o Ministério da Saúde reconhecia publicamente o estado de transmissão comunitária do SARS-Cov-II em todo o território nacional, como poderia ser razoável que o Poder Executivo federal editasse, no final do mesmo mês, um ato normativo apto a suspender "a obrigatoriedade de realização dos exames médicos ocupacionais, clínicos e complementares, exceto dos exames demissionais" (e esses, ademais, apenas se não houver exame demissional realizado há menos de cento e oitenta dias), consoante art. 15, *caput* e § 3º, da MP 927/2020? Como tal suspensão – que aumenta sensivelmente os riscos de internalização do novo coronavírus nos ambientes corporativos (quando o comando constitucional vai na direção da *redução* de riscos) – poderia colaborar para com o achatamento das curvas de contaminação, cada vez mais exponenciais em todo o país (caminhando-se, como dissemos alhures, para ser o epicentro global da pandemia)? O que dizer, nesse contexto, da responsabilidade do empregador que, dispensando o exame médico admissional – como autoriza o art. 15 –, vier a inserir, em seus quadros de pessoal, trabalhador contaminado pelo SARS-Cov-2 que, ao tempo da admissão, apresentava boa parte dos sintomas da COVID-19? Poderá ulteriormente se eximir da responsabilidade civil derivada da contaminação dos demais empregados?

Entendemos que **não** (e, já por isso, a importância de que os coordenadores de PCMSO valham-se largamente da hipótese do art. 15, § 2º[15]). A MP 927/2020 não introduz qualquer "imunidade" contra a responsabilidade civil, ao contrário da recente MP 966/2020[16]; e, a nosso ver, nem poderia fazê-lo, do ponto de vista constitucional,

15 "**Art. 15.** [...] § **2º**. Na hipótese de o médico coordenador de programa de controle médico e saúde ocupacional considerar que a prorrogação representa risco para a saúde do empregado, o médico indicará ao empregador a necessidade de sua realização". A norma, com efeito, não deve ser entendida apenas na perspectiva individualista do empregado que será (ou não) submetido ao exame médico, mas também em perspectiva coletiva e epidêmica, no interesse de todos os trabalhadores que serão de algum modo expostos ao convívio com tal empregado.

16 Nos termos de seu art. 1º, agentes públicos só poderão ser responsabilizados civil ou administrativamente por suas ações e omissões em condutas relacionadas à pandemia da COVID-19 (seja quanto ao "enfrentamento da emergência de saúde pública", seja ainda quanto ao "combate aos efeitos econômicos e sociais decorrentes da pandemia"), "se agirem ou se omitirem com dolo ou erro grosseiro". Por "erro grosseiro", ademais, a MP compreende "o erro manifesto, evidente e inescusável praticado com culpa grave, caracterizado por ação ou omissão com elevado grau de negligência, imprudência ou imperícia" (art. 2º), considerando-se os obstáculos e as dificuldades reais do agente público, a complexidade da matéria e das atribuições exercidas pelo agente público, a circunstância de incompletude de informações na situação de urgência ou emergência, as circunstâncias práticas que houverem imposto, limitado ou condicionado a ação ou a omissão do agente público e, por fim, o contexto de incerteza acerca das medidas mais adequadas para enfrentamento da pandemia da COVID-19 e das suas consequências, inclusive as econômicas (art. 3º). Em síntese, portanto, a Medida Provisória 966/2020 **afasta** qualquer possibilidade de responsabilidade objetiva, civil ou administrativa, dos agentes públicos de quaisquer poderes

mercê da norma do art. 7º, XXVIII, 2ª parte, da CRFB ("[...] seguro contra acidentes de trabalho, a cargo do empregador, sem excluir a indenização a que este está obrigado [...]"). Se, ademais, a responsabilidade civil se estabelece em razão da degradação das condições de higiene e de segurança biológica do meio ambiente do trabalho – pela introdução furtiva do novo coronavírus, oportunizada pela ausência de exames médicos admissionais ou mesmo periódicos[17] –, não caberá discutir a culpa do empregador, *ex vi* do art. 14, § 1º, da Lei 6.938/1981.[18] De nada lhe valerá afirmar, portanto, que apenas dispensou os exames médicos porque "a lei" – *rectius*: a MP 927/2020 – autorizava-o a fazê-lo (embora o autorize, de fato e de direito, para fins administrativos). Afinal, como bem pondera Leme Machado, "pode haver poluição ainda que se observem os padrões ambientais", i.e., ainda que o sujeito cinja-se estritamente aos limites da lei.[19]

---

ou unidades federativas da República, desde que estejam no desempenho de atos relacionados à pandemia. Em relação à responsabilidade civil, não se trata propriamente de uma novidade, já que o próprio art. 37, § 6º, da CRFB caminha em sentido semelhante (a responsabilidade civil objetiva, no caso, será do *Estado* – ou melhor, das pessoas jurídicas de direito público e das de direito privado prestadoras de serviços públicos –, não do agente público, que só responde em caso de dolo ou culpa). Nada obstante, e mesmo assim, há quem divise inconstitucionalidades na MP 966/2020 – a nosso ver, com razão –, por não tratar dos casos de improbidade administrativa e por limitar as possibilidades do direito de regresso, por parte do Estado, a casos específicos de "culpa grave" (= "erro grosseiro", na definição do seu art. 3º).

17 Sustentávamos, ao revés, que as linhas de crédito abertas pela MP 944/2020 pudessem ser ampliadas para permitir que as empresas incorporassem a seus programas de controle médico e saúde ocupacional (PCMSO), ao menos durante o estado de calamidade pública reconhecido pelo Decreto Legislativo n. 6/2020 (até 31.12.2020), *exames laboratoriais ou farmacêuticos de testagem* para identificação da COVID-19 e/ou do novo coronavírus. Com essa medida, o Governo contribuiria efetivamente para com o achatamento das curvas de contaminação. Não é, porém, o direito posto.

18 *In verbis:* "Sem obstar a aplicação das penalidades previstas neste artigo, é o poluidor obrigado, independentemente da existência de culpa, a indenizar ou reparar os danos causados ao meio ambiente e a terceiros, afetados por sua atividade. O Ministério Público da União e dos Estados terá legitimidade para propor ação de responsabilidade civil e criminal, por danos causados ao meio ambiente".

19 "[...] Em último lugar considera-se como poluição o lançamento de materiais ou de energia com inobservância dos padrões ambientais estabelecidos [Lei 6.938/1981, art. 3º, III, "e"]. Essa colocação topográfica da alínea é importante: pode haver poluição ainda que se observem os padrões ambientais. A desobediência aos padrões ambientais constitui ato poluidor, mas pode ocorrer que, mesmo com a observância dos mesmos, ocorram os danos previstos nas quatro alíneas anteriores, o que, também, caracteriza a poluição com a implicação jurídica daí decorrente" (MACHADO, 1996, p. 358). O autor faz tais considerações ao desenvolver o *conceito de poluição*, reportando-se ao art. 3º, III, "a" a "d", da Lei 6.938/1981. E, como visto, a hipótese de responsabilidade civil objetiva da Lei 6.938/1981 também se aplica aos casos de degradação do meio ambiente do trabalho com lesões, na esteira do próprio art. 927, parágrafo único, 1ª parte, do Código Civil, como ainda da tese de repercussão geral fixada pelo Supremo Tribunal Federal, em 12.3.2020, para o RE n. 828.040 (rel. Min. Alexandre de Moraes). *In verbis*: "O artigo 927, parágrafo único, do Código Civil é compatível com artigo 7º, XXVIII, da Constituição Federal, sendo constitucional a responsabilização objetiva do empregador por danos decorrentes de

A ilicitude da poluição – inclusive a labor-ambiental – deriva do *fato* da degradação (Lei 6.938/1981, art. 3º, II: "alteração adversa das características do meio ambiente"), não apenas do descumprimento de leis, de atos normativos e/ou de posturas regulamentares e administrativas. E, por *potencializar* os contextos de degradação do meio ambiente de trabalho – opondo-se diametralmente, insista-se, às diretrizes normativas dos artigos 7º, XXII, e 225, *caput*, da CRFB –, os precitados artigos da MP 927/2020 (15, 16, 17, 29, 31) padeceriam de inconstitucionalidade *tout court* (ou, ao menos, desafiariam interpretações conforme à Constituição).

Nada obstante, o Supremo Tribunal Federal – a quem compete a função máxima de guardar a integridade do texto constitucional –, provocado a se manifestar sobre todos aqueles dispositivos, divisou inconstitucionalidade tão somente nos textos dos *artigos 29* e *31*; não nos demais preceitos. Com efeito, no último dia 29.4.2020, ao julgar a ADI 6342-MC/DF (ajuizada pelo Partido Democrático Trabalhista),[20] o Plenário do STF deliberou suspender tão somente a eficácia dos artigos 29[21] e 31[22] da MP 927/2020; quanto aos demais, referendou o indeferimento da medida cautelar, como pronunciado pelo Min. Marco Aurélio Mello em 26.3.2020. Assim, ainda que não concordemos com a decisão plenária – no que diz respeito aos artigos 15, 16 e 17 –, *omnium earum iudicium habemus* (ao menos neste momento).

3. ABANDONANDO OS CLAUSTROS GRAMATICAIS E AS CAVERNAS SEMÂNTICAS: A PANACEIA JURÍDICA TRINÁRIA. HOLISMO, PREVENCIONISMO, SOLIDARISMO. DEVERES E RESPONSABILIDADES PATRONAIS

Como antecipamos – e ainda à luz da Convenção nº 155 da OIT –, as medidas a serem implementadas pelos empresários, no resguardo do meio ambiente laboral e da

---

acidentes de trabalho **nos casos especificados em lei** ou quando a atividade normalmente desenvolvida por sua natureza apresentar exposição habitual a risco especial, com potencialidade lesiva e implicar ao trabalhador ônus maior do que aos demais membros da coletividade" (g.n.).

20 E, com ela, outras ações com idêntico ou similar objeto, propostas pela Rede Sustentabilidade (ADI 6344), pela Confederação Nacional dos Trabalhadores Metalúrgicos (ADI 6346), pelo Partido Socialista Brasileiro (ADI 6348), pelo Partido Comunista do Brasil, pelo Partido Socialismo e Liberdade e pelo Partido dos Trabalhadores conjuntamente (ADI 6349), pelo Solidariedade (ADI 6352) e pela Confederação Nacional dos Trabalhadores da Indústria (ADI 6354).

21 "**Art. 29.** Os casos de contaminação pelo coronavírus (**covid-19**) não serão considerados ocupacionais, exceto mediante comprovação do nexo causal."

22 "**Art. 31.** Durante o período de cento e oitenta dias, contado da data de entrada em vigor desta Medida Provisória, os Auditores Fiscais do Trabalho do Ministério da Economia atuarão de maneira orientadora, exceto quanto às seguintes irregularidades: I – falta de registro de empregado, a partir de denúncias; II – situações de grave e iminente risco, somente para as irregularidades imediatamente relacionadas à configuração da situação; III – ocorrência de acidente de trabalho fatal apurado por meio de procedimento fiscal de análise de acidente, somente para as irregularidades imediatamente relacionadas às causas do acidente; e IV – trabalho em condições análogas às de escravo ou trabalho infantil."

integridade psicofísica dos trabalhadores, não se limitam às determinações legais e regulamentares expedidas pelos governos federal, estadual, municipal e/ou distrital, abrangentes das medidas concretas esperadas para este momento crítico. Tampouco há plena exoneração de responsabilidades (especialmente as administrativas e civis) apenas porque tais determinações foram observadas. Em outras palavras, será equivocado qualquer apego ao legalismo formal estrito – ensejador, nesta espécie, de um censurável *reducionismo jurídico* –, como será equivocado, para mais, propalar que somente as condutas positivadas de forma expressa nos textos normativos seriam exigíveis, ou ainda advogar a carência de respaldo legal para que se imponham quaisquer outras condutas de prevenção/precaução, mais abrangentes que as descritas (aliás, *não* descritas) na MP 927/20202 e na legislação correlata, aos empregadores e tomadores de serviços. Semelhante entendimento, típico das "síndromes de avestruz" que sazonalmente acometem lideranças brasileiras, não faz qualquer sentido em um ordenamento jurídico que reconhece força normativa aos princípios.[23]

Bem ao revés, o que os artigos 16 a 19 da Convenção nº 155 da OIT (que, aliás, também é "lei" em sentido material) impõem aos empresários – com respaldo, igualmente, nos artigos 7º, XXII e 225, *caput,* da Constituição Federal – é o *dever geral de proteção, de prevenção* (= prevenção/precaução) e/ou de *indenidade labor-ambiental,* pelo(s) qual(is) compete aos gestores dos riscos das atividades econômicas (i.e., aos empresários e afins) o planejamento, a antecipação e a implementação das medidas que se mostrem necessárias, diante dos casos concretos, para evitar ou minimizar as situações de potencial contágio dos trabalhadores pelo novo coronavírus.[24] Essas

---

23 Conforme assinala Zagrebelsky, "[l]os principios (...) no imponen una acción conforme con el supuesto normativo, como ocurre con las reglas, sino una 'toma de posición' conforme con su ethos en todas las no precisadas ni predecibles eventualidades concretas de la vida en las que se puede plantear, precisamente, una 'cuestión de principio'. Los principios, por ello, no agotan en absoluto su eficacia como apoyo de las reglas jurídicas, sino que poseen una autónoma razón de ser frente a la realidad. [...] La realidad, al ponerse en contacto con el principio, se vivifica, por así decirlo, y adquiere valor. En lugar de presentarse como materia inerte, objeto meramente pasivo de la aplicación de las reglas, caso concreto a encuadrar en el supuesto de hecho normativo previsto en la regla – como razona el positivismo jurídico –, la realidad iluminada por los principios aparece revestida de cualidades jurídicas propias. El valor se incorpora al hecho e impone la adopción de 'tomas de posición' jurídica conformes con él (al legislador, a la jurisprudencia, a la administración, a los particulares y, en general, a los intérpretes del derecho. El 'ser' iluminado por el principio aún no contiene en sí el 'deber ser', la regla, pero sí indica al menos la dirección en la que debería colocarse la regla para no contravenir el valor contenido en el principio".

24 Nas palavras de Domènech (2018, p. 534) "[n]o sólo la libertad de organización del empresario, sino que también la libertad de emprender actividades peligrosas y la libertad de especificación de la prestación laboral y el poder de dirección del empresario se ven fuertemente limitados por la normativa de prevención de riesgos laborales. [...] La prevención de riesgos se integra de esta forma en la adopción de toda decisión empresarial (...), y a todos los niveles de decisión y gestión de la empresa (...), por lo que se integra – limitándola – en el núcleo mismo de la libertad organizativa de la empresa".

obrigações derivam, ademais, do princípio constitucional da *solidariedade*, gerador de responsabilidades recíprocas entre as pessoas (CF, art. 3º, I e IV, 1ª parte), de deveres universais de proteção em relação aos sujeitos vulneráveis (CF, art. 3º, III, 1ª parte) e do reconhecimento da diversidade e da pluralidade social (CF, art. 3º, III, 2ª parte, e IV); tudo isso se projeta, no plano jurídico-ambiental, como compartilhamento dos deveres de defesa e de preservação do meio ambiente – inclusive o do trabalho – para as presentes e futuras gerações, nos quais são solidários o Poder Público e a *coletividade* (CF, art. 225, *caput*), incluindo empregados e empregadores.

Formuladas tais premissas, pode-se afirmar, em termos gerais, que a primeira obrigação dos empresários em face dos riscos de introdução e proliferação do novo coronavírus nos locais de trabalho consiste na elaboração de um plano abrangente, no âmbito do respectivo PCMSO, capaz de **(I)** antecipar e registrar as possibilidades de ingresso daquele microrganismo em seus estabelecimentos; e **(II)** prever as medidas coletivas e individuais de urgência a serem implementadas nas unidades produtivas com vista a debelar ou minimizar as possibilidades de contágio pelo SARS-Cov-2 por parte dos trabalhadores, na linha do que preleciona o artigo 18 da Convenção nº 155 da OIT.

Nessa alheta, a NR-1 do extinto Ministério do Trabalho (e, atualmente, "da" Secretaria Especial de Previdência e Trabalho do Ministério da Economia), já com a nova redação conferida pela Portaria nº 6.730, publicada no Diário Oficial da União de 9.3.2020, estabelece textualmente, em seu item 1.4.1, que os empresários estão obrigados a avaliar e antecipar de maneira adequada e realista os riscos ambientais presentes nos locais de trabalho, bem como a agir concretamente para elidir ou minimizar tais riscos, por intermédio **(I)** da reorganização dos fatores de produção; **(II)** do estabelecimento de medidas de proteção coletiva e **(iii)** do fornecimento de equipamentos de proteção individual.[25]

Em segundo lugar, o dever geral de indenidade labor-ambiental subjacente aos sobreditos dispositivos constitucionais e convencionais impõe aos empresários a implementação "intramuros" das medidas comezinhas de planejamento emergencial nacionalmente preconizadas para toda a população, em observância às recomendações técnicas emanadas das autoridades sanitárias para o combate à proliferação do novo coronavírus. Isso significa adaptar, às necessidades e às condições labor-ambientais concretas, as orientações voltadas para o público em geral, uma vez que os riscos gerais de contaminação (= risco geral da vida) *incrementam-se* nos espaços coletivos de

---

25 "1.4.1 Cabe ao empregador: a) cumprir e fazer cumprir as disposições legais e regulamentares sobre segurança e saúde no trabalho; [...] e) determinar procedimentos que devem ser adotados em caso de acidente ou doença relacionada ao trabalho, incluindo a análise de suas causas; [...] g) implementar medidas de prevenção, ouvidos os trabalhadores, de acordo com a seguinte ordem de prioridade: I. eliminação dos fatores de risco; II. minimização e controle dos fatores de risco, com a adoção de medidas de proteção coletiva; III. minimização e controle dos fatores de risco, com a adoção de medidas administrativas ou de organização do trabalho; e IV. adoção de medidas de proteção individual."

trabalho, onde os indivíduos partilham da mesma geografia e se valem de equipamentos e de insumos coletivos durante longos períodos. Nesse sentido, são plenamente válidas para os locais de trabalho as seguintes diretrizes sanitárias de aplicação universal:

> (a) o uso de equipamentos coletivos e individuais de segurança biológica, específicos para os riscos da pandemia, como são, notadamente, a instalação de recipientes fixos ou móveis de álcool em gel (para uso coletivo) e o fornecimento de máscaras de proteção (não necessariamente de tipo cirúrgico) para o convívio em grupo;
>
> (b) o distanciamento mínimo de, aproximadamente, dois metros entre os trabalhadores, a fim de evitar a aspiração das gotículas de saliva e de coriza exaradas em tosses, espirros ou mesmo na expiração do ar;[26]
>
> (c) a instalação e a disponibilização massiva de equipamentos e insumos destinados à lavagem frequente das mãos (basicamente, pias, torneiras com água corrente, sabão e toalhas descartáveis);
>
> (d) a ventilação dos ambientes e a otimização da circulação do ar, evitando-se o confinamento dos indivíduos em espaços enclausurados;
>
> (e) a higienização constante das bancadas, dos equipamentos de uso coletivo e dos instrumentos individuais utilizados no desempenho das atividades regulares;[27]

---

26 Veja-se, a propósito, que essas duas primeiras medidas configuram, para o Centro de Controle e de Prevenção de Doenças dos Estados Unidos da América (*Center for Disease Prevention and Control – CDC*), a principal medida de combate ao novo coronavírus,, conforme se lê no respectivo portal: "Não há, atualmente, vacina disponível para prevenir a doença ocasionada pelo Coronavírus (COVID-19). [...] A melhor maneira de prevenir tal doença é evitar a exposição ao vírus. [...] O vírus costuma se espalhar de indivíduo para indivíduo: – Entre pessoas que estão em contato próximo umas com as outras (dentro de uma distância de 6 pés – equivalente a 1,83 metros). – Por intermédio de gotículas aspiráveis produzidas quando uma pessoa infectada tosse ou espirra. Essas gotículas podem aterrissar nas bocas e nos narizes das pessoas que estiverem próximas ou possivelmente inaladas em direção aos pulmões". No original: "There is currently no vaccine to prevent coronavirus disease 2019 (COVID-19). [...] The best way to prevent illness is to avoid being exposed to this virus. [...] The virus is thought to spread mainly from person-to-person. Between people who are in close contact with one another (within about 6 feet). Through respiratory droplets produced when an infected person coughs or sneezes. These droplets can land in the mouths or noses of people who are nearby or possibly be inhaled into the lungs." Disponível em: https://www.cdc.gov/coronavirus/2019-ncov/prepare/prevention.html. Acesso em: 24 mar. 2020.

27 De acordo com as orientações preventivas da Fundação Oswaldo Cruz (FIOCRUZ) para o combate ao novo coronavírus (relativamente à população em geral), deve-se: "– Lavar as mãos principalmente antes de comer e após tossir ou espirrar; – Se não tiver água e sabão, usar desinfetante para as mãos a base de álcool; – Evitar tocar nos olhos, nariz e boca com as mãos não lavadas; – Usar lenço descartável para higiene nasal; – Cobrir nariz e boca ao espirrar ou tossir com um lenço de papel descartável ou com a parte interna do cotovelo (nunca as mãos); – Não compartilhar objetos de uso pessoal, como talheres, pratos, copos ou garrafas; – Manter os ambientes bem ventilados; – Limpar e desinfetar objetos e superfícies tocados com frequência, como celulares; – Evitar contato

(f) o afastamento imediato dos sujeitos integrantes dos chamados "grupos de risco" (portadores de comorbidades, pessoas com idade superior a sessenta anos, gestantes, diabéticos etc.);[28] e

(g) o afastamento imediato dos sujeitos portadores de sintomas que permitam razoavelmente supor a contaminação pelo SARS-Cov-2 (e por isso seriam tão relevantes os exames médicos admissionais, periódicos e complementares, como apontado *supra*).[29]

Ainda sobre essa gama de cuidados labor-ambientais indispensáveis (e, em particular, quanto à necessária higienização habitual dos equipamentos coletivos e individuais de trabalho), a Organização Internacional da Saúde destaca, em sua publicação dedicada à adequação dos locais de trabalho aos riscos advindos do novo coronavírus ("Getting your workplace ready for COVID-19"), que as pessoas podem se infectar, no meio ambiente do trabalho, a partir das gotículas de saliva ou de corrimento nasal depositadas no maquinário e no mobiliário de uso comum ou simplesmente por sua aspiração ainda no ar, o que reforça a necessidade do distanciamento de segurança entre os trabalhadores.[30]

Em respaldo às imposições acima descritas – que, insista-se, deixam de ser meras "recomendações" sanitárias e se convolam em genuínas *obrigações jurídicas* para o

---

com pessoas que apresentem sinais da doença; – Evitar sair de casa; – Evitar locais de muita aglomeração; – Pessoas doentes devem permanecer em casa e, caso a doença se agrave, procurar a unidade básica de saúde; – Grupos vulneráveis, como idosos, crianças, gestantes, pessoas com doenças crônicas ou com imunodeficiência, devem ficar mais atentos às manifestações clínicas; – Profissionais de saúde devem utilizar medidas de precaução padrão, de contato e de gotículas (máscara cirúrgica, luvas, avental não estéril e óculos de proteção)". Disponível em: https://portal.fiocruz.br/pergunta/como-se-prevenir-contra-o-coronavirus. Acesso em: 27 mar. 2020.

28 Vide nota n. 27, *supra*.

29 Vide nota n. 27, *supra*.

30 "**Como a COVID-19 se propaga**. Quando as pessoas infectadas com COVID-19 tossem ou exalam ar, eles soltam gotículas de fluido infectado. Muitas dessas gotículas caem em superfícies próximas e em objetos – tais como escrivaninhas, mesas ou telefones. As pessoas podem adquirir a COVID-19 ao tocarem nas superfícies ou nos objetos contaminados e quando tocam, na sequência, os olhos, nariz ou a boca. Se elas estão situadas em distância situada no raio de um metro de alguém com COVID-19 elas podem ser contaminadas através da aspiração das gotículas exaradas com a tosse e a respiração do doente. Em outras palavras, a COVID-19 se propaga do mesmo modo que a gripe comum." No original: "**How COVID-19 spreads**. When someone who has COVID-19 coughs or exhales they release droplets of infected fluid. Most of these droplets fall on nearby surfaces and objects – such as desks, tables or telephones. People could catch COVID-19 by touching contaminated surfaces or objects – and then touching their eyes, nose or mouth. If they are standing within one meter of a person with COVID-19 they can catch it by breathing in droplets coughed out or exhaled by them. In other words, COVID-19 spreads in a similar way to flu." Disponível em: https://www.who.int/docs/default-source/coronaviruse/getting-workplace-ready-for-covid-19.pdf. Acesso em: 24 mar. 2020.

empregador[31], mercê do risco profissional engendrado no interesse da atividade econômica (princípio da alteridade: CLT, art. 2º, *caput*) e do seu dever de garante do equilíbrio labor-ambiental (CRFB, arts. 7º, XXII, 225 e 200, VIII) –, a Organização Internacional do Trabalho editou, recentemente, o informe intitulado "Las normas de la OIT y el COVID-19 (Coronavirus)", em que reitera as obrigações emanadas da Convenção nº 155 no sentido de que os empresários devem **(i)** implementar todas as medidas possíveis, segundo a melhor técnica, para reduzir ao mínimo os riscos inerentes à exposição ocupacional ao novo coronavírus, inclusive por intermédio do fornecimento de equipamentos de proteção individual; **(ii)** proporcionar aos trabalhadores as informações adequadas sobre tais riscos; **(iii)** estabelecer procedimentos de urgência para a situação geral da pandemia (ou, acrescentamos, para casos especiais concretamente identificados de contaminação comunitária intramuros); e **(iv)** notificar os casos de contaminação às autoridades sanitárias.[32]

Nesse mesmo sentido, a *Occupational Safety and Health Administration* (OSHA-US), agência responsável pelas políticas de saúde e segurança do trabalho nos Estados Unidos da América, publicou diretrizes destinadas a promover a organização dos locais de trabalho diante dos riscos ocupacionais representados pelo novo coronavírus. Relevante notar que a referida agência aponta, como etapas para a prevenção, exatamente **(I)** o "desenvolvimento de um plano de prontidão e resposta a doenças infecciosas" e

---

31 Entenda-se bem essa afirmação: ainda que não haja dispositivo de lei estabelecendo textualmente que os locais de trabalho devem conter pias com água encanada e sabão ou equivalente para que os trabalhadores façam a higiene das mãos, ou tampouco impondo a obrigação patronal de fornecer máscaras de proteção contra gotículas de saliva, casos de contaminação pelo SARS-Cov-2 no meio ambiente de trabalho – que poderão ser inclusive *presumidos* (assim, p. ex., ante a existência de outros empregados já contaminados no mesmo ambiente), notadamente após a oportuna suspensão da eficácia do art. 29 da MP 927/2020 nos autos da ADI 6342-MC/DF – possivelmente levarão à **responsabilidade civil do empregador** pelos danos morais e materiais derivados daquela contaminação. Ao reconhecê-la, o que os juízes do Trabalho estarão afirmando, nas entrelinhas de seus julgados – ou mesmo textualmente, como parece ser o caso – é que *o dever geral de proteção* ***incluía*** *tais obrigações*, conquanto não expressas na legislação específica, como deveres acessórios do contrato individual do trabalho (à maneira de outros tantos que a doutrina e a jurisprudência já conhecem bem, para empregado e/ou empregador, conquanto tampouco constem de cláusulas contratuais ou de dispositivos legais: o dever de informação, o dever de lealdade, o dever de não concorrência etc.).

32 "**Seguridad y salud en el trabajo.** ¿Qué deberían hacer los empleadores durante el brote? [...] Los empleadores tendrán la responsabilidad global de asegurarse de que se adopten todas las medidas de prevención y protección factibles para reducir al mínimo los riesgos profesionales (Convenio sobre seguridad y salud de los trabajadores, 1981 (núm. 155). Los empleadores tienen la responsabilidad de suministrar, cuando *sea necesario* y en la medida en que sea razonable y factible, ropas y equipos de protección apropiados sin costo alguno para el trabajador. Los empleadores tienen la responsabilidad de proporcionar información adecuada y una formación apropiada en el ámbito de la SST; de consultar a los trabajadores sobre aspectos de SST relacionados con su trabajo; de prever medidas para hacer frente a situaciones de urgencia; y de notificar los casos de enfermedad profesional a la inspección del trabajo".

(II) "a implementação de medidas básicas de prevenção de infecções" com base nas orientações emanadas das autoridades sanitárias,[33] na linha do que foi abordado acima, como decorrência – entre nós – dos artigos 7º, XXII e 225, *caput*, c.c. art. 200, VIII, da Constituição Federal, ou ainda da Convenção nº 155 da OIT.

---

33 Segundo as diretrizes da OSHA (2020, *on-line*): "Se ainda não existir, [o empregador deve] desenvolver um plano de preparação e resposta a doenças infecciosas que possa ajudar a orientar ações de proteção contra o COVID-19. [...] Fique a par das orientações das agências de saúde federais, estaduais, locais, tribais e/ou territoriais e considere como incorporar essas recomendações e recursos nos planos específicos do local de trabalho. [...]Siga as recomendações federais e estaduais, locais, tribais e/ou territoriais (SLLT) relativas ao desenvolvimento de planos de contingência para situações que possam surgir como resultado de surtos como: Aumento da taxa de absenteísmo dos trabalhadores;

A necessidade de distanciamento social, turnos de trabalho escalonados, operações de redução de tamanho, prestação de serviços remotamente e outras medidas de redução de exposição. Opções para a realização de operações essenciais com uma força de trabalho reduzida, incluindo treinamento cruzado de trabalhadores em diferentes tarefas, a fim de continuar as operações ou prestar serviços de pico. Cadeias de suprimentos interrompidas ou atrasos nas entregas. [...]

Para a maioria dos empregadores, a proteção dos trabalhadores dependerá da ênfase em medidas básicas de prevenção de infecções. Conforme apropriado, todos os empregadores deverão implementar boas práticas de higiene e controle de infecções, incluindo: Promover a lavagem frequente e completa das mãos, inclusive o fornecimento aos trabalhadores, clientes e visitantes do local de trabalho de um local para lavar as mãos. Caso o sabão e água corrente não estejam disponíveis imediatamente, fornecer esfregões para as mãos à base de álcool que contenham pelo menos 60% de álcool. Incentivar os trabalhadores a ficarem em casa se estiverem doentes. Incentivar a etiqueta respiratória, incluindo em relação a tosses e espirros. Fornecer aos clientes e ao público tecidos e recipientes para lixo.

Os empregadores devem explorar se podem estabelecer políticas e práticas, como locais de trabalho flexíveis [...] e horários flexíveis de trabalho (por exemplo, turnos alternados), para aumentar a distância física entre funcionários e entre os funcionários e outras pessoas, se as autoridades de saúde estaduais e locais recomendarem o uso de estratégias de distanciamento social. [...] Manter práticas regulares de limpeza, incluindo a limpeza e desinfecção de rotina de superfícies, equipamentos e outros elementos do ambiente de trabalho. [...] Espera-se que os produtos [...] sejam eficazes contra o SARS-CoV-2 com base em dados para vírus mais difíceis de matar. Siga as instruções do fabricante para usar todos os produtos de limpeza e desinfecção (por exemplo, concentração, método de aplicação e tempo de contato, EPI). [...] Os empregadores deverão desenvolver políticas e procedimentos para que os funcionários relatem quando estão doentes ou apresentem sintomas da COVID-19. Onde apropriado, os empregadores deverão desenvolver políticas e procedimentos para isolar imediatamente as pessoas que apresentam sinais e/ou sintomas da COVID-19 e treinar os trabalhadores para implementá-los. [...] Tomar medidas para limitar a disseminação das secreções respiratórias de uma pessoa que pode que pode ter COVID-19. Forneça uma máscara facial, se possível e disponível, e peça à pessoa para que a use. [...] Proteger os trabalhadores em contato próximo (ou seja, a menos de um metro e oitenta) com uma pessoa doente ou que tenha contato prolongado/repetido com essas pessoas. [...] Instalação de filtros de ar de alta eficiência. Aumento das taxas de ventilação no ambiente de trabalho. Instalação de barreiras físicas, como proteções de plástico transparente".

Voltamos, pois, às considerações que vínhamos de apresentar no tópico anterior, à luz da gestão jurídica dos riscos e das consequentes responsabilidades. Caso tais obrigações essenciais não sejam observadas pelos empresários, ter-se-á a instalação de *risco proibido* nos ambientes de trabalho por eles administrados, com degradação ambiental de base antrópica que permite considerá-los *poluído* – inclusive para os efeitos da Lei n. 6.938/1981 –, comprometendo potencialmente a vida, a saúde, a integridade psicofísica e/ou o bem-estar não apenas dos trabalhadores (subordinados ou não), mas também de toda a comunidade de entorno, mormente no atual contexto de transmissão comunitária do novo coronavírus.[34] Os estabelecimentos de empresa não podem se transformar em "caixas de ressonância" infectológicas (v. nota n. 15, *supra*); tampouco em "criadouros de vírus", na expressão mais comum dos sanitaristas. E a responsabilidade primeira por essa condição geral de assepsia, especialmente do ponto de vista jurídico, é precisamente do *empresário* (ou de quem a ele esteja equiparado: art. 2º, § 1º, da CLT).

Nessa esteira, como dizíamos, a omissão patronal no que concerne à antecipação, à prevenção e ao combate efetivo dos riscos representados pela entronização do novo coronavírus em seus estabelecimentos – e isso se aplica a *todas as atividades* que envolvam trabalhadores, sejam ou não empresariais[35] – sujeita-os, nos termos do artigo 14, § 1º, da Lei nº 6.938/81, à **responsabilização objetiva** (i.e., independentemente da existência ou comprovação da culpa subjetiva de prepostos do empregador) por todos os danos físicos e psíquicos que, por conta da COVID-19, vierem a acometer os trabalhadores contagiados com o SARS-Cov-2, inclusive em função da inobservância das diretrizes sanitárias amplamente divulgadas para a contenção dos contágios.

Um obstáculo relevante para a aferição dessa responsabilidade apresentou-se com teor do artigo 29 da MP 927/2020, ao estabelecer que "os casos de contaminação pelo coronavírus (**covid-19**) não serão considerados ocupacionais, exceto mediante

---

34 Sobre o dever geral de proibição de exposição de terceiros aos riscos, Larenz assim o conceitua: "A la transgreción de un derecho ajeno, particularmente a la lesión corporal o de la salud de otro (mediante acto positivo) se equipara la no evitación de un daño cuando se da o existe un deber jurídico de evitar su causación (...). El daño producido ha de imputarse objectivamente al obligado, como ´consecuencia´ de su inactividad, siempre que hubiese podido evitarse si él hubiese actuado conforme a su deber. No existe un deber general a preservar a otros ante daños posibles, ya que un deber tan amplio no podría prácticamente cumplirse; sería ilimitado. (...) En cambio, sí existe un deber de evitar un riesgo allí donde alguien está obligado por la ley (p. ej., al cuidado de ciertas personas) o por medio de contrato a la protección y vigilancia de otro (como, p. ej, el profesor de natación, el enfermero, la directora de un colegio de párvulos)" (LARENZ; BRIZ. 1959, p. 591-592).

35 A Convenção OIT n. 155 aplica-se a todas as áreas de atividade econômica (art. 1.1); e, nos termos do seu art. 3.a, "a expressão 'áreas de atividade econômica' abrange todas as áreas em que existam trabalhadores empregados, inclusive a administração pública".

comprovação do nexo causal". Criava-se uma inexplicável inversão do ônus da prova em desfavor do trabalhador, na contramão da tendência universal do Direito Previdenciário (cada vez mais permeável às presunções de causalidade, como se vê, p. ex., no art. 21-A da Lei 8.213/1991, que trata do nexo técnico epidemiológico). Mas, como esclarecido, a sua eficácia foi suspensa pelo Excelso Pretório, em sessão do último dia 29 de abril, exatamente porque fugiria da finalidade maior da MP 927/2020 – na dicção do Min. Alexandre de Moraes, "compatibilizar o valor social do trabalho, perpetuando o vínculo trabalhista, com a livre iniciativa, mantendo, mesmo que abalada, a saúde financeira de milhares de empresas" – e engendraria injustificáveis dificuldades para trabalhadores dos mais diversos segmentos, inclusive os ativados em atividades essenciais (Decreto n. 10.282/2020), constantemente expostos a intensos riscos de contaminação. Em termos conceituais e práticos, todavia, o referido art. 29 em nada obstaria a aplicação do art. 14, § 1º, da Lei n. 6.938/1981, já que esse último dispositivo diz com a inexigibilidade forense de se demonstrar o elemento subjetivo da ação ou omissão do imputado (= dolo ou culpa por negligência, imperícia ou imprudência), não com a questão do nexo de causalidade (ou, mais largamente, com o nexo de imputação normativa).

Quanto ao nexo causal propriamente dito, uma vez suspensa a eficácia do precitado art. 29, remanesce o regime probatório anterior, que bem pode deitar raízes, a nosso ver, no art. 20, § 1º, "d", da Lei 8.213/1991, para efeitos previdenciários ou trabalhistas. Por esse derradeiro dispositivo, não se considera doença do trabalho, para os fins do art. 20, II, da Lei 8.213/1991, "a doença endêmica adquirida por segurado habitante de região em que ela se desenvolva, **salvo comprovação de que é resultante de exposição ou contato direto determinado pela natureza do trabalho**" (g.n.). A premissa tem plena aplicação ao caso de *pandemias*, que afinal não diferem ontologicamente das endemias, se não pelas dimensões geográfica e temporal (vide nota n. 5, *supra*): *ubi eadem ratio ibi idem ius*. Daí que, havendo evidências de que o trabalhador infectado com o SARS-Cov-2 expôs-se à contaminação em função do seu trabalho – pense-se, *e.g.*, na condição de médicos, enfermeiros e técnicos ou auxiliares de enfermagem, na linha de frente do combate ao coronavírus (Decreto n. 10.282/2020, art. 3º, § 1º, I), ou mesmo na situação de trabalhadores ativados em empresas nas quais já se detectou a contaminação comunitária intramuros –, pode-se desde logo *presumir* o nexo de causalidade entre a afecção e a atividade laboral (CLT, art. 818, § 1º), cabendo ao empregador fazer a prova contrária.

De outra parte, a ausência de cuidados objetivos por parte dos empresários pode sujeitá-los, no plano pessoal, até mesmo à responsabilidade penal, por incursos, *e.g.*, nos tipos penais dos artigos 267 e 268 do Código Penal, que tratam respectivamente dos crimes de "causar epidemia, mediante a propagação de germes patogênicos" e de "infringir determinação do poder público, destinada a impedir introdução ou propagação de doença contagiosa", ou ainda na contravenção penal do art. 19, § 2º, da Lei

n. 8.213/1991 ("[...] deixar a empresa de cumprir as normas de segurança e higiene do trabalho").[36] Nessas hipóteses, por evidente, à condenação criminal antepõem-se algumas garantias típicas do Direito Penal e Processual Penal, como as da taxatividade penal (*nullum crimen, nulla poena sine lege certa*), da proibição de analogia *in malam partem* (*nullum crimen, nulla poena sine lege stricta*), da personalidade da pena e do *favor rei* (*in dubio pro reo,* inclusive no campo probatório: CPP, art. 386, VII). Mas, ainda assim, a possibilidade jurídica da reprimenda penal é inegável, para os casos extremos em que os empresários intencionalmente se recusam a implementar medidas comezinhas destinadas a minimizar os riscos de propagação do novo coronavírus, ou a providenciar o fechamento compulsório de seus estabelecimentos em hipóteses de risco grave e iminente.

E, na mesma ordem de ideias, diante de quadros críticos de franca contaminação comunitária intramuros e/ou de risco grave e iminente para a vida, a saúde e/ou a integridade física dos trabalhadores, a **suspensão de atividades empresariais**, imposta administrativamente (CLT, art. 161, *caput*[37]) ou mesmo judicialmente (Enunciado n. 60 da I Jornada de Direito Material e Processual do Trabalho[38]) é medida que se impõe, encontrando respaldo não apenas no precitado artigo 161 consolidado, como também no artigo 14, IV, da Lei nº 6.938/81 e, acima deles, no próprio artigo 170 da Constituição Federal, a estruturar a ordem econômica brasileira sobre os princípios do "valor social do trabalho", da "função social da propriedade" e da "defesa do meio ambiente", e a lhe atribuir, como finalidade precípua, não a mera obtenção de resultados

36 Conquanto entendamos, em relação a esse último tipo penal (contravencional), haver inconstitucionalidade por violação à taxatividade penal.

37 "**Art. 161**. O Delegado Regional do Trabalho, à vista do laudo técnico do serviço competente que demonstre grave e iminente risco para o trabalhador, poderá interditar estabelecimento, setor de serviço, máquina ou equipamento, ou embargar obra, indicando na decisão, tomada com a brevidade que a ocorrência exigir, as providências que deverão ser adotadas para prevenção de infortúnios de trabalho".

38 "**60. INTERDIÇÃO DE ESTABELECIMENTO E AFINS. AÇÃO DIRETA NA JUSTIÇA DO TRABALHO. REPARTIÇÃO DINÂMICA DO ÔNUS DA PROVA. I – A interdição de estabelecimento, setor de serviço, máquina ou equipamento, assim como o embargo de obra** (artigo 161 da CLT), podem ser requeridos na Justiça do Trabalho (artigo 114, I e VII, da CRFB), em sede principal ou cautelar, pelo Ministério Público do Trabalho, pelo sindicato profissional (artigo 8º, III, da CRFB) ou por qualquer legitimado específico para a tutela judicial coletiva em matéria labor-ambiental (artigos 1º, I, 5º, e 21 da Lei 7.347/85), independentemente da instância administrativa. II – Em tais hipóteses, a medida poderá ser deferida [a] "inaudita altera parte", em havendo laudo técnico preliminar ou prova prévia igualmente convincente; [b] após audiência de justificação prévia (artigo 12, *caput*, da Lei 7.347/85), caso não haja laudo técnico preliminar, mas seja verossímil a alegação, invertendo-se o ônus da prova, à luz da teoria da repartição dinâmica, para incumbir à empresa a demonstração das boas condições de segurança e do controle de riscos". A redação original do enunciado fora proposta, à altura, pelo 1º Autor do presente artigo.

financeiros à custa da vida e da segurança dos trabalhadores e da coletividade em geral, mas sim a *existência digna* de todos.[39]

Por fim, convém recordar que a Convenção nº 155 da OIT, em resguardo aos relevantíssimos bens jurídicos por ela protegidos (e igualmente tutelados pelos artigos 7º, XXII, e 225, *caput*, da Constituição Federal), legitima a **paralisação do trabalho** por parte dos próprios obreiros, *ex vi* de seus artigos 13[40] e 19, "f"[41], ante a constatação de um risco grave e iminente à sua vida ou à sua saúde. É também o que reza, no Estado de São Paulo, o art. 229, § 2º, da Constituição estadual.[42] Será justamente esse o caso se os trabalhadores estiverem diante do risco iminente de transmissão comunitária do coronavírus no meio ambiente de trabalho, dada a inegável gravidade da COVID-19 (seja pelas altíssimas taxas de transmissibilidade, seja pela relativa letalidade – especialmente nos grupos de risco –, seja ainda pela inexistência de vacina conhecida).

Esse direito de resistência, se exercido coletivamente, configurará clara hipótese de *greve ambiental*, à qual não se aplica a regra do art. 7º, *caput*, *in fine*, da Lei 7.783/1989, eis que assegurados aos trabalhadores a integralidade dos direitos trabalhistas do período ("sem prejuízo de quaisquer direitos"), independentemente de negociação coletiva ou do exercício do poder normativo da Justiça do Trabalho. A greve

---

39 Sobre o dispositivo constitucional em apreço, Ana Frazão observa que "[a] função social da empresa é um conceito que foi consolidado não apenas para impedir o exercício anti-social da atividade empresarial, mas para direcioná-lo ao atendimento das finalidades sociais, inclusive mediante a imposição de deveres à empresa. (...) A função social da empresa traz em si uma proposta de reumanização, a fim de que os indivíduos possam ser reconhecidos como valores supremos e não como meros instrumentos da atividade econômica. [...] A função social da empresa é o corolário de uma ordem econômica que, embora constituída por vários princípios, possui a finalidade comum de assegurar a todos uma existência digna, conforme os ditames da justiça social. Daí porque diz respeito à responsabilidade da empresa não apenas perante seus concorrentes e os consumidores, mas também perante a sociedade como um todo" (LOPES. 2006, p. 281).

40 "**Art. 13.** De conformidade com a prática e as condições nacionais, deverá ser protegido, de consequências injustificadas, todo trabalhador que julgar necessário interromper uma situação de trabalho por considerar, por motivos razoáveis, que ela envolve um perigo iminente e grave para sua vida ou sua saúde."

41 "**Art. 19.** Deverão ser adotadas disposições, em nível de empresa, em virtude das quais: [...] f) o trabalhador informará imediatamente o seu superior hierárquico direto sobre qualquer situação de trabalho que, a seu ver e por motivos razoáveis, envolva um perigo iminente e grave para sua vida ou sua saúde. Enquanto o empregador não tiver tomado medidas corretivas, se forem necessárias, não poderá exigir dos trabalhadores a sua volta a uma situação de trabalho onde exista, em caráter contínuo, um perigo grave ou iminente para sua vida ou sua saúde."

42 "**Art. 229.** Compete à autoridade estadual, de ofício ou mediante denúncia de risco à saúde, proceder à avaliação das fontes de risco no ambiente de trabalho e determinar a adoção das devidas providências para que cessem os motivos que lhe deram causa. [...] § 2º. Em condições de risco grave ou iminente no local de trabalho, será lícito ao empregado interromper suas atividades, sem prejuízo de quaisquer direitos, até a eliminação do risco".

ambiental é, nessa vereda, a manifestação coletiva de um direito constitucional de resistência que "tem por finalidade resguardar a segurança, a saúde e a higiene do trabalhador em face da degradação ambiental". (ARAÚJO; YAMAMOTO. 2017, p. 296).

4. A PANDEMIA E AS DESONERAÇÕES PATRONAIS: PANACEIA, MAS NEM TANTO

Algumas palavras, enfim, sobre as possibilidades de desoneração jurídica que a pandemia pode criar para os próprios empregadores.

Uma vez que a pandemia do SARS-Cov-2 preordena um estado global de degradação das condições sanitárias – logo, um problema *ambiental*, como desde logo assumimos –, cujas origens ainda não estão sequer esclarecidas, pode-se bem identificá-la como um fenômeno de **força maior**, inclusive para o empregador, eis que presentes os requisitos objetivo (= inevitabilidade do evento) e subjetivo (= ausência de culpa na produção do acontecimento), além de se conhecer a *causa* do evento (geralmente, fatos da natureza; e, na espécie, o próprio SARS-Cov-2).[43]

Em vista disso, travou-se profícuo debate doutrinário sobre ser ou não, a pandemia, hipótese de força maior para os efeitos dos arts. 501 e 502 da CLT.[44] Adiante, à vista dos inúmeros atos emanados por autoridades públicas – administrativos, legislativos e, mais recentemente, judiciários[45] – determinando o fechamento de estabelecimentos ou até mesmo o *lockdown*[46], discutiu-se mais, se se poderia reconhecer, em tais

---

43 Na *força maior*, ao contrário, a causa do dano é *ab initio* desconhecida (*e.g.*, a explosão da aeronave em pleno voo) ou provém de fato de terceiro (*e.g.*, greves, motins, comoções políticas etc.). Daí por que temos dito que na força maior predomina o elemento da *inevitabilidade* (vide o art. 501, *caput*, da CLT), enquanto no caso fortuito predomina o elemento da *imprevisibilidade*.

44 Pelo art. 501, *caput*, "[e]ntende-se como força maior todo acontecimento inevitável, em relação à vontade do empregador, e para a realização do qual este não concorreu, direta ou indiretamente". Já o art. 502 dispõe que, "[o]correndo motivo de força maior que determine a extinção da empresa, ou de um dos estabelecimentos em que trabalhe o empregado, é assegurada a este, quando despedido, uma indenização na forma seguinte: I – sendo estável, nos termos dos arts. 477 e 478; II – não tendo direito à estabilidade, metade da que seria devida em caso de rescisão sem justa causa; III – havendo contrato por prazo determinado, aquela a que se refere o art. 479 desta Lei, reduzida igualmente à metade."

45 Veja-se, nesse sentido, a medida liminar deferida pela Vara de Interesses Difusos e Coletivos da Comarca da Ilha de São Luís do Maranhão, em 30.4.2020, nos autos do Processo n. 0813507-41.2020.8.10.0001, a pedido do Ministério Público maranhense, determinando o bloqueio total (*lockdown*) de atividades naquela capital, em que 100% (cem por cento) dos leitos de unidades de terapia intensiva estavam já ocupados por pacientes portadores da COVID-19. (CONJUR, 2020, *on-line*)

46 O *lockdown* é a forma mais rigorosa de distanciamento social impositivo, envolvendo a restrição de circulação de pessoas em espaços públicos e o fechamento generalizado de todos os estabelecimentos e locais de convívio coletivo, ressalvadas as atividades essenciais.

contextos, o *factum principis*, para os efeitos do art. 486 da CLT.[47] E, nesse encalço, encontram-se à disposição do leitor entendimentos para todos os gostos, predominando os que reconhecem a força maior – afinal, a própria MP 927/2020 di-lo textualmente (art. 1º, parágrafo único[48]) –, mas não o fato do príncipe (QUEVEDO, 2020).

O debate é relevante, na medida em que a identificação de um ou outro instituto traduz relevantíssimos efeitos no Direito do Trabalho. Na dicção de Quevedo,

> Não existe incompatibilidade entre o evento força maior e a caracterização do fato do príncipe. Pelo contrário. Constantes são as referências ao art. 486, CLT, como força maior causada pelo agente da administração pública. A diferença entre a força maior e o fato do príncipe se dá na ausência de responsável imputável no primeiro, hipótese em que os prejuízos são divididos entre empregado e empregador, onde o empregador paga 50% da indenização rescisória e o empregado recebe apenas 50% do que teria direito. Na hipótese do fato do príncipe, o empregador fica isento do pagamento da indenização rescisória, enquanto o empregado deverá receber 100% da indenização, que passa a ser responsabilidade do ente responsável pelo ato. Neste sentido: TST-14900.59.2001.5.15.0050, 3ª Turma, publicado em 28/08/2009.

A nosso ver, todavia, a discussão está mal posta em muitos desses ensaios doutrinários. Vejamos brevemente o porquê.

Em primeiro lugar, o fato de o estado de calamidade pública reconhecido pelo Decreto Legislativo n. 6/2020 ter sido "equiparado" à hipótese de força maior, nos termos do art. 501 da CLT (*ut* art. 1º, parágrafo único, da MP 927/2020), não significa necessariamente que a indenização rescisória – a saber, aquela do art. 18 da Lei 8.036/1990 (a que corresponde a hipótese do art. 502, II), correspondente a 40% sobre os depósitos do FGTS devidos durante o lapso contratual, ou então aquela do art. 479 da CLT (para contratos por prazo determinado) – será reduzida à metade. Para que o empregador tenha direito a tal redução, deve estar presente a hipótese do art. 502, *caput*, da CLT, a saber, o motivo de força maior (*in casu*, a pandemia) deve *determinar* a extinção da empresa ou de um de seus estabelecimentos (aquele em que trabalhe o empregado cujo contrato foi rescindido). O emprego do verbo "determinar", no *caput* do art. 502 consolidado, desafia aqui interpretação estrita: deve se estabelecer uma

47 "**Art. 486.** No caso de paralisação temporária ou definitiva do trabalho, motivada por ato de autoridade municipal, estadual ou federal, ou pela promulgação de lei ou resolução que impossibilite a continuação da atividade, prevalecerá o pagamento da indenização, que ficará a cargo do governo responsável."

48 "**Art. 1º.** [...] Parágrafo único. O disposto nesta Medida Provisória se aplica durante o estado de calamidade pública reconhecido pelo Decreto Legislativo nº 6, de 2020, e, para fins trabalhistas, constitui hipótese de força maior, nos termos do disposto no art. 501 da Consolidação das Leis do Trabalho, aprovada pelo Decreto-Lei nº 5.452, de 1º de maio de 1943."

relação de necessidade entre a pandemia e o fechamento do estabelecimento ou a extinção da empresa (assim, *e.g.*, se se demonstrar que a queda abrupta, persistente e abrangente da demanda tornou a empresa ou o estabelecimento inviável economicamente, obrigando-a inclusive à recuperação judicial ou à autofalência, *ut* arts. 105 a 107 da Lei n. 11.101/2005). Afinal, trata-se de uma hipótese legal que *restringe* um direito social fundamental do trabalhador (art. 7º, I, da CRFB, c.c. art. 10, II, do ADCT); e, bem sabemos desde os clássicos, *odiosa restringenda, favorabilia amplianda* ("restrinja-se o odioso, amplie-se o favorável").

Ao fim e ao cabo, será o juiz do Trabalho a dizer, concretamente, se naquele específico caso litigioso deu-se ou não a hipótese do art. 502, II ou III, da CLT, ainda que não haja dúvidas quanto à configuração da força maior, mercê do art. 501. De resto, vale lembrar que, em todo caso, **(a)** "[a] imprevidência do empregador exclui a razão de força maior" (art. 501, § 1º), e, mais importante, **(b)** "[a] ocorrência do motivo de força maior que não afetar substancialmente, nem for suscetível de afetar, em tais condições, a situação econômica e financeira da empresa não se aplicam as restrições desta Lei referentes ao disposto neste Capítulo".

Em segundo lugar, quanto ao *factum principis* (CLT, art. 486), parece-nos equivocado afirmar que não se configura, em hipótese alguma, porque o ato de autoridade que determina o fechamento dos estabelecimentos não é discricionário, mas "vinculado" a uma hipótese de força maior. Esse argumento não impressiona, a uma, porque os conceitos de força maior e de fato do príncipe não se excluem reciprocamente, como visto há pouco (ao contrário, o fato do príncipe pode mesmo ser entendido como uma *espécie* do gênero "força maior" (BELFORT, 2020) ou, mais adequadamente, do gênero "caso fortuito"); a duas, porque o art. 486 da CLT não exige, em parte alguma, o caráter "discricionário" do ato, bastando que provenha de autoridade municipal, estadual ou federal; e, a três, porque os atos administrativos e legislativos que têm determinado o fechamento de estabelecimentos são decerto *discricionários,* na medida em que há irrecusável apreciação subjetiva das circunstâncias concretas da pandemia no âmbito da unidade federativa, sob o pálio da oportunidade e da conveniência; afinal, "discricionário" não é propriamente o ato, mas "a apreciação a ser feita pela autoridade quanto aos aspectos tais ou quais".[49] Não por outra razão, aliás, há casos de municípios contíguos, sujeitos às mesmas condições de risco sanitário, que adotaram políticas diametralmente opostas quanto à suspensão do comércio em geral. Poder-se-ia falar em ato administrativo vinculado se, por exemplo, os prefeitos e governadores baixassem decretos para simplesmente fazer cumprir um decreto presidencial de estado de sítio (CF, arts. 21, V, 49, IV, 137, I, e 139, III e IV). Não foi o caso.

---

49 Para Bandeira de Mello (2007, p. 414), o poder discricionário da autoridade pública corresponde à "margem de liberdade conferida pela lei ao administrador a fim de que este cumpra o dever de integrar com sua vontade ou juízo a norma jurídica, diante do caso concreto, segundo critérios subjetivos próprios, a fim de dar satisfação aos objetivos consagrados no sistema legal".

Daí por que, tecnicamente, atos administrativos municipais ou estaduais que determinam o fechamento de estabelecimentos podem, em tese, configurar conceitualmente o *factum principis*. Mas isso tampouco significa que a pessoa jurídica de direito público de que promana o ato deva necessariamente responsabilizar-se pela totalidade dos valores rescisórios dos empregados demitidos (v., *e.g.*, TST, RR 14900.59.2001.5.15.0050, 3ª Turma, publ. 28.8.2009). A questão, mais uma vez, diz com a *relação de necessidade* entre o ato do príncipe e as rescisões contratuais, até mesmo porque, sendo espécie do gênero "força maior/caso fortuito", o regramento da hipótese não pode se distanciar do próprio art. 502 da CLT. Assim, a responsabilidade da pessoa jurídica de direito público pressupõe, em todo caso, a *impossibilidade de continuação da atividade* (e, implícita a ela, a *impossibilidade de preservação dos vínculos empregatícios*). Se o empregador puder fazer frente às dificuldades econômicas oriundas da paralisação temporária do trabalho com as medidas trabalhistas complementares da Medida Provisória n. 936/2020,[50] por exemplo, **deverá** valer-se delas, antes de cogitar demitir. Se, ao revés, por capricho ou decisão gerencial – e não por *necessidade* –, preferir demitir, não poderá seguramente evocar a norma do art. 486, *caput, in fine*, da CLT, para se exonerar dos pagamentos rescisórios pertinentes.

Se, porém, o juiz do Trabalho entender plausível o *factum principis* como tese de defesa, restar-lhe-á providenciar a intimação do representante legal da pessoa jurídica de direito público, nos termos do art. 486, § 1°, da CLT, para que, no prazo de trinta dias, alegue o que entender devido. Sob o novo Código de Processo Civil (2015), a hipótese não é de "chamamento à autoria", mas de *denunciação da lide* (CPC, art. 125, II). E alegando o Estado, em juízo, o que de direito, entendemos que o processo judicial segue na própria Justiça do Trabalho – sem remessa "ao Juiz Privativo da Fazenda" (CLT, art. 486, § 3°) –, ante os lindes de competência material instaurados pelo art. 114, I, da Constituição de 1988, na redação da EC n. 45/2004. Em outras palavras, o § 3° do art. 486 consolidado não foi recepcionado pela nova ordem constitucional.

5. CONSIDERAÇÕES FINAIS

Por tudo o que se viu, é certo que o contágio pelo SARS-Cov-2 e o consequente acometimento pela COVID-19 configuram, no atual contexto de transmissão comunitária e de circulação irrestrita do vírus, um *novo risco biológico e social,* que interfere sistematicamente no equilíbrio do meio ambiente humano, tanto em sua dimensão natural como em sua dimensão artificial (e, portanto, também no meio ambiente do trabalho). Essa nova realidade demanda dos empregadores, gestores que são de seus próprios espaços produtivos, a implementação de todas as medidas antecipatórias

---

50 A saber, o pagamento do Benefício Emergencial de Preservação do Emprego e da Renda, a redução proporcional de jornada de trabalho e de salários e/ou a suspensão temporária do contrato de trabalho (art. 3°, I a III).

destinadas a neutralizar ou minimizar os impactos do novo coronavírus. Eis o seu dever de indenidade labor-ambiental, inexo aos contratos individuais de trabalho.

Por outro lado, internalizado o SARS-Cov-2 no meio ambiente de trabalho, transformando o estabelecimento em uma caixa de ressonância infectológica, configura-se um estado de degradação labor-ambiental, originado pelo elemento humano (= base antrópica), que a legislação define como *poluição* (Lei 6.938/1981, art. 3º, III). Sob tais circunstâncias, o empregador passa a responder civilmente pelos danos experimentados por seus trabalhadores, caso desenvolvam a COVID 19, independentemente da existência ou da prova de culpa *lato sensu* (= responsabilidade civil objetiva, *ut* art. 14, § 1º, da Lei 6.938/1981); e, havendo dolo ou culpa, poderá responder pessoalmente até mesmo por ilícitos penais. Na esfera administrativa, ademais, abrem-se ensanchas para a interdição do estabelecimento (CLT, art. 161); e, na esfera coletiva, para a chamada greve ambiental (Convenção OIT n. 155, arts. 13 e 19, "f").

Para evitar tais consequências, empregadores em geral devem lançar mão de medidas de planejamento e de ação tão excepcionais e ingentes quanto à própria pandemia, transcendendo a lógica do custo-benefício (monetização) para colimar sobretudo o resguardo, na maior medida possível, da vida, da saúde e da integridade psicofísica dos seus trabalhadores.[51]

Resta encerrar com John F. Kennedy, que em certa ocasião atribuiu a Dante Alighieri – equivocadamente – a afirmação de que, na arquitetura do inferno, "os lugares mais quentes são reservados àqueles que escolheram a neutralidade em tempo de crise". Não há, na "A Divina Comédia", uma passagem com essas exatas características; há, sim, referência ao vestíbulo onde ficariam os que, no episódio da rebelião de Lúcifer, não se rebelaram, nem foram fiéis a Deus (*non furon ribelli né fur fedeli*). De todo modo, a frase passou à posteridade e merece a nossa reflexão.

Ante a laicidade do Estado, cidadãos devem ser sobretudo fiéis à Constituição; e, a partir dela, compreender as leis e organizar deontologicamente a realidade. As famílias do mundo choram, neste momento, mais de trezentos e sete mil mortos. Em alguns países – como o Brasil –, a pandemia sequer chegou em seu "pico". Outras milhares de mortes virão. Neste momento, não cabem atalhos de neutralidade. A vontade primígena das constituições democráticas é a promoção da dignidade humana e, portanto, a preservação da vida. Tempos de crise não são tempos para o arrefecimento de direitos fundamentais; antes, são tempos para a sua redobrada afirmação.[52] Juristas

51 Há, a propósito, importante estudo capitaneado por especialistas do *Imperial College* do Reino Unido, sobre as estratégias de combate à propagação do novo coronavírus diante de seu possível impacto em diversos países (entre eles o Brasil).

52 "[...] Vale ressaltar que, embora se compreenda a insistência governamental e de certos setores econômicos em acelerar os acordos individuais, superestimando supostas consequências deletérias decorrentes da liminar concedida, em especial o 'engessamento' das negociações, o fato é que constituiria precedente perigosíssimo afastar a vigência de normas constitucionais

e tribunais devem compreender essa fatídica verdade, porque a utilidade última do Direito é mesmo a perpetuação da vida e do nosso modo de ser. E a alternativa aos resistentes será, o mais das vezes, o recolhimento prematuro aos vestíbulos da obsolescência.

REFERÊNCIAS

ARAÚJO, Fernando Silva de; YAMAMOTO, Paulo de Carvalho. Greve ambiental e direito de resistência: a autotutela dos trabalhadores em defesa da sanidade no ambiente de trabalho. *In:* FELICIANO. Guilherme Guimarães *et alii*. **Direito ambiental do trabalho:** apontamentos para uma teoria geral. São Paulo: LTr, 2017. v. 3.

AZEVÊDO, Roberto; GHEBREYESUS, Tedros Adhanom. **Joint statement.** 20.4.2020. Disponível em: https://www.who.int/news-room/detail/20-04-2020-joint-statement-by-wto-director-general-roberto-azevêdo-and-who-director-general-tedros-adhanom-ghebreyesus. Acesso em: 16 maio 2020.

BANDEIRA DE MELLO, Celso Antônio. **Curso de Direito Administrativo**. 22. ed. São Paulo: Malheiros, 2007.

BECHARA, Erika. A responsabilidade civil do poluidor indireto e a obrigação *propter rem* dos proprietários de imóveis ambientalmente degradados. *In: Cadernos Jurídicos da Escola Paulista da Magistratura*, São Paulo, n. 48, ano 20, mar.-abr. 2019.

BELFORT, Fernando. ***Factum principis* e cessação do contrato.** 16.5.2020. Disponível em: http://www.oprogressonet.com/blogs/prof-doutor-fernando-belfort/factum-principis-e-cessacao-de-contrato/100436.html. Acesso em: 16 maio 2020.

BENJAMIN, Antonio Herman de V. Responsabilidade pelo dano ambiental. *In*: ***Revista de Direito Ambiental***, São Paulo, n. 9, p. 5-52, jan.-mar. 1998.

---

asseguradoras de direitos e garantias fundamentais, diante do momento de calamidade pública pelo qual passamos. Isso só poderia ocorrer – e mesmo assim em escala limitada e sob supervisão do Congresso Nacional – durante a decretação dos Estados de Defesa ou de Sítio, escrupulosamente delimitados nos art. 136 e 137 da Lei Maior. [...] Ora, a experiência tem demonstrado que **justamente nos momentos de adversidade é que se deve conferir a máxima efetividade às normas constitucionais, sob pena de graves e, não raro, irrecuperáveis retrocessos.** De forma tristemente recorrente, a história da humanidade tem revelado que, precisamente nessas ocasiões, **surge a tentação de suprimir – antes mesmo de quaisquer outras providências – direitos arduamente conquistados ao longo de lutas multisseculares. Primeiro, direitos coletivos, depois sociais e, por fim, individuais.** Na sequência, mergulha-se no caos! [...] **A Constituição – é claro – não foi pensada para vigorar apenas em momentos de bonança. Ao contrário, o seu fiel cumprimento se faz ainda mais necessário em situações de crise,** nas quais, na feliz metáfora de Jon Elster, ela serve como o mastro a que se prendeu Ulisses para que não se perdesse em meio ao canto das sereias, pois representa a derradeira barreira de proteção dos valores básicos da sociedade contra paixões ou interesses de uma maioria ocasional (Ulisses liberto: estudos sobre racionalidade, pré-compromisso e restrições. São Paulo: UNESP, 2009)" (STF, ADI 6363 MC-ED/DF, rel. Min. Ricardo Lewandowski, j. 13.4.2020 – *g.n.*).

CASALI, Guilherme Machado. O princípio da solidariedade e o artigo 3º da Constituição da República Federativa do Brasil. *In*: ***Revista Eletrônica Direito e Política***, Itajaí, vol. 1, n. 1, set.-dez. 2006. Disponível em: http://siaibib01.univali.br/pdf/guilherme%20%20machado%20casalli%20revista%20de%20direiro.pdf. Acesso em: 16 maio 2020.

DINIZ, Maria Helena. **Curso de Direito Civil brasileiro.** 7. ed. São Paulo: Saraiva, 1993. v. 7.

DOMÈNECH, Carlos Hugo Preciado. **Teoría general de los derechos fundamentales en el contrato de trabajo.** Pamplona: Aranzadi, 2018.

FELICIANO, Guilherme G. Meio ambiente do trabalho: aspectos gerais e propedêuticos. *Revista do Tribunal Regional do Trabalho da Décima Quinta Região*, São Paulo, n. 20, 2002.

FELICIANO, Guilherme G. Saúde e segurança no trabalho: o meio ambiente do trabalho e a responsabilidade civil patronal. *In*: THOME, Candy Florencio; SCHWARZ, Rodrigo Garcia (org.). ***Direito Individual do Trabalho: curso de revisão e atualização***. São Paulo: Elsevier, 2011.

FELICIANO, Guilherme G. Refundando o Direito Penal do Trabalho: Primeiras Aproximações. ***Revista da Faculdade de Direito da Universidade de São Paulo***, São Paulo, v. 104, jan.-dez. 2009.

FELICIANO, Guilherme G.; TRINDADE, Rodrigo. COVID-19 e direitos humanos: sob as luzes de Filadélfia. **Migalhas**, 10.5.2020. Disponível em: https://www.migalhas.com.br/depeso/326480/covid-19-e-direitos-humanos-sob-as-luzes-de-filadelfia. Acesso em: 15 maio 2020.

GREENBERG, Raymond S.; DANIELS, Stephen R.; FLANDERS, W. Dana; ELEY, John William; BORING, III, John R. **Epidemiologia Clínica.** Tradução Jussara Burnier. 3. ed. Porto Alegre: Artmed, 2005.

JOSSERAND, Louis. **De la responsabilité du fait des choses inanimés.** Paris: Arthur Rousseau Éditeur, 1897.

LARENZ, Karl. **Derecho de obligaciones.** Tradução Jaime Santos Briz. Madrid: Editorial Revista de Derecho Privado, 1959. t. II.

LOPES, Ana Frazão de Azevedo. **Empresa e propriedade**: função social e abuso de poder econômico. São Paulo: Quartier Latin, 2006.

MACHADO, Paulo Affonso Leme. **Direito ambiental brasileiro.** 6. ed. São Paulo: Malheiros, 1996.

MARANHÃO, Ney. **Poluição labor-ambiental.** Rio de Janeiro: Lumen Juris, 2017.

OCCUPATIONAL SAFETY AND HEALTH ADMINISTRATION. **Diretrizes para a preparação dos locais de Trabalho para o COVID-19.** Tradução SINAIT (Sindicato Nacional dos Auditores Fiscais do Trabalho). Brasília: SINAIT, 2020.

OLIVEIRA, Sebastião Geraldo. **Proteção jurídica à saúde do trabalhador**. 6. ed. São Paulo: LTr, 2011.

ORGANIZACIÓN INTERNACIONAL DEL TRABAJO. **Las normas de la OIT y el COVID-19.** Ginebra: OIT, 2020.

PADILHA, Norma Sueli. **Fundamentos constitucionais do direito ambiental brasileiro.** Rio de Janeiro: Elsevier, 2010.

PRIEUR, Michel. **Droit de l´environnement.** 5. ed. Paris: Dalloz, 2004.

QUEVEDO, Luiz Fernando. A contenção ao coronavírus e o *factum principis* no direito do trabalho. **Consultor Jurídico**, 4.4.2020. Disponível em: https://www.conjur.com.br/2020-abr-04/contencao-coronavirus-ofactum-principisno-direito-trabalho. Acesso em: 16 maio 2020.

ROCHA, Júlio César de Sá. **Direito ambiental do trabalho**: mudanças de paradigma na tutela à saúde do trabalhador. 2. ed. São Paulo: Atlas, 2013.

RODAS, Sérgio. Juiz ordena *lockdown* em São Luís, no Maranhão. **Conjur**, 30.4.2020. Disponível em: https://www.conjur.com.br/2020-abr-30/juiz-ordena-lockdown-todo-maranhao. Acesso em: 16 maio 2020.

SALEILLES, Raymond. **Les accidents de travail et la responsabilité civile**: essai d´une théorie objective de la responsabilité délictuelle. Paris: Arthur Rousseau Éditeur, 1897.

SOARES, Guido Fernando Silva. **As responsabilidades no direito internacional do meio ambiente.** Campinas: Komedi Editores, 1995.

TOLEDO, Francisco de Assis. **Princípios básicos de direito penal.** 4. ed. São Paulo: Saraiva, 1991.

WALKER. Patrick *et alii*. **The Global Impact of COVID-19 and Strategies for Mitigation and Suppression**. Abdul Latif Jameel Institute for Disease and Emergency Analytics, Imperial College London, 2020. Disponível em: https://www.cos.ufrj.br/arquivos/COVID19/Imperial-College-COVID19-Global-Impact-26-03-2020.pdf. Acesso em: 08.06.2020.

WERNER, Sascha. Das Vorsorgeprinzip: Grundlagen, Maßstäbe und Begrenzungen. *In:* **Umwelt- und Planungsrecht**. Heidelberg, band 21, n. 9, 2001.

ZAGREBELSKY, Gustavo. **El derecho dúctil**: ley, derechos, justicia. Tradução Marina Gascón. 6. ed. Madrid: Trotta, 2005.

Os Reflexos da Decisão do STF na Caracterização da COVID-19 como Acidente de Trabalho

Danilo Gonçalves Gaspar

1. INTRODUÇÃO

A Medida Provisória n. 927/2020, em seu artigo 29, previu que "Os casos de contaminação pelo coronavírus (covid-19) não serão considerados ocupacionais, exceto mediante comprovação do nexo causal.".

No dia 29.4.2020, contudo, o Plenário do STF, por maioria, concluiu, no âmbito do julgamento conjunto das medidas cautelares apresentadas nos autos das Ações Declaratórias de Inconstitucionalidade – ADIs 6342, 6344, 6346, 6348, 6349, 6352 e 6354, pela inconstitucionalidade do art. 29 da MP n. 927/2020.

Em face disso, algumas notícias foram divulgadas com o seguinte título: "STF reconhece covid-19 como doença ocupacional".[1] Esse fato, portanto, vem provocando dúvidas acerca dos efetivos reflexos da decisão do STF na caracterização da COVID-19 como acidente de trabalho.

Por meio deste breve texto, busca-se sanar eventuais dúvidas que circundam o tema.

2. A DEFINIÇÃO DE ACIDENTE DE TRABALHO E A SITUAÇÃO ESPECÍFICA DAS DOENÇAS ENDÊMICAS

Antes mesmo de qualquer debate acerca da caracterização da COVID-19 como acidente de trabalho, é importante lembrar que o art. 19 da Lei n. 8.213/91, ao definir o chamado acidente de trabalho típico, o faz no sentido de que:

---

1 A título de exemplo, podem ser citadas as seguintes fontes: https://economia.uol.com.br/noticias/redacao/2020/05/04/stf-reconhece-covid-19-como-doenca-ocupacional.htm.

> "Acidente do trabalho é o que ocorre pelo exercício do trabalho a serviço de empresa ou de empregador doméstico ou pelo exercício do trabalho dos segurados referidos no inciso VII do art. 11 desta Lei, provocando lesão corporal ou perturbação funcional que cause a morte ou a perda ou redução, permanente ou temporária, da capacidade para o trabalho."

Por sua vez, o art. 20 da Lei n. 8.213/91, nos incisos I e II, também considera acidente de trabalho a "doença profissional, assim entendida a produzida ou desencadeada pelo exercício do trabalho peculiar a determinada atividade e constante da respectiva relação elaborada pelo Ministério do Trabalho e da Previdência Social;" e a "doença do trabalho, assim entendida a adquirida ou desencadeada em função de condições especiais em que o trabalho é realizado e com ele se relacione diretamente, constante da relação mencionada no inciso I".

Assim, por força do art. 20, II, da Lei n. 8.213/91, uma doença de origem comum pode configurar uma doença do trabalho/acidente do trabalho caso tenha sido adquirida ou desencadeada em função de condições especiais em que o trabalho é realizado e com ele se relacione diretamente, ou seja, caso haja nexo de causalidade (vínculo de causa e efeito) entre o trabalho prestado e a aquisição da doença (provocada pela contágio com o novo coronavírus).

As ressalvas feitas pela Lei n. 8.213/91 encontram-se previstas nas alíneas "a" a "d" do inciso II, § 1º do art. 20, quais sejam: "a) a doença degenerativa; b) a inerente a grupo etário; c) a que não produza incapacidade laborativa; d) a doença endêmica adquirida por segurado habitante de região em que ela se desenvolva, salvo comprovação de que é resultante de exposição ou contato direto determinado pela natureza do trabalho".

Em especial, portanto, percebe-se que, conforme disposto no art. 20, II, § 1º, *d*, da Lei n. 8.213/91, como regra, uma doença endêmica (doença típica de uma determina região, que acontece com muita frequência no local) não é considerada acidente do trabalho, "salvo comprovação de que é resultante de exposição ou contato direto determinado pela natureza do trabalho", ou seja, salvo se comprovado o nexo de causalidade (vínculo de causa e efeito) entre o trabalho e a aquisição da doença.

Nesse particular, apesar da COVID-19 não ser uma doença endêmica (já que não se limita a um determinado local), mas sim uma Pandemia (epidemia de doença infecciosa que se espalha entre a população localizada numa grande região geográfica), fica evidente que, nos países onde se espalhou, como ocorrido no Brasil, a COVID-19 se enquadra, para os fins da Lei n. 8.213/91, como uma doença endêmica (aplicação analógica da ideia de endemia), já que o objetivo da norma é exatamente o mesmo (tratar de maneira diferenciada as hipóteses de doenças que se proliferam de modo recorrente em um determinado local), razão pela qual, para os efeitos de enquadramento como acidente de trabalho, sua caracterização requer a comprovação efetiva de que foi resultante de exposição ou contato direto determinado pela natureza do trabalho, ou seja, a comprovação do nexo de causalidade (vínculo de causa e efeito) entre a natureza do trabalho e a aquisição da doença.

Em outras palavras, para os fins da Lei n. 8.213/91, para qualquer doença endêmica (como ocorre, ao menos para fins normativos, com a COVID-19), sua caracterização como acidente de trabalho depende da comprovação de que a aquisição da doença decorreu de exposição ou contato direto determinado pela natureza do trabalho, a exemplo do trabalho desenvolvido pelos profissionais de saúde, incluindo aí os empregados das farmácias, já que a natureza do seu trabalho, no mínimo, os expõe ao risco do contágio, bem como com um empregado doméstico que, ao trabalhar em uma residência que continha algum membro da família infectado, testa positivo para o novo coronavírus, já que a natureza do seu trabalho favorece um contato direto com a doença, bem como ainda a exemplo de um entregador (motoboy) que adquire a doença durante o período em que estava como seu contrato de trabalho ativo, já que, igualmente, a natureza do seu trabalho favorece um contato direto com a doença.

3. A PREVISÃO DO ART. 29 DA MP N. 927/2020

Conforme destacado na introdução, a Medida Provisória n. 927/2020, em seu artigo 29, previu que "Os casos de contaminação pelo coronavírus (covid-19) não serão considerados ocupacionais, exceto mediante comprovação do nexo causal".

O texto em questão, quando lido em harmonia com o art. 20 da Lei n. 8.213/91, em especial a alínea d do inciso II do § 1°, demonstra perfeita sintonia como esse dispositivo, de modo que, tendo em vista o caráter endêmico (para fins jurídicos) da COVID-19, como regra, seja pelo art. 20, II, § 1°, *d*, da Lei n. 8.213/91, seja pelo art. 29 da MP n. 927/2020, a COVID-19 não se caracterizaria como acidente de trabalho, "salvo comprovação de que é resultante de exposição ou contato direto determinado pela natureza do trabalho" (art. 20, II, § 1°, *d*, da Lei n. 8.213/91), ou seja, "exceto mediante comprovação do nexo causal" (art. 29 da MP n. 927/2020).

É bem verdade que nenhum dos dispositivos acima destacados anuncia, ao menos de maneira expressa, de quem seria esse ônus da prova (se do empregado o ônus de comprovar que a doença, a despeito de endêmica, decorreu, no caso concreto, de exposição ou contato direto determinado pela natureza do trabalho; ou se do empregador o ônus de comprovar que a doença, além de endêmica, não decorreu, no caso concreto, de exposição ou contato direto determinado pela natureza do trabalho).

Contudo, implicitamente, partindo da premissa de que a regra se impõe caso não seja comprovada a exceção, a interpretação que se constrói a partir da literalidade dos textos dos artigos 20, II, § 1°, *d*, da Lei n. 8.213/91 e 29 da MP n. 927/2020, é no sentido de que, tendo em vista o caráter endêmico (ao menos para fins jurídicos) da COVID-19, como regra, a doença não se caracterizaria como acidente de trabalho, "salvo comprovação de que é resultante de exposição ou contato direto determinado pela natureza do trabalho" (art. 20, II, § 1º, *d*, da Lei n. 8.213/91), ou seja, "exceto mediante comprovação do nexo causal" (art. 29 da MP n. 927/2020), competindo ao empregado o ônus de comprovar que a doença (COVID-19), a despeito de endêmica, decorreu, no caso concreto, de exposição ou contato direto determinado pela natureza do trabalho.

Como se vê, não é dizer que a COVID-19 nunca será considerada como acidente de trabalho, mas sim que, a depender das circunstâncias do caso concreto, sua caracterização como tal pode ocorrer, se comprovado, pelo empregado, que a doença (COVID-19), a despeito de endêmica, decorreu, no caso concreto, de exposição ou contato direto determinado pela natureza do trabalho.

4. A POSIÇÃO DO STF E AS REPERCUSSÕES SOBRE O TEMA

No dia 29.4.2020, o Plenário do STF se reuniu para apreciar os pedidos cautelares formulados no âmbito das ADIs 6342, 6344, 6346, 6348, 6349, 6352 e 6354, nas quais foram questionados (sob a ótica da inconstitucionalidade) diversos dispositivos da MP n. 927/2020, entre eles o art. 29.

Anteriormente (26.3.2020), em decisão monocrática, o Relator, Ministro Marco Aurélio, havia indeferido a liminar requerida, mantendo os preceitos normativos questionados com plena vigência, ocasião na qual submeteu sua decisão ao crivo do Plenário da corte.

Foi justamente essa análise que foi feita pelo Plenário do STF no dia 29.4.2020, ocasião na qual foi referendada, por maioria, a decisão liminar do Ministro Relator, exceto quanto aos artigos 29 e 31 da MP n. 927, de modo que, com isso, foi concedida parcialmente a medida cautelar pretendida apenas quanto aos artigos 29 e 31 (esse dispositivo não é objeto de reflexões no presente texto) da MP 927, para suspender a eficácia dos referidos dispositivos.

No início da sessão, o Ministro Dias Toffoli antecipou seu voto e seguiu integralmente o voto do Ministro Relator.

Em seguida, passou-se para o voto do Ministro Alexandre de Moraes. Em seu voto[2], o Ministro Alexandre de Moraes destacou que a previsão do art. 29 parece ser extremamente ofensiva aos inúmeros trabalhadores de atividades essenciais que continuam expostos aos riscos, ocasião na qual citou médicos, enfermeiros, motoboys que fazem entregas de alimentos e profissionais que trabalham nas farmácias.

Destacou o Ministro que seria extremamente difícil a esses profissionais comprovar o nexo de causalidade entre a doença e a atividade prestada, concluindo que não há razoabilidade no art. 29 da MP n. 927/2020 e que estão presentes os elementos necessários para a concessão da liminar para suspender a eficácia do art. 29.

---

2 Voto que pode ser identificado a partir do minuto 14 (com 30seg) do vídeo da íntegra da sessão disponível em: https://www.youtube.com/watch?v=CGlHDn-h2L8&list=PLippyY19Z47ucIN7GgHMZ5Qh2YRkaMMnf.

Em seguida, o Ministro Gilmar Mendes também antecipou seu voto e seguiu o Relator, referendando a decisão de negar a liminar.

Prosseguindo no julgamento, o Ministro Luiz Edson Fachin votou[3] acompanhando o voto divergente do Ministro Alexandre de Moraes.

Em seguida, votou o Ministro Luís Roberto Barroso[4], acompanhando o voto divergente do Ministro Alexandre de Moraes, entendendo que o art. 29 da MP n. 927 acaba exigindo uma prova diabólica, entendendo irrazoável exigir que o empregado comprove o nexo de causalidade entre a COVID-19 e o trabalho.

A Ministra Rosa Weber[5], outrossim, analisando o art. 29 da MP, acompanhou a divergência, na íntegra, aberta pelo Ministro Alexandre de Moraes.

Em seguida, votou a Ministra Cármen Lúcia[6], também acompanhando a divergência, entendendo que o art. 29 acaba por exigir do empregado uma prova diabólica, invertendo a lógica de quem deveria provar o fato.

Em seguida, votou o Ministro Ricardo Lewandowski[7], também seguindo o voto divergente do Ministro Alexandre de Moraes.

Assim, formou-se maioria para referendar a decisão liminar do Ministro Relator, exceto quanto aos artigos 29 e 31 da MP n. 927, de modo que foi concedida[8] parcialmente a medida cautelar apenas quanto aos artigos 29 e 31 (esse dispositivo não é objeto de reflexões no presente texto) da MP 927, para suspender a eficácia dos referidos dispositivos.

Como essa decisão, houve quem concluísse, conforme destacado na introdução, que o STF reconheceu a covid-19 como doença ocupacional. Contudo, com todo o respeito às opiniões divergentes, seja pelo conteúdo (que, tendo em vista a não publicação

---

3 Voto que pode ser identificado a partir do minuto 29 do vídeo da íntegra da sessão disponível em: https://www.youtube.com/watch?v=CGlHDn-h2L8&list=PLippyY19Z47ucIN7GgHMZ5Qh2YRkaMMnf.

4 Voto que pode ser identificado a partir de 1h11min30seg do vídeo da íntegra da sessão disponível em: https://www.youtube.com/watch?v=CGlHDn-h2L8&list=PLippyY19Z47ucIN7GgHMZ5Qh2YRkaMMnf.

5 Voto que pode ser identificado a partir de 1h29min do vídeo da íntegra da sessão disponível em: https://www.youtube.com/watch?v=CGlHDn-h2L8&list=PLippyY19Z47ucIN7GgHMZ5Qh2YRkaMMnf

6 Voto que pode ser identificado a partir de 1h44min15seg do vídeo da íntegra da sessão disponível em: https://www.youtube.com/watch?v=CGlHDn-h2L8&list=PLippyY19Z47ucIN7GgHMZ5Qh2YRkaMMnf.

7 Voto que pode ser identificado a partir de 2h do vídeo da íntegra da sessão disponível em: https://www.youtube.com/watch?v=CGlHDn-h2L8&list=PLippyY19Z47ucIN7GgHMZ5Qh2YRkaMMnf.

8 Resultado que pode ser identificado a partir de 2h08min09seg do vídeo da íntegra da sessão disponível: em https://www.youtube.com/watch?v=CGlHDn-h2L8&list=PLippyY19Z47ucIN7GgHMZ5Qh2YRkaMMnf.

do acórdão até a data de publicação deste texto, pode ser acessado com o acompanhamento da gravação da sessão realizada no dia 29.4.2020[9]) dos votos dos Ministros que votaram a favor da suspensão da eficácia do art. 29 da MP (especialmente os Ministros Alexandre de Moraes, Luís Roberto Barroso e Cármen Lúcia), seja pela manutenção da eficácia plena do art. 20, II, § 1º, *d*, da Lei n. 8.213/91 (que não foi sequer objeto de análise no julgamento), o que se conclui é que a realidade interpretativa do tema se mantém a mesma, não tendo a temática do ônus da prova ou de eventual prova diabólica (temas presentes nos votos da maioria dos Ministros que divergiram do Ministro Relator) o condão de alterar a realidade interpretativa preexistente.

Isso porque, tal qual já se poderia concluir a partir de uma leitura combinada dos arts. 29 da MP n. 927/2020 e 20, II, § 1º, *d*, da Lei n. 8.213/91, tendo em vista o caráter endêmico (ao menos para fins jurídicos) da COVID-19, possível ainda concluir, mesmo diante da suspensão dos efeitos do art. 29 da MP n. 927/2020, que, como regra, a COVID-19 não se caracteriza como acidente de trabalho, "salvo comprovação de que é resultante de exposição ou contato direto determinado pela natureza do trabalho" (art. 20, II, §1º, d, da Lei n. 8.213/91).

Como se vê, não é dizer que a COVID-19 nunca será considerada como acidente de trabalho, tampouco o contrário (que a COVID-19 adquirida por um trabalhador sempre será considerada acidente de trabalho), mas sim que, a depender das circunstâncias do caso concreto, sua caracterização como tal pode ocorrer, caso seja comprovado que a doença (COVID-19), a despeito de endêmica (para os fins jurídicos), decorreu, no caso concreto, de exposição ou contato direto determinado pela NATUREZA DO TRABALHO.

É, pois, a natureza do trabalho que irá (como já se podia concluir antes do julgamento do STF) caracterizar (ou não), no caso concreto, a COVID-19 como acidente de trabalho.

É importante destacar, por oportuno, que a expressão "natureza do trabalho" prevista no art. 20, II, § 1º, *d*, da Lei n. 8.213/91 é um conceito jurídico indeterminado, que precisará, no caso concreto, ser preenchido pelo intérprete (por exemplo, o Juiz do Trabalho caso se depare com uma ação trabalhista dessa natureza), que analisará (a partir das regras de experiência comum subministradas pela observação do que ordinariamente acontece – art. 375 do CPC/2015 – e das provas produzidas pelas partes) se o trabalho desenvolvido por um determinado empregado, POR SUA NATUREZA, expôs o empregado ao contágio ou resultou em contato direto com a doença.

A título de exemplo, possível concluir, a partir das regras de experiência comum subministradas pela observação do que ordinariamente acontece (art. 375 do CPC/2015), sendo irrelevante, pois, que o fato seja provado por empregado ou

9 Vídeo da íntegra da sessão disponível em: https://www.youtube.com/watch?v=CGlHDn-h2L8&list=PLippyY19Z47ucIN7GgHMZ5Qh2YRkaMMnf.

empregador, que há atividades que, em face da NATUREZA DO TRABALHO, fazem caracterizar a COVID-19 adquirida por um empregado como acidente de trabalho, a exemplo do trabalho desenvolvido pelos profissionais de saúde, incluindo aí os empregados das farmácias, já que a natureza do seu trabalho, no mínimo, os expõe ao risco do contágio, bem como com um empregado doméstico que, ao trabalhar em uma residência que continha algum membro da família infectado, testa positivo para o novo coronavírus, já que a natureza do seu trabalho favorece um contato direto com a doença, bem como ainda a exemplo de um entregador (motoboy) que adquire a doença durante o período em que estava como seu contrato de trabalho ativo, já que, igualmente, a natureza do seu trabalho favorece um contato direto com a doença.

Por outro lado, possível concluir, também a partir das regras de experiência comum subministradas pela observação do que ordinariamente acontece (art. 375 do CPC/2015), sendo irrelevante, pois, que o fato seja provado por empregado ou empregador, que há atividades que não expõem o empregado ao contágio ou permitem o contato direto com a doença em face da NATUREZA DO TRABALHO, mas, caso o façam, o fazem em razão do risco de contágio próprio do caráter geral da Pandemia da COVID-19, por exemplo, pode ser destacado o trabalho prestado por um frentista de um posto de gasolina, bem como o labor prestado por um empregado de um supermercado, com ainda no caso do trabalho prestado por um atleta profissional.

Nesses últimos casos, por força do art. 20, II, § 1°, *d*, da Lei n. 8.213/91, eventual contágio, pelo empregado, pelo novo coronavírus, não fará com que a doença adquirida (COVID-19) seja considerada acidente de trabalho, afinal, nesse caso, mesmo diante da decisão proferida pelo Plenário do STF, permanecerá o enquadramento como "doença endêmica adquirida por segurado habitante de região em que ela se desenvolva", ou seja, como um contágio decorrente da situação de Pandemia declarada pela Organização Mundial da Saúde – OMS e não decorrente da NATUREZA DO TRABALHO.

Não há como, contudo, exaurir todas as situações fáticas porventura existentes, de modo que, mesmo diante da decisão do STF, tendo em vista o disposto no art. 20, II, § 1°, *d*, da Lei n. 8.213/91, em especial a indeterminação jurídica do conceito da expressão "NATUREZA DO TRABALHO", a análise do caso concreto (a partir das regras de experiência comum subministradas pela observação do que ordinariamente acontece, bem como a partir das provas eventualmente produzidas) evidenciará se a COVID-19 se caracterizou como acidente de trabalho ou não, elemento de fundamental importância tanto para o campo previdenciário (eventual concessão de auxílio-doença acidentário, por exemplo, na forma do art. 61 da Lei n. 8.213/91) quanto para o campo trabalhista em sentido estrito (garantia de emprego de doze meses após a cessação do auxílio-doença acidentário), bem como, por fim, para o campo trabalhista em sentido amplo, aqui tratado sob a perspectiva da responsabilidade civil (para fins de eventuais indenizações que porventura possam ser devidas pelo empregador, na forma dos arts. 186, 187 e 927 do CC/2002).

5. CONCLUSÕES

Em síntese, pode ser concluído que:

a) É a natureza do trabalho que irá (como já se podia concluir antes do julgamento do STF) caracterizar (ou não), no caso concreto, a COVID-19 como acidente de trabalho;

b) a expressão "natureza do trabalho" prevista no art. 20, II, § 1º, *d*, da Lei n. 8.213/91 é um conceito jurídico indeterminado, que precisará, no caso concreto, ser preenchido pelo intérprete (por exemplo, o Juiz do Trabalho caso se depare com uma ação trabalhista dessa natureza), que analisará (a partir das regras de experiência comum subministradas pela observação do que ordinariamente acontece – art. 375 do CPC/2015 – e das provas produzidas pelas partes) se o trabalho desenvolvido por um determinado empregado, POR SUA NATUREZA, expôs o empregado ao contágio ou resultou em contato direto com a doença;

c) como forma de garantir aos sujeitos do processo a oportunidade de se desincumbir do encargo probatório que porventura recaia sobre si, é fundamental que o Juiz, antes do início da instrução (leia-se: em momento processual que permita que a parte produza as provas que entender necessárias), dê ciência às partes do seu entendimento, naquele caso concreto, acerca do fato do trabalho desenvolvido pelo empregado, POR SUA NATUREZA, ter exposto ou não o empregado ao contágio ou tenha resultado ou não em contato direto com a doença, de maneira que, inclusive, a parte em desfavor de quem milite a presunção possa, naquele caso concreto, produzir provas capazes de infirmar a presunção decorrente da natureza do trabalho desenvolvido pelo empregado.

A Utilização do Teletrabalho Durante a Pandemia da COVID-19

VANESSA ROCHA FERREIRA

FABIANA SABINO DE OLIVEIRA CEBOLÃO

1. INTRODUÇÃO

Em meados de janeiro de 2020, o mundo noticiou a chegada, na China, de um novo vírus potencialmente letal, definido pela Organização Mundial da Saúde (OMS) por Covid-19. Tal denominação ocorreu devido à junção de três significados: "corona", "vírus" e "doença", e o número 19 se deve ao ano de seu surgimento (2019), porém, popularmente, usam-se ambas as expressões para se referenciar a doença, tanto Covid-19 quanto coronavírus.

Com a rápida disseminação do vírus em todos os continentes, a OMS declarou o estado de pandemia e passou a recomendar o isolamento social para evitar a rápida propagação da doença, altamente contagiosa e transmitida pelo contato entre as pessoas. Em 26 de fevereiro de 2020 foi confirmado o primeiro caso de Covid-19 no Brasil.

Em consonância com as recomendações da OMS, o Governo Federal, por meio da Portaria do Ministério da Saúde nº 356/20 – Medidas de Enfrentamento à COVID-19 – e da Lei Federal nº 13.979/2020, passou a orientar o distanciamento social, para evitar aglomerações.

Isso tem motivado a implementação de diversas medidas para reduzir ou mesmo paralisar as atividades produtivas e econômicas não essenciais, em todos os estados da federação. Somente as atividades consideradas essenciais, nos termos do art. 3º do Decreto nº 10.282, de 20 de março de 2020, deveriam ser mantidas, pois, indispensáveis ao atendimento das necessidades inadiáveis da comunidade. Todas as demais atividades, não essenciais, passaram a respeitar os diversos decretos governamentais com restrições ao seu funcionamento, como forma de forçar o isolamento social.

Para tentar minimizar as consequências nefastas da paralização dessas atividades para a economia e para a sociedade, e também como forma de proteger os empregos e a atividade produtiva, diversas Medidas Provisórias (MP) vêm sendo editadas pelo Poder Público, por exemplo, a Medida Provisória nº 927, de 22 de março de 2020, que prevê medidas para o enfrentamento do estado de calamidade pública, reconhecido pelo Decreto Legislativo (DL) nº 6, de 20 de março de 2020.

Entre essas medidas, destaca-se a possibilidade de o empregador alterar unilateralmente o regime de trabalho de seu empregado, de presencial para o regime de teletrabalho, nos termos do artigo 4º da mencionada MP.

O presente artigo se propõe a analisar, ainda que brevemente, o uso do teletrabalho como alternativa à manutenção de empregos e renda durante o período da Pandemia da Covid-19, e os impactos dessa mudança de regime laboral na vida do trabalhador, considerando diversos aspectos, que vão desde a previsão legal do art. 75-A e ss. da CLT até aspectos práticos dessa modificação, como a necessidade de treinamento e qualificação desses trabalhadores, o espaço físico de trabalho e a infraestrutura necessária para o desempenho das atividades nessa modalidade de trabalho.

Metodologicamente, trata-se de uma análise teórico-normativa, que utiliza o método jurídico-dedutivo, para discutir os principais impactos da utilização do teletrabalho na atividade econômica e na vida dos trabalhadores.

O presente artigo encontra-se estruturado em cinco itens, sendo o primeiro esta introdução. O segundo faz uma breve análise do regime do teletrabalho no ordenamento jurídico brasileiro, tendo por base o regramento da CLT. O terceiro item voltado a analisar a opção de se colocar os trabalhadores em regime de teletrabalho como solução para o isolamento social. O quarto, discute, de maneira crítica, alguns aspectos da utilização do regime de teletrabalho em tempos de pandemia. Por fim, o último item apresenta as conclusões das autoras sobre o tema proposto.

2. O TELETRABALHO: CONCEITO E CARACTERIZAÇÃO

Apesar de já possuir previsão na CLT (art. 6º, parágrafo único) desde o advento da Lei nº 12.551/11, que passou a equiparar o trabalho realizado na sede da empresa e o realizado a distância, o teletrabalho só passou a ser melhor regulamentado no ordenamento jurídico brasileiro com o advento da Lei nº 13.467/17, conhecida com a Reforma Trabalhista, que acrescentou à CLT um capítulo intitulado "Do Teletrabalho", destinado a tratar desse novo regime de trabalho.

Definido no art. 75-B da CLT, o teletrabalho é reconhecido como sendo "[...] a prestação de serviços preponderantemente fora das dependências do empregador, com a utilização de tecnologias de informação e de comunicação que, por sua natureza, não se constituam como trabalho externo". (CLT, 1943)

Assim, o teletrabalho se traduz em uma nova modalidade de trabalho, que tem como uma de suas principais "[...] características o trabalho realizado preponderantemente fora da sede da empresa, de forma flexível e com a utilização de métodos telemáticos (telecomunicações e informática) [...]" (BRITO FILHO; FERREIRA, 2018, p. 176).

A CLT, em seus arts. 75-C e 75-D, trouxe algumas regras que precisam ser observadas quando da realização do teletrabalho. O art. 75-C exige que sejam especificadas, no contrato individual de trabalho, as atividades que o empregado nessa modalidade de trabalho realizará, bem como exige o mútuo acordo entre as partes para a sua implementação. Ademais, exige um intervalo mínimo de 15 dias para a transição do trabalho presencial para o trabalho na modalidade remota (e vice-versa).

No que tange à responsabilidade pela implementação dessa modalidade de trabalho, o art. 75-D da CLT previu que deve ser definido no contrato de trabalho de quem será a responsabilidade pelo custo da infraestrutura e dos equipamentos, acrescentando que tais utilidades não integram a remuneração do teletrabalhador.

Entre as regras que regulamentam essa modalidade de trabalho convém mencionar que a CLT também se preocupou com o meio ambiente laboral, pois determinou, no art. 75-E, que o empregador deverá instruir, expressa e ostensivamente, os seus empregados para evitar doenças e acidentes de trabalho, devendo o empregado assinar um termo de responsabilidade comprometendo-se a seguir as instruções fornecidas pelo empregador.

Uma vez caracterizado o teletrabalho, adentra-se na discussão sobre a compatibilidade dessa modalidade de trabalho com as medidas de restrição de circulação de pessoas que estão sendo implementadas pelos governos durante o período da Pandemia da Covid-19.

3. O TELETRABALHO COMO SOLUÇÃO PARA O ISOLAMENTO SOCIAL

Com o aumento da disseminação da contaminação pelo coronavírus, e com a recomendação da OMS de isolamento social, o Governo Federal buscou medidas alternativas para tentar minimizar os impactos da redução da circulação de pessoas na atividade econômica.

Para tanto, editou a Medida Provisória nº 927/20, que passou a prever diversas estratégias para o enfrentamento do estado de calamidade pública ocasionado pela Pandemia da COVID-19.

Entre as diversas medidas regulamentadas pela mencionada MP, destaca-se o art. 4º, que permite a alteração unilateral, a critério do empregador, do regime de trabalho presencial para a modalidade de teletrabalho (e vice-versa). Acompanhe:

> Art. 4º Durante o estado de calamidade pública a que se refere o art. 1º, o **empregador poderá, a seu critério, alterar o regime de trabalho presencial para o teletrabalho, o trabalho remoto ou outro tipo de trabalho a distância** e determinar o retorno ao regime de trabalho presencial, **independentemente da existência de acordos individuais ou coletivos**, dispensado o registro prévio da alteração no contrato individual de trabalho. (grifo nosso).

Verifica-se que o referido artigo modifica, em parte, o texto do art. 75-C, § 1º, da CLT. Como já fora explicitado, exige-se, sob a égide da legislação trabalhista, uma existência de mútuo acordo entre as partes para que haja a alteração do regime de trabalho. No entanto, justifica-se a posição do Poder Executivo, por intermédio da referida Medida Provisória, em permitir tal alteração de maneira unilateral, tendo em vista a necessidade de paralisação das atividades não essenciais.

Portanto, sob o foco de facilitar e desburocratizar essa transição do regime presencial de trabalho para o regime de teletrabalho, houve uma inovação no sentido de dispensar que essa mudança se procedesse de forma bilateral. Tal situação era esperada, na medida em que se frisa a necessidade de, primeiramente, haver distância entre o empregado e o empregador neste momento, e também como forma de aliviar o empregador, para que a transição ocorresse de maneira mais célere.

Conforme o que prevê o dispositivo acima, o teletrabalho deve ser realizado preponderantemente fora das dependências do empregador, permitindo que a atividade laboral seja desenvolvida a distância. No atual cenário, essa possibilidade corrobora com as recomendações que estão sendo feitas para a preservação da saúde da sociedade e do próprio trabalhador.

Observa-se que para a realização desse tipo de trabalho é necessário que o empregado conte com uma infraestrutura adequada para que as atividades sejam desenvolvidas, tais como um computador, tecnologias de informação e de comunicação, a depender das atividades, um *software* em particular, uma impressora, uma escrivaninha, entre outros, que podem variar de acordo com as particularidades de cada trabalho.

Como já evidenciado, o art. 75-D da CLT não estabeleceu quem arcará com os custos dessa infraestrutura, se limitando a dizer que deverá ser estabelecido no contrato escrito. A MP também tratou desse assunto, acertadamente, parece, corrigiu um problema ao determinar que caso o empregado não tenha como arcar com esse ônus, o empregador deverá fazê-lo. Acompanhe o que dispõe o § 4º do art. 4º da MP:

> § 4º Na hipótese de o empregado não possuir os equipamentos tecnológicos e a infraestrutura necessária e adequada à prestação do teletrabalho, do trabalho remoto ou do trabalho a distância:
>
> I – o empregador poderá fornecer os equipamentos em regime de comodato e pagar por serviços de infraestrutura, que não caracterizarão verba de natureza salarial; ou

> II – na impossibilidade do oferecimento do regime de comodato de que trata o inciso I, o período da jornada normal de trabalho será computado como tempo de trabalho à disposição do empregador.

Além do que fora mencionado, merece atenção o § 5º do art. 4º da MP 927/2020. Veja:

> § 5º O tempo de uso de aplicativos e programas de comunicação fora da jornada de trabalho normal do empregado não constitui tempo à disposição, regime de prontidão ou de sobreaviso, exceto se houver previsão em acordo individual ou coletivo.

De acordo com Souza Júnior *et al.* (2020, p. 67) "[...] a regra traduz uma obviedade, se se interpretá-la em função de um empregador razoável na distribuição de tarefas aos seus teleempregados". Em virtude de o regime de teletrabalho ser incompatível com a duração normal de oito horas da jornada de trabalho, conforme o exposto no art. 62, III, da CLT, aos mesmos não são aplicadas as regras que imponham limite acerca da duração do trabalho, como pagamento de horas extras, de sobreaviso ou de prontidão.

No entanto, o § 5º destacado acima excepciona tal pagamento quando houver previsão em acordo individual ou coletivo, ou se o empregador puder controlar a jornada de trabalho. Verifica-se essa possibilidade, a título exemplificativo, quando o trabalhador utiliza o sistema da empresa, que possui registro de data e hora, para realizar as suas atividades a distância, nesse caso, o empregador tem como controlar o horário em que o trabalhador inicia e finaliza a sua jornada, sendo possível o pagamento de hora extra.

A MP também autorizou, no art. 5º, a possibilidade da adoção do regime de teletrabalho, trabalho remoto ou trabalho a distância, para estagiários e aprendizes. De igual modo, justifica-se tal medida como mais uma forma de alcançar o isolamento social, distanciando esses estagiários e aprendizes do domicílio do empregador e possibilitando a realização de suas atividades a distância, além de proporcionar a manutenção dos estagiários e dos aprendizes em suas atividades.

Finalizadas tais observações acerca do regime de teletrabalho como solução para o isolamento social, parte-se para algumas ponderações sobre o uso dessa modalidade de regime de trabalho durante a Pandemia da COVID-19.

4. ALGUMAS CONSIDERAÇÕES SOBRE O USO DO TELETRABALHO EM TEMPOS DE PANDEMIA

O regime de teletrabalho é considerado moderno, contemporâneo, novo. Portanto, a sua incidência na vida do trabalhador ainda é alvo de diversos questionamentos acerca de seus aspectos positivos e negativos.

Conforme expõe Brito Filho e Ferreira (2018, p. 178), pode-se destacar como vantagens ao trabalhador, entre várias, primeiramente a proximidade com a família; melhor qualidade de vida, já que o empregado passa a estar mais em sua residência, não tendo que se deslocar diariamente para o trabalho, o que consequentemente evita o enfrentamento diário do trânsito; há uma diminuição de gastos, pois o trabalhador arca com até 6% do Vale Transporte; menos poluição; flexibilidade de horário, já que o obreiro consegue gerenciar suas atividades domésticas e laborais com mais organização e praticidade etc.

No entanto, as vantagens não se restringem tão somente ao empregado, mas ao empregador também são constatados pontos positivos na opção pelo regime de teletrabalho, como redução dos custos, na medida em que não haverá mais gastos com a alimentação do trabalhador, bem como há uma redução no espaço físico do local de trabalho, pois é menos um empregado que estará utilizando aquele local para exercer suas atividades. (BRITO FILHO; FERREIRA, 2018, p. 179).

Diversas são as críticas que têm sido feitas ao art. 4º da MP nº 297, porém, é preciso considerar que diante do atual cenário de crise (sanitária, econômica, social e política) ocasionado pela Pandemia da COVID-19, o uso do teletrabalho é bastante coerente com as recomendações de isolamento social, pois permite que os trabalhadores realizem o seu trabalho de um ambiente considerado seguro. Exatamente por esse motivo que alguns fatores precisam ser considerados.

Primeiramente, discute-se a possibilidade da implementação do teletrabalho unilateralmente pelo empregador, especialmente porque a CLT prevê em seu art. 75-C, § 1º, a necessidade de que essa alteração ocorra por mútuo consentimento das partes. Como já mencionado no item anterior, trata-se de um momento excepcional que demanda a necessidade de uma imediata adaptação da atividade laboral. Diante das recomendações de isolamento social e suspensão das atividades não essenciais, a mudança do regime de trabalho presencial para o regime de teletrabalho, na verdade, é uma tentativa do Poder Público de manutenção dos postos de trabalho, na medida em que os trabalhadores, embora não possam realizar o seu trabalho presencialmente, podem fazê-lo em regime de teletrabalho.

É importante mencionar que a MP não exigiu o mútuo consentimento, como exige a CLT, porque não há outra forma de o empregado prestar o serviço.

Outro ponto diz respeito ao prazo de adaptação da mudança, pois o § 2º do art. 4º da MP prevê que o empregador notificará o empregado com uma antecedência mínima de 48 horas, enquanto a CLT prevê em seu art. 75-C, § 2º um prazo de 15 dias para essa transição.

O ponto a ser questionado aqui se refere à razoabilidade do lapso temporal estabelecido pela MP, pois há uma necessidade de preparo e organização prévia para a realização das atividades laborais em um novo ambiente laboral.

Pois bem. Embora o prazo de 48 horas seja exíguo, essa mudança também se justifica em prol da saúde pública, pois visa uma rápida reinserção do trabalhador em sua atividade produtiva, tentando minimizar ao máximo os prejuízos econômicos ocasionados à atividade empresarial. Note-se que não se trata de uma simples alteração unilateral maléfica ao trabalhador, mas sim de uma medida de enfrentamento da crise para a manutenção dos postos de trabalho.

Ademais, como já mencionado, o art. 4º, § 4º, da referida MP, estabelece que, caso o empregado não possua os equipamentos para a realização do trabalho nessa modalidade, o empregado poderá fornecê-los, em regime de comodato e pagar pela estrutura necessária para a realização das atividades laborais no domicílio do empregado. Essa previsão, agiliza o início das atividades daquele trabalhador que teve o seu regime de trabalho modificado, já que o tempo necessário para a adaptação poderia ser um empecilho ao início das atividades em um lapso temporal tão curto.

Ainda que o empregador forneça os equipamentos e infraestrutura necessários ao trabalho, é bem verdade que sempre existe a possibilidade de o trabalhador não conseguir se adequar a esse regime laboral, seja porque a sua residência não tem um espaço físico mais reservado, ou porque a casa é pequena e o contato com os familiares pode interferir em sua concentração, impedindo ou dificultando a realização das suas atividades, ou, ainda, por não ter espaço necessário para que seja instalada a estrutura de trabalho. Mesmo diante dessas dificuldades que podem ser verificadas no caso concreto, é preciso que se entenda que essa medida – implementação do teletrabalho com alternativa ao trabalho presencial – visa, basicamente, resolver um problema ocasionado pela situação emergencial que se instalou com a Pandemia.

Dessa forma, o regime de teletrabalho se mostra perfeitamente compatível com o momento vivenciado pela sociedade, ainda que relativize alguns preceitos legais, pois é necessário, diante da situação de urgência, adequar algumas regras laborais às peculiaridades que o momento exige, desde que os direitos básicos do trabalhador sejam resguardados.

5. CONSIDERAÇÕES FINAIS

O uso do teletrabalho, já difundido na sociedade por conta do avanço da globalização e das tecnologias da informação, ganha um papel bastante relevante durante o período da Pandemia da COVID-19, exatamente porque permite a manutenção de postos de trabalho, ao mesmo tempo que facilita as determinações de isolamento social e redução das atividades não essenciais.

Ainda que se verifiquem diversas críticas no âmbito do Direito do Trabalho acerca das modificações no regime de teletrabalho à luz da Medida Provisória nº 927/2020, faz-se necessário ter em mente que o propósito da referida MP é evitar que as empresas – que não podem continuar com atividade econômica presencialmente – precisem dispensar seus funcionários, acarretando numa demissão em massa e aumento da taxa de desempregos no Brasil, o que atinge diretamente diversos segmentos importantes do país, tal como a economia, desestabilizando-a.

Portanto, ainda que se tenha pontuado no presente trabalho que essas modificações podem vir a eventualmente causar algum prejuízo ao trabalhador, ao ter que adaptar, por exemplo, a sua residência como seu local de trabalho, conforme dito rapidamente no tópico anterior, faz-se fundamental explicitar que se trata de uma medida de manutenção do trabalho, de caráter excepcional, com o justo fim de se evitar um mal maior, que seria o fechamento do posto de trabalho, dado a impossibilidade momentânea do trabalho presencial.

Ademais, não se verifica um abrandamento desleal da legislação trabalhista diante da nova regulamentação da MP, visto que ao trabalhador ainda é conferido – e sempre será – o cumprimento e respeito de suas garantias fundamentais e individuais.

Dessa forma, resta válida a tentativa do Governo Federal de dar soluções à orientação de isolamento e distanciamento social, fazendo uso do teletrabalho como mecanismo a contribuir com a queda da curva de contaminação do coronavírus e permanência dos empregados em seus postos de trabalho, evitando, assim, demissões em massa e aumento do número de desempregados no Brasil.

Reitera-se, mais uma vez, que o atual momento é delicado e exige uma medida que seja tanto de prevenção da saúde pública como de conservação do emprego e da economia do Brasil, o qual não sobrevive nem sem um, nem sem o outro. Assim, o uso do teletrabalho como alternativa que visa solucionar o atual momento de Pandemia que o mundo está inserido é viável, na medida em que mantém a renda dos trabalhadores, como também possibilita um maior cumprimento do distanciamento social, sendo certo que muitas empresas "descobriram" essa nova modalidade de trabalho e poderão passar a adotá-la mesmo após a pandemia, haja vista que, em diversos casos, será bastante benéfica tanto para o empregador (dada a possibilidade de diminuição dos custos de manutenção do estabelecimento, como água, energia elétrica etc.) como também para o empregado, que poderá ter um decréscimo no seu custo de deslocamento, ao mesmo tempo que poderá passar mais tempo em seu ambiente familiar.

REFERÊNCIAS

BRASIL. **Consolidação das Leis Trabalhistas (CLT), de 13 de julho de 2017.** Disponível em: http://www.planalto.gov.br/ccivil_03/_ato2015-2018/2017/lei/l13467.htm. Acesso em: 21 abr. 2020.

BRASIL. **Constituição Federal de 1988.** Promulgada em 5 de outubro de 1988. Disponível em http://www.planalto.gov.br/ccivil_03/constituicao/constituição.htm. Acesso em: 21 abr. 2020.

BRASIL. **Medida Provisória nº 927**, de 22 de março de 2020. Dispõe sobre as medidas trabalhistas para enfrentamento do estado de calamidade pública reconhecido pelo Decreto Legislativo nº 6, de 20 de março de 2020, e da emergência de saúde pública de importância internacional decorrente do coronavírus (covid-19), e dá outras providências. Disponível em: http://www.planalto.gov.br/ccivil_03/_Ato2019-2022/2020/Mpv/mpv927.htm. Acesso em: 23 mar. 2020.

BRASIL. Ministério da Saúde. Gabinete do Ministro. **Portaria n. 356 de 11 de março de 2020.** Diário Oficial da União, Brasília, DF, 12 mar. 2020. Disponível em: http://www.in.gov.br/web/dou/-/portaria-n-356-de-11-de-marco-de-2020-247538346. Acesso em: 20 abr. 2020.

BRASIL. **Lei nº 13.979 de 06 de fevereiro de 2020**. Diário Oficial da União, Brasília, DF, 07 fev. 2020. Disponível em: http://www.in.gov.br/en/web/dou/-/lei-n-13.979-de-6-de-fevereiro-de-2020-242078735. Acesso em: 20 abr. 2020.

BRASIL. **Lei nº 10.282 de 20 de março de 2020**. Regulamenta a Lei nº 13.979, de 6 de fevereiro de 2020, para definir os serviços públicos e as atividades essenciais. Diário Oficial da União, Brasília, DF, 20 mar. 2020. Disponível em: http://www.normaslegais.com.br/legislacao/decreto-10282-2020.htm. Acesso em: 22 abr. 2020.

BRITO FILHO, José Claudio Monteiro de; Ferreira, Vanessa Rocha. A regulamentação do teletrabalho no ordenamento jurídico brasileiro e a reforma trabalhista. *In*: MARTINEZ, Luciano; BOUCINHAS FILHO, Jorge; EÇA, Vitor Salino de Moura (org.). **A reforma trabalhista na visão da Academia Brasileira de Direito do Trabalho**. Porto Alegre: LexMagister, 2018. v. 1, p. 176-185.

FONSECA, Rodrigo Dias da; SALES, Cleber Martins. **Comentários à Medida Provisória nº 927, de 22 de março de 2020**: análise artigo por artigo. São Paulo: Tirant lo Blanc, 2020.

NUNES, Talita Camila Gonçalves. **A precarização no teletrabalho**: escravidão tecnológica e impactos na saúde física e mental do trabalhador. Belo Horizonte: RTM, 2018.

SOUZA JÚNIOR, Antonio Umberto de; GASPAR, Danilo Gonçalves; COELHO, Fabiano; MIZIARA, Raphael. **Medida provisória 927/2020:** comentada artigo por artigo. São Paulo: Revista dos Tribunais, 2020.

Alternativa Virtual ao Isolamento Social: Aspectos do Teletrabalho em Tempos de Pandemia

Platon Teixeira de Azevedo Neto

Carolina Vieira de Oliveira

1. INTRODUÇÃO

A definição de teletrabalho trazida pela Reforma Trabalhista de 2017 acabou sendo alargada pela Medida Provisória 927/2020[1], por uma questão de necessidade temporária. Enquanto a CLT, na redação dada pela Lei n.º 13.467/2017, considerava o teletrabalho como a prestação de serviços *preponderantemente* fora das dependências do empregador, a medida provisória editada durante a pandemia do coronavírus, acima citada, ampliou a possibilidade de realização de teletrabalho, ou mesmo de trabalho remoto ou outro tipo de trabalho a distância, para se permitir ser feito *totalmente* fora das dependências do empregador. Isso porque a exigência de isolamento social fazia com que as pessoas evitassem deslocamento e aglomeração em quaisquer locais, incluindo dentro da empresa, a fim de impedir ou simplesmente retardar o contágio, de modo que não houvesse um colapso do sistema hospitalar.

Com isso, a MP 927/2020 reduziu as formalidades para a transição do regime presencial de labor para o teletrabalho. Enquanto a CLT exigia bilateralidade na alteração para o teletrabalho, a MP 927 (que prevalece durante a sua vigência), facultou ao empregador a mudança, independentemente de acordos individuais ou coletivos, dispensando inclusive registro prévio da alteração no contrato de trabalho (art. 4º da Medida Provisória).

---

1 Publicada em 22 de março de 2020.

A alternativa do teletrabalho, se bem utilizada, é bastante salutar. A continuidade da prestação de serviços por esse regime (agora praticamente apenas na modalidade de *home office*, pois o uso de telecentros, *lan houses* etc., não são recomendados) garante produtividade e salva empregos, sempre que possível valer-se dele. Sabe-se que nem todas as atividades são possíveis de serem realizadas por *home office*. E mesmo em algumas possíveis, a produtividade acaba sendo reduzida pela demanda prejudicada em tempos de pandemia. Porém, existem algumas atividades em que o teletrabalhador acaba sendo mais demandado, seja por aumento temporário da demanda, seja por problemas de gestão, escancarados pelo improviso do teletrabalho forçado.

Essa abrupta mudança para o teletrabalho, sem preparação prévia na maioria dos casos, se por um lado pode ser uma viável solução para manutenção dos empregos ou para evitar a suspensão do contrato (mesmo sendo possível a redução de jornada e de salário), por outro pode trazer sérios problemas para a saúde física e mental do teletrabalhador. A medida provisória não cuidou da questão do meio ambiente laboral, continuando a prevalecer o disposto no artigo 75-E da CLT, que impõe apenas ao empregador que instrua, de modo expresso e ostensivo, quanto às precauções a tomar a fim de evitar doenças e acidentes de trabalho, bastando ao empregado assinar termo de responsabilidade comprometendo-se a seguir as instruções.

Considerando que muitos (quiçá todos) foram pegos de surpresa e levados a fórceps ao teletrabalho, certamente não houve tempo hábil de preparar uma adequada instrução aos empregados. Fosse o período de isolamento curto, os problemas poderiam ser diminutos. No entanto, a necessidade de afastamento se prolongou, e mesmo quando houver o retorno às atividades normais, pode acontecer de muitos empregados ainda permanecerem em teletrabalho, por motivos diversos (conveniência, boa adaptação, diminuir custos empresariais, entre outros).

Estamos, assim, diante de uma tragédia anunciada. A alteração brusca para o teletrabalho não permitiu os devidos cuidados com a ergonomia no novo ambiente de trabalho, a devida preparação para evitar-se invasões de privacidade e os cuidados para a separação das questões pessoais do trabalho, o que pode gerar sérios problemas. Ademais, surgem outras dificuldades, como gestões sindicais, dificuldades para organizar greves, falta de pertencimento, com tendências a transtornos psicológicos.

Além disso, conflitos podem surgir entre patrão e empregado no tocante à responsabilidade pela aquisição, manutenção e fornecimento de equipamentos tecnológicos e infraestrutura necessária à adequada prestação do trabalho, pois tanto a MP 927 quanto a Lei n.º 13.467/2017 concederam ampla liberdade às partes para estabelecerem responsabilidade quanto aos custos para execução do teletrabalho, bastando que os termos estejam previstos em contrato. Todavia, sabe-se que o obreiro, premido por manter o emprego, mais ainda durante a situação de pandemia do novo coronavírus, pode acabar aceitando condições extremamente prejudiciais. Não se pode, assim, conceber que o empregado seja obrigado a adquirir equipamentos para a execução do trabalho e a custear aumento de velocidade de internet ou majorar despesas domésticas sem que haja contrapartida patronal, sob pena de ferir o disposto no artigo 9º da CLT e contrariar o disposto no artigo 2º do texto celetista ao impor a assunção dos riscos da atividade econômica.

De todo modo, nessas breves linhas vamos concentrar nossa preocupação em relação à saúde do teletrabalhador. É o que trataremos a seguir.

2. LAR DOCE ESCRITÓRIO: REFLEXOS DO *HOME OFFICE* NA SAÚDE E NA CONVIVÊNCIA FAMILIAR DO EMPREGADO

2.1. Direito de desconexão

O período pré-pandemia trouxe aos olhos um cenário de casas vazias durante o dia e empresas cheias de trabalhadores. Completaram-se as primeiras décadas do século XXI com a realidade de obreiros cada vez mais afastados de seus lares, cumprindo jornadas extenuantes que transformaram, muitas vezes, moradias em dormitórios. Domicílio profissional tornara-se residência oficial.

Contudo, com o decorrer do tempo, houve o surgimento de novas conjunturas laborais, fazendo despontar figuras como o teletrabalho, que literalmente transformara casas em escritórios na sua versão *home office*.

No tempo presente, a realidade da pandemia do novo coronavírus, porém, fez o teletrabalho, que para muitos ainda era novidade, passar da exceção à regra. Pode-se entoar agora o bordão: "lar doce escritório". Em uma caminhada inesperada, o isolamento social provocou um novo regresso dos trabalhadores: a marcha para as casas.

Seja para os trabalhadores antes habituados a não permanecerem em suas habitações – afastados de seus lares e do convívio social pelas excessivas jornadas laborais –, seja para os teletrabalhadores, um assunto que se destaca é a violação ao direito de desconexão. Consiste tal direito em construção doutrinária recente. É desdobramento do direito à saúde, ao lazer e ao não trabalho, sendo compreendido como o direito à convivência familiar, ao descanso e à realização de experiências livres das cotidianas obrigações, sendo direito social de todos os trabalhadores. É, literalmente, o direito do empregado de desconectar-se do trabalho, englobando a limitação adequada de jornadas, bem como o direito de não ser interrompido em seus momentos de descanso com *e-mails*, notificações no *Whatsapp*, ligações telefônicas, entre outros meios. Embora não possuindo tutela específica pela legislação brasileira[2], sua regulamentação e aplicação judicante faz uso de dispositivos e princípios constitucionais, tais como a proteção à dignidade da pessoa humana (art. 1º, inciso III, CRFB), à vida social, à saúde, à intimidade, ao lazer (especialmente no art. 217, § 3º, CRFB), além da limitação à jornada de trabalho.

2 Diga-se de passagem, algumas normas alienígenas começam a regular a matéria, a exemplo da França, que positivou a matéria com a inclusão do § 7º ao artigo L.2242-8 do Código de Trabalho Francês, pela LOI nº 2016-1088, de 08 de agosto de 2016.

A realidade de retorno aos lares por meio do teletrabalho não implicou garantia a tal direito, infelizmente. Pior. Pode resultar em maior transgressão ao direito de desconexão. Talvez não num primeiro momento, em que a atividade econômica está bastante desacelerada. Mas certamente para aqueles que permanecerem nessa condição após o reinício das atividades.

Chega-se a afirmar que já existe uma escravidão tecnológica, tendente a se agravar com o fim da pandemia. A realidade atual aponta para diversas condutas empresariais limitadoras da liberdade do empregado causadoras de ansiedade por falta de serviço, mas com proibição de se ausentar do terminal do computador, inexistência de exercício físico com aumento de obesidade, dificuldades de lidar com as necessidades de atenção por parte dos parentes (principalmente para aqueles que têm filhos), ausência de treinamento adequado, além de meios telemáticos que prendem o teletrabalhador ao teclado, comunicando e registrando o ritmo de trabalho (NUNES, 2018, p. 228).

Observando a legislação celetista quanto ao teletrabalho, inserida pelo legislador reformista, esta passou a prever de forma expressa, em seu art. 62, inciso III, a não abrangência dos empregados em regime de teletrabalho pelo regime de jornada de trabalho prevista em seu Capítulo II. Isso importa dizer ser possível no teletrabalho a ausência de controle de jornada, configurando risco enorme à saúde do teletrabalhador. Rafael Karan, sobre o tema, afirma:

> Se o trabalhador está em casa, longe dos tradicionais modelos fordistas industriais, como irá o empregador, ou algum órgão de fiscalização, verificar se o empregado está sofrendo alguma doença? Como o trabalhador irá "faltar" ou não se conectar ao trabalho algum dia? Poderá estar trabalhando em horário noturno, doente, em ambiente insalubre, em jornadas dilatadas, e não se poderá verificar essas condições, simplesmente por não saber onde esse trabalhador está (KARAN, 2013).

Por sua vez, Almeida aduz que o obreiro acabava por ter sua energia sugada dentro de sua própria casa, "longe dos olhos" de quem dela se beneficia, acabando por ver negado, também, o direito à remuneração extraordinária pela jornada suplementar, haja vista a ausência do controle de sua jornada. Além disso, "acaba por 'contaminar' seu ambiente doméstico com questões ligadas ao trabalho, perdendo, muitas vezes de forma definitiva, a possibilidade de desconexão" (ALMEIDA, 2016, p. 50).

Como é possível observar, os maiores riscos ao trabalhador no regime de teletrabalho dizem respeito à precarização no controle da jornada. Sob este condão, o trabalhador pode estar sendo submetido a jornadas excessivas e à conexão constante, para atender às demandas de produtividade das quais é exigido. O distanciamento típico das regras de saúde e segurança dos trabalhadores em regime de teletrabalho, seja por falta de informação, seja por dificuldade de fiscalização pelo empregador e pelos órgãos de fiscalização, também é impasse que se põe como problemática.

Em tempos de pandemia do novo coronavírus – ressalte-se, uma pandemia de magnitude incomparável para todos aqueles que viveram após a vulgarmente chamada "gripe espanhola", de 1918 –, a concreção do direito de desconectar-se parece ainda mais complexa. É o ineditismo de uma doença mundial em meio a uma sociedade extremamente globalizada, tecnológica e informada. Nessa sociedade, o labor virtual, por meio da rede de computadores, e a substituição do empregado-pessoa pelo empregado-avatar é nada mais do que natural (conquanto não recomendada, por óbvio). Nesse diapasão, o teletrabalho mostra-se como uma alternativa evidente, em que residem os riscos de sua regulação imperfeita.

Neste cenário de calamidade pública, em que, nos moldes da Medida Provisória nº 927/2020, o teletrabalho apresenta-se não como uma opção acordada entre empregador e empregado, mas como uma alternativa de escolha unilateral do empregador, impõe desafios ainda maiores às partes da relação capital-trabalho. Algumas empresas têm mantido suas atividades praticamente pelo trabalho dos empregados em seus domicílios.

A MP 927, ao regulamentar o teletrabalho como alternativa ao longo do estado de calamidade pública, remete o tema da jornada, em seu art. 4º, § 1º, ao já citado art. 62, inciso III, da Consolidação das Leis do Trabalho, reafirmando a ausência do controle de jornada dos trabalhadores submetidos a esse regime de trabalho durante o isolamento social.

A respeito da ausência de controle de jornada, asseveram os Enunciados 21 e 22, aprovados pela 2ª Jornada de Direito Material e Processual do Trabalho realizada pela ANAMATRA e outras entidades em 2017:

> 21. TELETRABALHO. CONTROLE DE JORNADA. Reforma Trabalhista. Art. 62, inciso III/CLT. Controle efetivo da jornada. Nos casos em que for possível o acompanhamento ou controle indireto da jornada de trabalho pelo empregador, ainda que por meios informatizados ou telemáticos, o princípio do contrato realidade impõe a interpretação do dispositivo em epígrafe de acordo com o disposto no art. 7º, inciso XIII, da CF/88, art. 7º, "d" do PIDESC e art. 7º, "g", do Protocolo de San Salvador, garantindo ao trabalhador o direito às horas extras trabalhadas.
>
> 22. O TELETRABALHO E O ART. 62 DA CLT. DIREITO COMPARADO E MUTAÇÃO CONSTITUCIONAL Art. 62 da CLT. Inconstitucionalidade por mutação do art. 7º, XIII, da CF/88. Teletrabalho. Deturpação da fonte de Direito Comparado. I. O art. 62 da CLT é definitivamente inconstitucional, face à mutação causada pelas terceira e quarta fases da revolução tecnológica, que, arrastando os incisos I e II, universalizaram o trabalho "normal" e ampliaram o alcance do art. 7º, XIII, da carta republicana, caracterizando todas as atividades laborais, sem exceção, como suscetíveis a controle de jornada. II. O inciso III do art. 62 da CLT desvirtua o escopo do Código de Trabalho português, fonte de direito comparado da qual se origina a disciplina brasileira do teletrabalho, gerando conflito com o caput e o parágrafo único do art. 6º da CLT, a ser dirimido à luz do princípio da norma mais favorável ao trabalhador.

Dos enunciados, dessume-se a necessidade de uma interpretação conforme a Constituição do art. 62, inciso III, da CLT. O controle de jornada é um dos meios mais efetivos para concretizar a desconexão do trabalhador em regime de teletrabalho. Ainda mais diante deste contexto de pandemia do novo coronavírus. O afluxo dos empregados às suas casas, por escolha do empregador, que se coloca quase que como uma imposição àquele que não quer perder seu emprego e que tem de lidar com preocupações paralelas ao medo do vírus, tem obrigado os obreiros a uma rápida adaptação, diante de uma rotina totalmente nova e, por vezes, desafiadora.

É possível ainda que muitas horas trabalhadas fiquem sem a remuneração devida, caso o trabalhador use aplicativos para o trabalho em meio às suas atividades pessoais corriqueiras, na esteira do art. 4º, § 5º, da Medida Provisória nº 927/2020, que impede a contagem do tempo de uso de aplicativos e programas de comunicação fora da jornada de trabalho normal do empregado, salvo disposto em norma coletiva.

A pandemia impõe que fiquem em casa pais, cônjuges, filhos e avós. O escritório, a sala de aula e a academia de ginástica passam a se confundir. O cuidado com os parentes (sobretudo aqueles integrantes do grupo de risco) ganha enorme proporção. Os hábitos – antes externos – de todos os integrantes da família concentram-se agora dentro do lar. E isso, obviamente, deve determinar que o direito de desconexão dos trabalhadores seja efetivado em seu maior grau.

Não se pode admitir que as empresas utilizem do disposto no art. 4º, § 5º, da MP 927 para impedir o descanso do empregado, abusando de contatos por mensagens, *e-mails* e outras formas de comunicação para impor metas desproporcionais. Tal conduta compromete a saúde física e mental do empregado.

Certo é que o controle de jornada do teletrabalhador, nesses tempos de pandemia, torna-se a medida mais apropriada para se garantir a desconexão do empregado. Existem empresas que utilizam sistema adequado de controle, por meio de *login* e *logoff* que permitem contabilizar a jornada, incluindo os intervalos. De tal modo, maximiza-se a possibilidade de limitação da jornada de trabalho, direito constitucionalmente garantido pelo art. 7º, XIII, da CRFB, indistintamente a qualquer trabalhador. Ao mesmo passo em que o controle de jornada é essencial, a fiscalização e o controle virtual devem pautar-se pelo respeito ao direito de privacidade.

A violação ao direito de desconexão pode ser resultado de conduta específica, qual seja, o assédio moral eletrônico, que vem sido destacado pela doutrina como teleassédio. Tais condutas, especialmente em tempos de pandemia, podem vir a incrementar problemas à saúde mental do trabalhador, ocasionando doenças ocupacionais. Discussões que serão travadas nos próximos subtópicos.

2.2. Teleassédio moral (assédio moral eletrônico)

No regime de teletrabalho, como destacou-se, os maiores riscos ao direito de desconexão do trabalhador dizem respeito à precarização no controle de jornada, seja por sua ausência, seja pela extrapolação de seus meios, com monitoramento e controle diuturno, bem como a imposição vexatória de execução de metas desproporcionais. Especificamente quanto a esse tipo laboral, hoje se configura novo instituto, conhecido como "Teleassédio Moral". Conforme Pancheri:

> O teleassédio moral faz-se mediante constrangimento eletrônico cujos exemplos principiam desde o monitoramento diuturno dos computadores utilizados pelo teletrabalhador até mensagens eletrônicas humilhantes, cobranças vexatórias de metas e quaisquer outros estratagemas de terror psicológico que dispensam a presença física imediata do assediador no ambiente laboral da vítima (PANCHERI, 2018).

Condutas como a ora evidenciadas violam a esfera da dignidade do trabalhador, causando-lhe danos físicos e psicológicos. Conforme Nunes, a fiscalização desmesurada do teletrabalhador pode gerar restrições, que agridem a sua liberdade e prejudicam o convívio familiar. Isso tudo mediante o uso da tecnologia telemática sem freios, distanciando o teletrabalhador do valor social do trabalho e da dignidade humana legalmente assegurados (NUNES, 2016, p. 185).

Per si, o teletrabalho apresenta-se como uma inovação desafiadora, principalmente no que tange à possibilidade de condutas atentatórias à dignidade do trabalhador, como o teleassédio moral. A pandemia de coronavírus traz à tona uma realidade inédita aos empregadores e empregados, exigindo uma adaptação e uma preparação para um novo tipo de produtividade. Ao mesmo passo em que o controle de jornada é essencial, a fiscalização e o controle virtual devem pautar-se no respeito ao direito de privacidade, intimidade e honra do trabalhador.

Caso sejam verificadas condutas desproporcionais, como cobranças excessivas, monitoramento diuturno dos computadores dos empregados, para além das atividades laborais e controle de produtividade exacerbado, pode configurar-se o teleassédio moral ou assédio moral eletrônico, passível de reparação por danos extrapatrimoniais.

2.3. Síndrome de *Burnout*

A pressão por cumprimento de metas, por maior produtividade e o acirramento da competitividade têm, nas últimas décadas, levado ao surgimento de uma condição clínica denominada Síndrome de *Burnout*. Traduzindo literalmente, o termo significa "queimar até a chama esvanecer", como algo que vai sendo consumido até a exaustão total. Tal terminação foi desenvolvida na década de 1970 nos Estados Unidos por Freunderberger, psicólogo que o abordara segundo viés clínico, descrevendo o *burnout* como "(...) um estado de esgotamento físico e mental, cuja causa está intimamente ligada à vida profissional", posteriormente acrescentando à sua definição "comportamentos de fadiga, tristeza acentuada, irritabilidade, aborrecimento, perda de motivação, sobrecarga de trabalho, rigidez e inflexibilidade" (FREUDENBERGER, 1974).

Atualmente, a definição mais aceita sobre *burnout* se enquadra na teoria de Christina Maslach, psicóloga americana, sucessora dos estudos de Freunderberger, que adotou uma perspectiva psicossocial sobre o tema. Segundo Maslach, "a síndrome de *burnout* é um fenômeno psicossocial que ocorre como resposta crônica aos estressores interpessoais advindos da situação laboral, uma vez que o ambiente de trabalho e sua organização podem ser responsáveis pelo sofrimento e desgaste que acometem os trabalhadores" (MALASCH, 1982, p. 89).

A Síndrome de *Burnout* está enquadrada na Classificação Internacional de Doenças, Revisão nº 10, publicada pela Organização Mundial da Saúde como problema relacionado com a organização de seu modo de vida. A Classificação Internacional de Doenças, Revisão nº 11, que entrará em vigor em 2022, conceitua o *burnout* como resultante do estresse crônico no local de trabalho que não foi gerenciado com sucesso.

Esse grau de esgotamento é bastante possível de se verificar no teletrabalho realizado em tempos de pandemia. O estado de calamidade pública vivenciado, em si, é propulsor de esgotamento físico e mental dos trabalhadores. A não observância ao direito de desconexão destes intensifica os estressores verificados no período de quarentena, podendo vir a gerar doenças ocupacionais, sendo devido benefício previdenciário acidentário e igualmente reparação por danos morais, caso ocorra.

2.4. Direito à privacidade e intimidade

Conforme outrora afirmado, ao mesmo passo em que o controle de jornada é essencial ao teletrabalho, a fiscalização e o controle virtual devem pautar-se no respeito ao direito de privacidade e à intimidade do trabalhador, direitos de personalidade constitucionalmente assegurados. Por vezes entendidas com o mesmo conceito, privacidade e intimidade possuem diferenciações. Sobre as distinções, Maria Helena Diniz assim esclarece:

> A privacidade não se confunde com a intimidade, mas esta pode incluir-se naquela. Por isso a tratamos de modo diverso, apesar de a privacidade voltar-se a aspectos externos da existência humana – como recolhimento na própria residência sem ser molestado, escolha do modo de viver, hábitos, comunicação via epistolar ou telefônica etc. – e a intimidade dizer respeito a aspectos internos do viver da pessoa, como segredo pessoal, relacionamento amoroso, situação de pudor etc. (DINIZ, 2013, p. 136)

O uso da tecnologia em benefício do teletrabalho não pode significar ônus danoso à privacidade e à intimidade do empregado, tampouco servir de meio de controle inesgotável pelo empregador. A fuga ao teletrabalho proporcionada pela pandemia de coronavírus impõe uma rápida adaptação aos novos teletrabalhadores e aos empregadores. Muitos empregados necessitam do adequado treinamento para lidar com as tecnologias de informação, para que não haja exposição de suas vidas íntimas, como costuma ouvir-se dizer de alguém que foi "flagrado pela *webcam*" em trajes inadequados ou em situações inapropriadas. Igualmente, os empregadores não podem usar de seu poder diretivo para terem acesso à vida íntima, a e-*mails* pessoais dos empregados, monitoramento diuturno e controle total da rotina sob o pretexto de fiscalização laboral.

Apesar de haver uma lacuna legislativa quanto à fiscalização das condições do ambiente laboral no teletrabalho, o enunciado extraído da 2ª Jornada de Direito Material e Processual do Trabalho realizado em 2017 pela ANAMATRA e outras entidades assim dispõe:

> 83 – TELETRABALHO. CONTROLE DOS RISCOS LABOR-AMBIENTAIS. O regime de teletrabalho não exime o empregador de adequar o ambiente de trabalho às regras da NR-7 (PCSMO), da NR-9 (PPRA) e do artigo 58, § 1º, da Lei 8.213/91 (LTCAT), nem de fiscalizar o ambiente de trabalho, inclusive com a realização de treinamentos. Exigência dos artigos 16 a 19 da convenção 155 da OIT. (Enunciado nº 1 da Comissão 6).

Essa fiscalização jamais pode se dar de modo a violar a intimidade e privacidade do empregado, direito assegurado pelo art. 5º, inciso X, da Constituição Federal. O Direito Português trata da proteção ao direito de privacidade do teletrabalhador, quando enuncia, no art. 170 do Código do Trabalho:

> Privacidade de trabalhador em regime de teletrabalho 1 – O empregador deve respeitar a privacidade do trabalhador e os tempos de descanso e de repouso da família deste, bem como proporcionar-lhe boas condições de trabalho, tanto do ponto de vista físico como psíquico. 2 – Sempre que o teletrabalho seja realizado no domicílio do trabalhador, a visita ao local de trabalho só deve ter por objeto o controlo da atividade laboral, bem como dos instrumentos de trabalho e apenas pode ser efetuada entre as 9 e as 19 horas, com a assistência do trabalhador ou de pessoa por ele designada. 3 – Constitui contraordenação grave a violação do disposto neste artigo.

Dispositivos como o supracitado, por força do art. 8º da CLT, devem ser fonte apta a tutelar o direito de privacidade do teletrabalhador pela omissão legislativa interna. Nessa esteira, o chamado "Quarteto Trabalhista" defende que o Direito do Trabalho permanece com seus alicerces fixados no *caput* do art. 8º da CLT, que inclui o direito comparado como fonte subsidiária para a solução de lacunas (SOUZA JÚNIOR *et al.*, 2018, p. 14-15), como a que ora se apresenta.

Assim, deve-se assegurar aos empregados habituais de tal regime e àqueles teletrabalhadores temporários da pandemia a respectiva reparação por danos morais em caso de violação de sua privacidade e intimidade, por se tratar de direitos da personalidade. O uso de tecnologias da informação e meios telemáticos jamais podem distanciar o teletrabalhador da dignidade humana e do valor social do trabalho.

3. TELETRABALHO DO HOJE E DO AMANHÃ: PERSPECTIVAS E PROSPECTIVAS

O teletrabalho destaca-se entre as alternativas apontadas pela Medida Provisória nº 927/2020 para enfrentamento dos efeitos econômicos decorrentes do estado de calamidade pública e para preservação do emprego e da renda (e diga-se, de passagem, apesar de todos os problemas, uma alternativa positiva, se bem utilizada, melhor do que a suspensão do contrato ou a simples demissão).

Um estudo da sociedade empresária de Monitoramento de Mercado e Consumo Hibou e da plataforma de dados "Indico", com 2.400 entrevistados em todo o país, revela que, durante a pandemia, 59,9% dos brasileiros estão trabalhando em *home office*. Destes, 41,6% laboram por meio de ferramentas de videoconferência. Entre os entrevistados, 25,2% relataram estar trabalhando mais em casa do que quando compareciam fisicamente às empresas.

Tais dados corroboram o exposto até agora de que o teletrabalho é a alternativa da maioria das empresas para enfrentamento da crise sanitária do coronavírus e de seu necessário isolamento social. Outrossim, comprovam a afirmação de que tem sido, por alguns empregadores, exigida uma produtividade maior de seus empregados para atender às demandas patronais, que têm concentrado suas atividades ao exercício remoto (cerca de 1/4 do total). Aqueles que afirmam estarem trabalhando mais de seus domicílios muito provavelmente o dizem pela ausência de controle que "elastecem" suas jornadas de trabalho, ou pelo controle irregular e diuturno, bem como pelo constante contato por meio de aplicativos como Whatsapp, Telegram, Skype e *e-mails*.

Para pensar na continuidade da expansão do regime de teletrabalho, normas que estabeleçam medidas de segurança a tais trabalhadores, bem como que delimitem a responsabilidade de fiscalização, são essenciais. Ressalta-se tal continuidade por esta parecer ser perspectiva real para o futuro. A pandemia do coronavírus apresenta-se como momento inédito de colocar à prova o regime do teletrabalho, e há prospecções de sua adoção em grande escala doravante, quando não mais perdurar o estado de calamidade pública.

Markus Helfen, professor de gestão de pessoas da Universidade Livre de Berlim e PhD em Administração, afirma categoricamente que a tendência do teletrabalho não vai passar com o coronavírus. Conforme Helfen:

> É preciso dizer que o home office é algo que começou há muito tempo e agora está se expandindo muito mais rapidamente por causa da crise do coronavírus. Não vejo nenhuma razão para que isso se reverta ou para que essa tendência não continue. O que está acontecendo agora é só a aceleração de algo que já estava acontecendo de qualquer maneira. Em termos concretos para os colegas do Brasil, o que posso dizer é: apesar de tudo, o vírus tem um efeito positivo, pois assim vocês poderão se familiarizar com o mundo do trabalho do futuro, que é móvel (HELFEN, 2020).

A expansão do teletrabalho é, certamente, tendência que se expandirá em níveis obviamente maiores do que os que seriam verificados caso não houvesse se instalado uma pandemia sem precedentes, que impôs o distanciamento social mundial. A medida do teletrabalho como alternativa necessária é a possibilidade de encará-lo como real. E vivenciá-lo agora, em grande escala, é a oportunidade de realmente torná-lo efetivo, antecipando e acelerando um processo que provavelmente se delongaria mais tempo para ocorrer. As perspectivas são positivas. O teletrabalho traz vantagens, incluindo ao meio ambiente, como a diminuição da poluição, por reduzir o deslocamento, e ainda por permitir que o trabalhador passe mais tempo com a família, entre outras. Mas não se pode se desvencilhar da tutela da saúde mental e do convívio social do trabalhador. Lar e escritório não devem se fundir. Não deve o labor amargar o doce do lar.

4. CONCLUSÕES

Momento sem precedentes, a pandemia de coronavírus abriu as cortinas para anseios e reflexões que se estenderam a todas as áreas do relacionamento humano. O tema da saúde pública, o questionamento do posicionamento e impacto do *eu* e do *outro*, ou seja, o olhar de alteridade adquiriu novos contornos globalizados. Para alguns, mais solidários. Para outros, mais individualistas, antagonizando aspectos como saúde e economia, que, em verdade, deveriam caminhar juntos, em harmonia.

Ampliar o horizonte para novas conjunturas laborais como o teletrabalho apresenta-se como tentativa de equilibrar esses dois polos que não são opostos. O distanciamento social é necessário para a saúde, ao passo que o *home office* é medida que se apresenta eficaz para manter o sustento do obreiro em tempos de pandemia, sempre que possível, de acordo com o setor empresarial.

O teletrabalho é, entre as opções factíveis, a que se assemelha como mais efetiva, por isso a que se mostrou e tem se mostrado mais adotada. Pretendeu-se ressaltar que, contudo, não é medida desprovida de falhas, seja em sua regulamentação por medidas provisionais, seja pelo próprio tratamento legislativo específico do teletrabalho, que carece de maiores limites que levem em consideração a matriz constitucional que lhe é devida. Talvez por ter sido encarado até então mais como opção do que como necessidade, tal regime laboral não se coloriu em solo brasileiro pelas cores mais vívidas da dignidade da pessoa humana. A pintura ainda é fosca. Oportunidade, portanto, ímpar, para conferir-lhe novo colorido.

Pretendeu-se, por conseguinte, atrair o olhar do leitor para a necessária tematização da saúde mental do teletrabalhador, ressaltando a importância da não violação do seu direito à desconexão, privacidade e intimidade, bem como abordando condutas como o teleassédio, que vai minando o bem-estar psíquico do obreiro, na medida em que são usados meios que não priorizam sua dignidade para impor-lhes jornadas excessivas e metas desproporcionais, podendo culminar em doenças ocupacionais.

Esse olhar responsável para com o trabalhador deve ser ainda mais amplificado em tempos como o ora vivenciado, momentos de uma pandemia outrora nunca vista, que, por si só, apresenta-se como desafio à saúde mental do indivíduo. A proteção do empregado, enquanto ser humano e sujeito de direitos, é pauta atemporal. E se existe a pretensão de que a experiência acelerada e globalizada do teletrabalho deixe frutos vindouros, provavelmente premeditando uma realidade que se delongaria um pouco mais para ocorrer, é necessário priorizar os direitos sociais dos trabalhadores, em tempos de pandemia ou em qualquer tempo.

REFERÊNCIAS

ALMEIDA, Almiro Eduardo de; SEVERO, Valdete Souto. **Direito à desconexão nas relações sociais de trabalho**. São Paulo: LTr, 2014.

DINIZ, Maria Helena. **Curso de direito civil brasileiro**: teoria geral do direito civil. 28. ed. São Paulo: Saraiva, 2013. v. 1.

FREUDENBERGER, Herbert. Staff Burnout. **Journal of Social Issues**, 1974. Disponível em: http://www2.uol.com.br/vivermente/reportagens/esgotamento_total.html. Acesso em: 20 abr. 2020.

HELFEN, Markus. **Tendência do teletrabalho não vai passar com o coronavírus**. Disponível em: https://www.correiobraziliense.com.br/app/noticia/eu-estudante/trabalho-e-formacao/2020/04/05/interna-trabalhoeformacao-2019,842589/tendencia-do-teletrabalho-nao-vai-passar-com-o-coronavirus.shtml. Acesso em: 22 abr. 2020.

KARAN, Rafael Mastrogiacomo. Do direito à desconexão ao dano existencial no teletrabalho: o excesso de horas extras destinadas ao trabalho. **Fórum Trabalhista**, 2013.

MALASCH, C., Jackson, S. E. (1982). The measurement of experienced burnout. **Journal of Occupational Behavior**. Disponível em pepsic.bvsalud.org/scielo.php?script=sci_arttext&pid=S1984-66572017000200007. Acesso em: 20 abr. 2020.

NUNES, Talita Camila Gonçalves. O acidente de teletrabalho e a fiscalização da tecnologia da telemática: aspectos e consequências do teleassédio moral e do teletrabalho escravo. **Revista de Direito do Trabalho**, São Paulo, v. 167, ano 42, p. 183-208, jan.-fev. 2016.

NUNES, Talita Camila Gonçalves. **A precarização no teletrabalho**: escravidão tecnológica e impactos na saúde física e mental do trabalhador. Belo Horizonte: RTM, 2018.

PANCHERI, Ivanira. **Teleassédio moral**. Disponível em: http://estadodedireito.com.br/teleassedio-moral/. Acesso em: 30 abr. 2020.

SANTOS, Ana Luísa. **Precisa se adaptar ao *home office* durante a pandemia?** Descubra como. Disponível em: https://www.correiobraziliense.com.br/app/noticia/eu-estudante/trabalho-e-formacao/2020/04/05/interna-trabalhoeformacao-2019,842584/precisa-se-adaptar-ao-home-office-durante-a-pandemia-descubra-como.shtml. Acesso em: 30 abr. 2020.

SOUZA JÚNIOR, Antonio Umberto de; SOUZA, Fabiano Coelho de; MARANHÃO, Ney; AZEVEDO NETO, Platon Teixeira de. **Reforma trabalhista**: análise comparativa e crítica da Lei n.º 13.467/2017 e da Med. Prov. nº 808/2017. 2. ed. São Paulo: Rideel, 2018.

WOLOWSKI, Matheus Ribeiro de Oliveira. **O assédio moral por excesso de trabalho**: uma abordagem teórica e empírica. São Paulo: LTr, 2018.

A Melancolia no Teletrabalho em Tempos de Coronavírus

GABRIELA NEVES DELGADO

CAROLINA DI ASSIS

ANA LUÍSA GONÇALVES ROCHA

1. INTRODUÇÃO: A CRISE DO CORONAVÍRUS E O TELETRABALHO

Em 2020, o mundo foi atingido pela pandemia da COVID-19, doença infecciosa causada pelo "coronavírus da síndrome respiratória aguda grave 2"[1]. A inexistência de vacina para contenção da doença viral, somada à tentativa de se evitar o colapso do sistema público de saúde, culminou na interrupção de atividades de ensino, na restrição da oferta de serviços considerados não essenciais e de inúmeros segmentos da linha de produção fabril, além da imposição de medidas de quarentena e de isolamento social antes inimagináveis.

A crise sanitária motivada pela pandemia aprofundou as crises econômica, social e trabalhista que já estavam em curso no país, escancarando a fragilidade e as contradições do projeto neoliberal vigente. Como resultado, tem-se um quadro de insegurança, incerteza e flexibilização aguda das relações de trabalho, além da intensificação do processo de precarização da classe trabalhadora.

1 *Severe acute respiratory syndrome-related coronavirus:* The species and its viruses – a statement of the Coronavirus Study Group. Disponível em: https://www.biorxiv.org/content/10.1101/2020.02.07.937862v1. Acesso em: 28.4.2020.

As reflexões pertinentes à pandemia do coronavírus e à sociedade do trabalho são das mais diversas ordens. Passam pelo diagnóstico do tempo presente, sobretudo com a constatação do avanço do desemprego e da informalidade, além da intensificação da precarização do trabalho uberizado, e seguem pela indicação de propostas interventivas, por exemplo, a fixação de uma "renda mínima para os mais vulneráveis e para os não alcançados pelo Direito do Trabalho", a "gestão pública concertada e capaz de viabilizar, com oferta dos serviços essenciais, o respeito às prescrições de saúde coletiva, como o isolamento" e o "investimento público para manter o funcionamento da economia durante o momento de retração da demanda e, sobretudo, na retomada das atividades, após vencida a crise sanitária" (DELGADO; DUTRA, 2020).

Na esteira da adoção de medidas de isolamento e para propiciar a continuidade das relações de trabalho, diversas empresas e órgãos públicos têm-se utilizado da tecnologia digital, passando a adotar regimes de teletrabalho e de *home office*. Nesse sentido, em 22 de março de 2020, foi editada a Medida Provisória n. 927, que institui medidas para "enfrentamento dos efeitos econômicos decorrentes do estado de calamidade pública e para preservação do emprego e da renda", dentre as quais figura o teletrabalho.

Embora autorizada e preferível a adoção do teletrabalho no momento presente, sobretudo em razão da política de isolamento social, não se pode perder de vista os seus reflexos no campo da subjetividade e da saúde do trabalhador, particularmente se considerada a perda dos referenciais de tempo e espaço, que influenciam diretamente a relação de trabalho. Esses efeitos não podem ser ignorados pelo Direito do Trabalho e por seus intérpretes.

Além disso, e ainda sob o prisma da subjetividade, constata-se que o período da pandemia do coronavírus tem aguçado o sentimento de melancolia dos sujeitos, expondo vulnerabilidades que se fazem constantes nas relações de trabalho, inclusive na perspectiva do regime do teletrabalho – circunstância que atenta para a necessidade de ampliação da proteção justrabalhista vigente.

Assim, partindo do quadro de intensificação da utilização do teletrabalho[2] alavancado pela pandemia e propiciado pelo uso da tecnologia 4.0, este artigo tem por objetivo tecer algumas reflexões críticas a respeito dessa modalidade de trabalho, sobretudo sob o aspecto jurídico da jornada de trabalho e da subjetividade no trabalho, especificamente no que concerne ao sentimento de melancolia que arrebata os teletrabalhadores.

2 Em entrevista à Folha de São Paulo, Carlos Melles, presidente do Sebrae, indica que "os impactos [da crise] não são momentâneos. Além de reduzir o poder de compra, a crise vai acentuar tendências que já vinham crescendo, como as vendas online, o delivery, o teletrabalho e o uso do WhatsApp como ferramenta de interação com os clientes". Disponível em: https://www1.folha.uol.com.br/mpme/2020/04/crise-vai-reduzir-poder-de-compra-e-forcar-migracao-para-o-virtual-diz-presidente-do-sebrae.shtml. Acesso em: 28.4.2020.

2. O LUGAR DO TELETRABALHO NA INDÚSTRIA 4.0

Desde a 1ª Revolução Industrial, ocorrida no século XVIII, a sociedade assiste a uma ampla transformação em sua rede de relações econômicas e sociais em decorrência do avanço da tecnologia, a qual influencia a comunicação, o transporte, a educação e, consequentemente, o trabalho (ANTUNES, 2018).

Acredita-se que o século XXI inaugurou uma nova revolução tecnológica que, promovendo o aperfeiçoamento, a sofisticação e a integração das tecnologias digitais da revolução predecessora – computadores, *softwares* e redes –, identifica-se "por uma internet mais ubíqua e móvel, por sensores menores e mais poderosos que se tornaram mais baratos e pela inteligência artificial e aprendizagem automática" (SCHAWB, 2019). Exsurge a chamada "indústria 4.0" ou "ciberindústria" (ANTUNES, 2018), que também no campo das relações de trabalho tem inserido sujeitos em outro paradigma, o qual transcende os processos de outrora.

As tecnologias de informação e comunicação (TICs) tomaram a cena contemporânea, propiciando a expansão do denominado "novo proletariado de serviços da era digital", marcado pela redução de custos, maximização da produtividade e disponibilidade perpétua, viabilizadas pelo trabalho *on-line*. Segundo Antunes (2018), essa lógica, caso não seja sobrepujada, fará com que esses trabalhadores oscilem entre duas realidades igualmente cruéis, a do completo desemprego e a da tentativa de obter o "privilégio da servidão".

Para o autor, essa servidão se manifesta em estratégias empresariais, as quais se beneficiam da incorporação da tecnologia. A primeira delas concerne ao *zero-hour contract* – regulamentado, no Brasil, sob a forma do trabalho intermitente, pela Lei n. 13.467/2017 –, no qual os meios telemáticos permitem que o trabalhador fique permanentemente à disposição do empregador, aguardando o chamado para o trabalho (ANTUNES, 2018).

A segunda estratégia manifesta-se na chamada "uberização do trabalho", frequentemente presente no trabalho via aplicativos de plataformas digitais, contexto no qual, segundo Abílio (2017), as empresas se declaram responsáveis, tão somente, pelo fornecimento de uma infraestrutura para que seus profissionais prestem o serviço, intermediando mão de obra e consumidor enquanto se eximem das responsabilidades trabalhistas. Embora os efeitos deletérios para o trabalho da total ausência de regulamentação desses serviços fiquem cada vez mais evidentes, tem prevalecido, equivocadamente, orientação jurisprudencial no sentido da ausência de vínculo de emprego.

Por fim, a terceira estratégia – e a que mais interessa ao presente estudo –, é a do teletrabalho. Este envolve o desempenho das atividades laborativas fora do espaço da empresa e, embora permita ao trabalhador poupar tempo de deslocamento e melhor dividir o tempo entre trabalho produtivo e reprodutivo, traz consigo prejuízos à coesão dos trabalhadores e à consolidação de uma identidade coletiva, além de eliminar direitos sociais e intensificar a dupla jornada de trabalho, especialmente para mulheres (ANTUNES, 2018).

A incorporação da tecnologia, quando não elimina a mão de obra, transforma significativamente a rotina daqueles que conseguem se manter no mundo do trabalho. Não obstante os mitos quanto à capacidade das TICs de evitar o sofrimento laboral, emerge do trabalho *on-line* a figura do "escravo digital" (ANTUNES, 2018), a revelar o esfacelamento da fronteira entre o tempo de vida no trabalho e fora dele.

A relação entre sujeitos, trabalho e tecnologia não raramente é acompanhada do adoecimento do trabalhador, na medida em que a tecnologia, por exemplo, amplia as possibilidades de controle e vigilância da jornada de trabalho e compromete o direito à desconexão. Assim, faz-se necessário refletir sobre os danos e as violações que podem advir do uso hoje inevitável das novas tecnologias digitais, especialmente no campo do trabalho, ainda mais tendo em conta o isolamento social atualmente vivido com a pandemia do coronavírus.

3. TELETRABALHO: CONCEITO E REGULAMENTAÇÃO

3.1. O que é o teletrabalho?

Modalidade de trabalho flexível e típica da sociedade informacional, o teletrabalho se caracteriza pela conjugação simultânea de três elementos constitutivos: a distância, a tecnologia e a organização (NUNES, 2018). Trata-se, assim, de uma das categorias possíveis de trabalho à distância.

O elemento da distância compreende a separação física entre o local de trabalho e a estrutura física da planta empresarial. A tecnologia, além funcionar como mediadora da distância geográfica, permitindo o contato entre trabalhador e tomador de serviços, também pode ser utilizada como ferramenta de trabalho e até como espaço virtual de trabalho. Por fim, a organização se constitui como requisito flexível, já que o empregador ou o tomador de serviço é quem deve organizar o ciclo produtivo e considerar a logística do trabalho remoto (NUNES 2018; FINCATO, 2019).

Tendo esses elementos em conta é possível distinguir, dentro da modalidade de teletrabalho, classificações específicas conforme o local preponderante de trabalho e a intensidade de conexão telemática entre trabalhador e empregador. No que tange ao local, tem-se o trabalho a domicílio ou *home office*, no qual o trabalhador tem como centro de trabalho sua própria residência; o trabalho em centros satélites ou telecentros, que constituem espaços de apoio pertencentes à empresa empregadora ou compartilhados entre duas ou mais empresas, respectivamente; o trabalho em *telecottages*, entendidos como espaços localizados em ambientes rurais ou de difícil acesso; e o trabalho móvel ou nômade, que não tem local fixo (FINCATO, 2019).

Quanto ao grau de conexão, o teletrabalho pode ser *oneway line*, compreendendo o uso da comunicação tecnológica apenas para o envio ou a recepção de tarefas, ou *on-line*, de interatividade "imediata, síncrona e simultânea", constituindo o ambiente virtual o verdadeiro espaço de trabalho (FINCATO, 2019).

3.2. A regulamentação do teletrabalho no Brasil

No Brasil, a primeira normatização a compreender o teletrabalho ocorreu em 2011, com a alteração do artigo 6º da CLT promovida pela Lei n. 12.551. A nova redação atribuída ao *caput* do dispositivo assentou a impossibilidade de, presentes os pressupostos fático-jurídicos da relação empregatícia, fazer-se distinção entre "o trabalho realizado no estabelecimento do empregador, o executado no domicílio do empregado e o realizado a distância". Por meio da inclusão do parágrafo único, o legislador ainda equiparou, para fins de subordinação, "os meios telemáticos e informatizados de comando, controle e supervisão" aos "meios pessoais e diretos de comando, controle e supervisão do trabalho alheio".

Apesar de positiva, a Lei n. 12.551/2011 não se revelou suficiente para atender às peculiaridades do teletrabalho, tendo se passado seis anos até que o legislador lhe conferisse regulamentação jurídica própria, com a edição da Lei n. 13.467/2017. A chamada Reforma Trabalhista incluiu na CLT capítulo específico para o teletrabalho – o Capítulo II-A, o qual compreende os arts. 75-A a 75-E –, conceituado-o como "a prestação de serviços preponderantemente fora das dependências do empregador, com a utilização de tecnologias de informação e de comunicação que, por sua natureza, não se constituam como trabalho externo", na forma do *caput* do art. 75-B.

De acordo com o art. 75-B, *caput* e parágrafo único, a prestação de serviços deve se dar predominantemente fora das dependências do empregador, pelo uso de recurso telemáticos, mas não exclusivamente, o que pode permitir ao teletrabalhador um mínimo grau de convívio social com seus pares. A própria CLT registra que o comparecimento "às dependências do empregador para a realização de atividades específicas que exijam a presença do empregado no estabelecimento não descaracteriza o regime de teletrabalho" (parágrafo único, art. 75-B, CLT). Todavia, entende-se que "sendo excessivos ou preponderantes esses comparecimentos ao estabelecimento empresarial, pode se descaracterizar o regime de teletrabalho, em vista de se tornar plenamente factível o controle de jornada pelo empregador". (DELGADO; DELGADO, 2018, p. 140)

Outro aspecto importante da legislação diz respeito à migração do trabalhador para o regime de teletrabalho e à eventual reversão para o regime presencial. No primeiro caso, é necessário o mútuo acordo das partes envolvidas na relação de trabalho, a ser registrado na forma escrita, conforme prescreve o art. 75-C, § 1º, justamente em razão do caráter especial dessa modalidade de trabalho. Por outro lado, para que o trabalhador volte ao regime presencial, basta a determinação unilateral do empregador, com aviso prévio de quinze dias, na forma do art. 75-C, § 2º, CLT, notando-se que "a lei pretendeu facilitar a conversão do regime em teletrabalho para presencial e dificultar a alteração inversa, certamente por conta dos riscos inerentes à prática do labor a distância, especialmente os ergonômicos e psicossociais" (SOUZA JÚNIOR *et al.*, 2018, p. 108).

Em relação à responsabilidade pelo custeio de equipamentos, infraestrutura e eventuais despesas decorrentes do trabalho remoto, o artigo 75-D atribui ao empregado e ao empregador o dever de dispor, mediante contrato escrito, sobre a "aquisição, manutenção ou fornecimento dos equipamentos tecnológicos e da infraestrutura necessária e adequada à prestação do trabalho remoto, bem como ao reembolso de despesas arcadas pelo empregado". Maurico Godinho Delgado e Gabriela Neves Delgado alertam que a regra deve ser interpretada em consonância com o artigo 2º, *caput*, da CLT, colocando-se, portanto, sob o ônus do empregador os custos inerentes ao teletrabalho. Ainda informam, em observância ao parágrafo único do artigo 75-D, que as utilidades usufruídas para a realização do teletrabalho "não integram a remuneração do empregado", porque fornecidas para a prestação, viabilização ou aperfeiçoamento dos serviços prestados (DELGADO; DELGADO, 2018. p.141)

Questão sensível, alusiva à saúde e à segurança no trabalho, reside no art. 75-E, que prescreve, genericamente, que o empregador deve instruir os teletrabalhadores quanto às precauções a tomar para evitar doenças e acidentes de trabalho. Esse dever de instruir tem que ser compreendido em seu conteúdo dinâmico e mutante, impondo-se ao empregador a obrigação de "realizar alguma inspeção do ambiente laboral" e "se precaver dos acidentes e doenças laborais decorrentes, prevendo e registrando atitudes necessárias nesse sentido em uma gama ampla de documentos" (FINCATO, 2019, p. 12).

Outro ponto passível de críticas da legislação pertinente ao teletrabalho é a referência trazida pelo art. 611-A, VIII, da CLT, que assenta a prevalência indiscriminada de acordos e convenções coletivas que dispuserem acerca de teletrabalho sobre a legislação heterônoma trabalhista vigente.

Por fim, destaca-se a problemática do artigo 62, III, da CLT, que exclui os empregados em regime de teletrabalho do Capítulo pertinente à duração do trabalho, aspecto que será aprofundado em tópico posterior. Em outras palavras, afastou-se o direito do teletrabalhador à limitação das oito horas diárias de trabalho, às horas extras, ao adicional noturno e aos intervalos intra e interjornada. Sobre o tema, defende-se a compreensão, com esteio na doutrina de Mauricio Godinho Delgado e Gabriela Neves Delgado, de que a referida regra apresenta presunção relativa, passível de prova em sentido contrário, quanto à existência de controle de jornada (DELGADO, DELGADO, 2018. p. 140-141).

3.3. A Medida Provisória n. 927/2020

Em 22 de março de 2020, considerado o quadro de calamidade pública reconhecido pelo Decreto Legislativo n. 6/2020 e a emergência de saúde pública, foi editada a

Medida Provisória n. 927, a prever alternativas trabalhistas de enfrentamento à crise do coronavírus e a almejar a preservação dos empregos. Entre as medidas adotadas, encontra-se o teletrabalho, que se mostrou extremamente relevante num contexto em que se recomenda ou se impõe que as pessoas não saiam de suas casas e evitem aglomerações.

Nesse sentido, a Medida Provisória, embora atendendo à lógica prevista no Capítulo II-A da CLT, promove a flexibilização de requisitos formais para, em razão do caráter excepcional e urgente do quadro atual, facilitar a adoção do regime de "teletrabalho, trabalho remoto ou trabalho a distância". O ato normativo autoriza, enquanto durar o estado de calamidade pública, a mudança para o regime de teletrabalho, independentemente de concordância do empregado e de registro prévio no contrato, sendo suficiente a comunicação com antecedência de 48 horas (art. 4º, *caput* e § 2º). Além disso, também permite a adoção do regime especial para estagiários e aprendizes (art. 5º).

Quanto à infraestrutura necessária para a realização do trabalho remoto, a Medida Provisória prevê que a responsabilidade pela aquisição, manutenção e fornecimento de equipamentos e pelo reembolso de despesas arcadas pelo empregado deve estar registrada em contrato escrito. Este pode ser firmado até trinta dias após a mudança de regime (art. 4º, § 3º), presente a possibilidade de fornecimento de equipamentos em regime de comodato (art. 4º, § 4º).

Por fim, no que tange à duração do trabalho, a Medida Provisória alinha-se ao art. 62 da CLT ao dispor que "o tempo de uso de aplicativos e programas de comunicação fora da jornada de trabalho normal do empregado não constitui tempo à disposição, regime de prontidão ou de sobreaviso, exceto se houver previsão em acordo individual ou coletivo" (art. 4º, § 5º).

4. TELETRABALHO, JORNADA E TRABALHO SEM PAUSAS

O regime de teletrabalho frequentemente suscita debates quantos às suas vantagens e desvantagens. Enumera Fincato (2009) como aspectos positivos a flexibilidade de horários, a economia financeira e ambiental decorrente da eliminação dos deslocamentos e a perspectiva de equilíbrio entre vida pessoal e profissional. Por outro lado, pondera os potenciais efeitos negativos à saúde do trabalhador em razão do isolamento, da sobrecarga de funções e atividades e do risco de acidentes pela má utilização ou manutenção dos equipamentos de trabalho.

Segundo Barros (2017), a flexibilidade de horários constitui o maior benefício do teletrabalho, por propiciar a conciliação de atribuições profissionais e compromissos particulares do obreiro. A autora também destaca o aumento de motivação, a eliminação de acidentes de trabalho e a possibilidade de transcendência de limites territoriais.

Antunes (2018), por sua vez, apesar de reconhecer vantagens na economia de tempo de deslocamento e na melhor divisão do tempo entre trabalho produtivo e reprodutivo, afirma que o teletrabalho traz consigo prejuízos à coesão dos trabalhadores e à consolidação de uma identidade coletiva, além de facilitar o isolamento social, a eliminação de direitos do trabalho e da seguridade social e a intensificação da dupla jornada de trabalho, especialmente para as mulheres.

Dessa forma, "o teletrabalho é modalidade de prestação de serviços inequivocamente flexibilizatória: flexibiliza o tempo e o espaço do trabalho em face de seu modelo clássico, cunhado na era da Revolução Industrial" (FINCATO, 2019, p. 2). A flexibilidade decorrente da diluição das fronteiras de tempo e espaço de trabalho pode se manifestar, portanto, em duas situações antagônicas: no almejado equilíbrio entre vida pessoal e trabalho ou na "escravidão digital". Tem-se, nesta última, quadro de abusos por parte do empregador e de desproteção do teletrabalhador, sobretudo no aspecto da jornada de trabalho.

De acordo com Crary (2016) – ao analisar pesquisa desenvolvida por universidades norte-americanas cujo objetivo era descobrir como manter as pessoas acordadas por mais tempo, sem interromper sua produtividade eficiente –, a vida humana foi inserida em um funcionamento contínuo de "24/7", isto é, de desempenho de atividades vinte e quatro horas por dia, durante os sete dias da semana. O autor informa que a concepção de sono como necessidade humana foi deslocada para a ideia de que ele representa um "desperdício" no capitalismo contemporâneo voraz, absorvendo-se a prática de trabalho sem pausas e sem descanso.

Rosa (2011) corrobora esse posicionamento, acrescentando que a ordem capitalista impõe uma aceleração da vida, da cultura e da história, ocasionando a contração do presente. Demanda-se produtividade a todo instante e, para supri-la, o sujeito, muitas vezes, precisa anular seu tempo dedicado à construção das relações sociais. A sociedade moderna acelerada constitui, assim, a modernidade tardia, a pós-modernidade.

No cenário da pós-modernidade, o deslocamento da concepção de sono representa um curioso ciclo. No século XIX, após longos períodos de abusos, os donos das fábricas começaram a perceber que os trabalhadores produziam mais quando podiam usufruir de períodos de descanso. Entretanto, o atual paradigma neoliberal subverteu essa lógica: agora se valoriza o sujeito permanentemente conectado e que interage, inclusive por meios telemáticos, ainda que precise sacrificar suas horas de sono (CRARY, 2016).

Assim, na seara jurídica, assiste-se à dissolução das fronteiras entre tempo e espaço privado e profissional, o que pode conduzir à precarização do trabalho. Se outrora era recorrente, sobretudo na produção industrial fordista, organizar uniformemente o local e o horário de trabalho, hoje a empresa moderna exige que o trabalho seja "[...] aquele mais flexível possível: sem jornadas pré-determinadas, sem espaço laboral definido, sem remuneração fixa, sem direitos, nem mesmo o de organização sindical" (ANTUNES, 2018, p. 36).

Nesse sentido é que se entende que uma das grandes controvérsias envolvendo o teletrabalho reside no controle e na limitação da duração do tempo de trabalho. Ou melhor, à luz da literalidade do art. 62, III, da CLT, na ausência de limitação da jornada dos trabalhadores em regime de teletrabalho – direito fundamental previsto no art 7º, inciso XIII, da CF –, nada obstante existirem, segundo Fincato (2019, p. 65) "inúmeros estudos e demonstrações" no sentido de que "nessa modalidade de teletrabalho [trabalho *on-line*] é possível administrar formas de controle da duração de jornada".

Com efeito, a limitação da duração do trabalho revela-se indispensável à concretização da dignidade da pessoa humana, uma vez que busca, em prol do interesse social, proteger a integridade e a harmonia física, psíquica e psicológica do trabalhador (GARCIA, 2018). Há que se ter em vista que a Constituição garante não só o acesso ao trabalho, mas também sua realização em condições dignas, o que pressupõe a concretização do direito constitucional à limitação da jornada de trabalho (LEMOS, 2018).

Embora frequentemente se louve a flexibilidade de horários e a suposta autonomia de gestão e organização do teletrabalhador, trata-se apenas de uma liberdade aparente, já que o teletrabalhador, na verdade, não se desconecta. O tempo vai-se esvaindo devido à necessidade de cumprir as metas impostas e uma jornada excessiva habitual em prol da manutenção do vínculo empregatício. Dessa forma, "[s]e o teletrabalho pode ser intelectual ou se resumir à simples atividade mecânica de digitação, fato é que ambos se tornam mercadoria no seio da reestruturação produtiva" (NUNES, 2018, p. 23).

Seria possível associar o teletrabalho a um incremento na quantidade de trabalho pela necessidade de cumprir metas e resultados e à sobrecarga de tarefas profissionais aliadas ao trabalho doméstico (FINCATO, 2009). Muitas vezes, de acordo com Kitanish (2019), a expectativa de maior equilíbrio entre trabalho e lazer reverte-se em mais tempo de trabalho e menos lazer, com a intensificação do ritmo das tarefas, a impedir o descanso e a realização de atividades coletivas e familiares.

A tecnologia, ao viabilizar o trabalho a distância, assume uma dupla função. Ao mesmo tempo que permite que o trabalho seja realizado a qualquer tempo e em qualquer local, apresenta novos mecanismos de monitoramento e controle do trabalhador, pois é possível haver a "vigilância dos períodos de conexão, controle de login e logout, localização física, pausas ou ligações ininterruptas para saber do andamento dos trabalhos" (KITANISHI, 2019, p. 296).

O aprisionamento às ferramentas tecnológicas e o prolongamento da jornada de trabalho constituem teletrabalhadores enfermos e tolhidos de seus direitos ao lazer e ao descanso. Esse cenário contribui para o "enfraquecimento do trabalhador, numa lógica que o desumaniza e o aliena do humano, podendo ainda provocar esgotamento físico e emocional, sobrecarga, além de prováveis transtornos psicossomáticos e psíquicos", com destaque para a melancolia no trabalho, a seguir discorrida (DELGADO, 2020).

5. TELETRABALHO E MELANCOLIA

A crise do coronavírus expõe o lado mais perverso das relações de trabalho desenvolvidas sob a lógica das inovações tecnológicas do século XXI. Torna-se evidente o descompasso entre o idealizado progresso advindo da incorporação das tecnologias digitais às relações de trabalho – que aliena o imaginário coletivo –, e a realidade precária, em que ausentes parâmetros civilizatórios mínimos de proteção ao trabalhador (DELGADO, 2020), à exemplo da exclusão do teletrabalho das normas de limitação da duração do trabalho.

No campo da subjetividade, essa dinâmica é capaz de provocar o adoecimento do trabalhador, o qual, desumanizado pela lógica do discurso ultraliberal da excelência e do produtivismo, pode sofrer com esgotamento físico e emocional, estresse, sobrecarga e com transtornos psicossomáticos e psíquicos (MENDES; VIVÈS, 2020).

Entre possíveis perturbações psíquicas, o presente artigo se concentra na melancolia, caracterizada

> [...] por um desânimo profundamente doloroso, uma suspensão do interesse pelo mundo externo, perda da capacidade de amar, inibição de toda atividade e um rebaixamento do sentimento de auto-estima, que se expressa em auto-recriminações e autoinsultos, chegando até à expectativa delirante de punição (FREUD, 1992, p. 131).

Freud desenvolve esse conceito a partir da diferenciação entre a melancolia e o luto. Ambos comportam um estado de ânimo de sofrimento profundo em relação à perda, faltando ao luto a perturbação ao sentimento de autoestima, perturbação essa que se faz presente na melancolia (FREUD, 1992). Trata a melancolia da perda de um objeto de natureza ideal (ao contrário do luto, não tem por objeto algo que morreu) e de difícil identificação, porquanto não é possível vislumbrar clara e conscientemente aquilo que se perdeu.

Essa perda desconhecida se traduz em um rebaixamento extremo da autoestima, no empobrecimento e no esvaziamento do próprio ego, que é entendido pelo sujeito adoecido como "indigno, incapaz e moralmente desprezível". Assim, o sujeito melancólico rebaixa-se, recrimina-se, insulta-se, espera a rejeição e resigna-se diante de sua situação, em um quadro de "delírio de inferioridade", a que pode se acrescentar a insônia, a recusa de alimento e a ausência de apego à vida (FREUD, 1992, p. 133).

Segundo Mendes e Vivès (2020), o adoecimento pelo trabalho é consequência dos modelos de gestão vigentes nas organizações modernas do trabalho capitalista assalariado, que, amparados na acumulação, no produtivismo e no consumismo, tem "forjado sujeitos melancólicos e uma melancolização patogênica que faz adoecer".

Para os autores, a melancolia emergiria de um jogo de "surdo-mudo", no qual "o sujeito é silenciado pela ausência de resposta do Outro". No âmbito das relações de trabalho, a tirania da voz do supereu se manifesta no discurso capitalista colonial a partir do imperativo "trabalhe e cale-se", que faz demandas e exigências impossíveis ao trabalhador (MENDES; VIVÈS, 2020).

Envolto no jogo de surdo-mudo, o trabalhador crê que jamais será escutado, por isso cala-se. Desse silêncio gritante surge o adoecimento e o sofrimento de uma existência melancólica, na qual "não se deseja mais nada e se pede menos ainda" e "não há busca por uma experiência de satisfação renovável" (MENDES; VIVÈS, 2020).

Especificamente no caso do teletrabalho, entende-se que a melancolização do trabalhador pode advir da perda dos referenciais de tempo e de espaço de trabalho, propiciada pela incorporação da tecnologia, que, como visto, permite a prestação de serviços fora do estabelecimento e em horários não fixos, quase que em tempo integral, sem direito a desconexão. Essa situação seguramente muda a perspectiva do controle do tempo do trabalhador, alterando a própria noção de tempo de trabalho.

Se adotado enquanto estratégia de "escravidão digital", o teletrabalho se agrega ao discurso capitalista da redução de custos, da maximização da produtividade e da disponibilidade eterna do trabalhador, intensificando-o por meio da ampliação das possibilidades de controle e vigilância e da diluição das fronteiras de trabalho e não trabalho.

Assim, o quadro de relativização do tempo e do espaço de trabalho se traduz em flexibilização e até desregulamentação de direitos fundamentais trabalhistas, sobretudo o direito à limitação da jornada, em um contexto laborativo de demandas ininterruptas, de exigência de produtividade total e de conexão digital interminável, em que não existe vida para além do trabalho. Essa situação é agravada, conforme aponta Fincato (2009), pelo isolamento social e pelo sentimento de exclusão da sociedade, não sendo o trabalhador capaz de vislumbrar os resultados efetivos e a importância de seu trabalho.

Melancolizado, o teletrabalhador se vê paralisado e impotente, e, por não mais se reconhecer no trabalho e não se ver reconhecido no trabalho, perde a crença na possibilidade de produzir saídas, de renovar o sentido do trabalho, de ser criativo, resignando-se.

Diante desse quadro de melancolia no teletrabalho, retomam-se os ensinamentos de Mendes e Vivès (2020), para os quais a "desmelancolização" do sujeito adoecido, ou seja, a desarticulação do estado de vivência melancólica, dá-se a partir do chamado do sujeito a se fazer "invocante", possível "na suposição de que há uma pessoa não surda que pode escutá-lo e levá-lo, além do choro silencioso que o invade a se fazer escutar". Esse processo de falar e se fazer escutar pode se concretizar especialmente por meio da escuta clínica.

No plano jurídico, Delgado (2020) compreende que o papel do "sujeito invocante" deve ser "atribuído ao intérprete do Direito, em suas várias frentes jurídico-institucionais de atuação", mediante a efetivação dos direitos fundamentais trabalhistas, via na qual o trabalhador encontrará o chamado para se fazer ouvir e experimentar o "sentido de pertencimento constitucional, atributo do direito fundamental ao trabalho digno".

Se é por meio da efetivação dos direitos fundamentais trabalhistas que haverá espaços e alternativas para a emancipação do sujeito trabalhador, em "relações de trabalho de alteridade e de reconhecimento" (DELGADO, 2020), sobressai a urgência da concretização do direito fundamental à limitação de jornada e à desconexão do teletrabalhador.

6. CONSIDERAÇÕES FINAIS

O artigo destacou a proeminência do regime de teletrabalho no contexto da pandemia do coronavírus, graças à incorporação da tecnologia a permitir a realização de trabalho fora do ambiente empresarial. Tendo isso em vista, refletiu sobre as interações entre trabalho e tecnologia no contexto da indústria 4.0 e traçou o quadro da regulamentação justrabalhista pertinente, destacando a perspectiva de diluição dos referenciais de tempo e de espaço de trabalho.

O texto procurou demonstrar que, no teletrabalho, a rotina de aceleração e de um ofício sem pausas e sem proteção jurídica estruturada em relação à jornada de trabalho contribuem para o desencadeamento da melancolia no trabalho. Sob a perspectiva do Direito do Trabalho constitucionalizado, compreende-se que a desarticulação do estado de vivência melancólica do teletrabalhador será exequível mediante a efetivação dos direitos fundamentais trabalhistas, via pela qual o trabalhador encontrará o chamado para se fazer ouvir e experimentar o sentido de pertencimento constitucional, característico do direito fundamental ao trabalho digno.

REFERÊNCIAS

ABÍLIO, Ludmila Costhek. **Uberização do trabalho**: subsunção real da viração. Passa Palavra, Rio de Janeiro, 19 fev. 2017. Disponível em: https://passapalavra.info/2017/02/110685. Acesso em: 30 abr. 2020.

ANTUNES, Ricardo. **O privilégio da servidão**: o novo proletariado de serviços na era digital. São Paulo: Boitempo Editorial, 2018.

BARROS, Alice Monteiro de. **Curso de Direito do Trabalho**. 11. ed. Atual. Jessé Claudio Franco de Alencar. São Paulo: LTr, 2017.

CRARY, Jonathan. **24/7**: capitalismo tardio e os fins do sono. Tradução Joaquim Toledo Jr. São Paulo: Ubu, 2016. p. 12-38.

DELGADO, Gabriela Neves; DUTRA, Renata Queiroz. O que vem depois da crise? O Estado Social nos lembra o seu papel. **JOTA**. 08 de abril de 2020. Disponível em: https://www.jota.info/opiniao-e-analise/artigos/o-que-vem-depois-da-crise-o-estado-social-nos-lembra-o-seu-papel-08042020. Acesso em: 04 abr. 2020.

DELGADO, Gabriela Neves. Apresentação. **Revista LTr**, São Paulo, 5. ed., n. 84. 2020.

DELGADO, Gabriela Neves. **Direito fundamental ao trabalho digno**. 2. ed. São Paulo: LTr, 2015.

DELGADO, Mauricio Godinho; DELGADO, Gabriela Neves. **A Reforma Trabalhista no Brasil**: com os comentários à Lei n. 13.467/2017. 2. ed. São Paulo: LTr, 2018.

FINCATO, Denise. Saúde, higiene e segurança no teletrabalho. **Revista Brasileira de Direitos Fundamentais & Justiça**, v. 3, n. 9, p. 101-123, 2009.

FINCATO, Denise. Teletrabalho na reforma trabalhista brasileira. **Revista eletrônica [do] TRT da 9ª Região**, Curitiba, v. 8, n. 75, p. 58-72, fev. 2019. Disponível em: https://hdl.handle.net/20.500.12178/152290. Acesso em: 30 abr. 2020.

FREUD, Sigmund. Luto e melancolia. Trad. Marilene Carone. **Novos Estudos**, n. 32, p. 128-142, mar. 1992.

GARCIA, Gustavo Filipe Barbosa. **Curso de Direito do Trabalho**. 12. ed. rev., atul. e ampl. Rio de Janeiro: Forense, 2018.

KITANISHI, Bruna Oliveira Sousa. As faces do teletrabalho e uma análise do controle de jornada à luz da Lei n. 13.467/2017. **Revista do Tribunal Regional do Trabalho da 15ª Região**, Campinas, n. 54, p. 283-300, jan.-jun. 2019.

LEMOS, Maria Cecilia de Almeida Monteiro. **O dano existencial nas relações de trabalho intermitentes**: reflexões na perspectiva do direito fundamental ao trabalho digno. Orientador: Gabriela Neves Delgado. 2018. 318 f. Tese (Doutorado em Direito) – Faculdade de Direito, Universidade de Brasília, Brasília, 2018. Disponível em: [https://repositorio.unb.br/bitstream/10482/34531/1/2018_MariaCec%c3%adliadeAlmeidaMonteiroLemos.pdf]. Acesso em: 08.06.2020.

MENDES, Ana Magnólia; VIVÈS, Jean-Michel. **Voz do supereu e melancolização no trabalho que adoece**. No prelo.

NUNES, Talita Camila Gonçalves. **A precarização no teletrabalho**: escravidão tecnológica e impactos na saúde física e mental do trabalhador. Belo Horizonte: RTM, 2018.

ROSA, Hartmut. Aceleración social: consecuencias éticas y políticas de una sociedad de alta velocidad desincronizada. **Persona y Sociedad**, v. 25, n. 1, p. 9-49, 2011.

SCHAWB, Klaus. *A* **Quarta Revolução Industrial**. São Paulo: Edipro, 2019.

SOUZA JÚNIOR, Antonio Umberto de; SOUZA, Fabiano Coelho de; MARANHÃO, Ney; AZEVEDO NETO, Platon Teixeira de. **Reforma trabalhista**: análise comparativa e crítica da Lei 13.467/2017 e da Med. Prov. nº 808/2017. 2 ed. São Paulo: Rideel, 2018.

Em Defesa do Bem-Estar Físico, Mental e Social do Empregado em Tempos de "Home Office" e do Novo Coronavírus

PASTORA DO SOCORRO TEIXEIRA LEAL

IGOR DE OLIVEIRA ZWICKER

1. INTRODUÇÃO

Em 31 de dezembro de 2019, a Organização Mundial da Saúde foi alertada sobre vários casos de pneumonia na cidade de Wuhan, província de Hubei, na República Popular da China, decorrentes de um novo tipo de coronavírus, até então nunca identificado em seres humanos (ORGANIZAÇÃO..., 2020c).

Em 30 de janeiro de 2020, a Organização Mundial de Saúde declarou que o surto do novo coronavírus constitui uma Emergência de Saúde Pública de Importância Internacional, sendo esta declaração **o mais alto nível de alerta da Organização**[1], segundo Regulamento Sanitário Internacional (ORGANIZAÇÃO..., 2020c).

Naquela assentada, e ainda no estágio inicial de contaminação, e já diante do número de mortos que se contabilizava, o diretor-geral da Organização Mundial de Saúde, Tedros Adhanom Ghebreyesus, lembrou que se tratava de "pessoas, não números" (ORGANIZAÇÃO..., 2020a).

Em 11 de março de 2020, a covid-19 foi caracterizada pela Organização Mundial de Saúde como **pandemia**[2] (ORGANIZAÇÃO..., 2020c).

---

1 A declaração de Emergência de Saúde Pública de Importância Internacional é considerada, nos termos do Regulamento Sanitário Internacional, "um evento extraordinário que pode constituir um risco de saúde pública para outros países devido a disseminação internacional de doenças; e potencialmente requer uma resposta internacional coordenada e imediata" (ORGANIZAÇÃO..., 2020c).

2 "O termo 'pandemia' se refere à distribuição geográfica de uma doença e não à sua gravidade. A designação reconhece que, no momento, existem surtos de COVID-19 em vários países e regiões do mundo." (ORGANIZAÇÃO..., 2020c).

Naquela assentada, o diretor-geral da Organização Mundial de Saúde, Tedros Adhanom Ghebreyesus, declarou nunca ter visto uma pandemia provocada por um coronavírus e, já naquele momento, pedia às nações que tomassem "medidas urgentes e agressivas", diante dos 118.000 casos notificados globalmente, em 114 países (ORGANIZAÇÃO..., 2020b).

Até 28 de abril de 2020, havia mais de três milhões de pessoas doentes ao redor do mundo, vítimas do novo coronavírus, das quais 211.894 morreram (EL PAÍS, 2020). No Brasil, havia mais de 68 mil casos, com quase cinco mil mortos (G1, 2020b).

Em 15 de junho de 2020 – um transcurso temporal inferior a dois meses –, os casos de pessoas infectadas pelo novo coronavírus ultrapassou o número de oito milhões de pessoas, no mundo – quase o triplo –, com 435 mil pessoas mortas em razão do covid-19 – mais do que o dobro (G1, 2020c).

No Brasil, em 16 de junho de 2020 – e ainda considerando as estatísticas datadas de 28 de abril de 2020 –, apontando projeção ascendente exponencial, computaram-se 891.896 casos – um crescimento de mais de 1.200% –, com 44.148 pessoas mortas em razão do novo coronavírus – um crescimento de quase 800% (G1, 2020d).

Na Arguição de Descumprimento de Preceito Fundamental n. 690, em sede liminar e em decisão monocrática, o ministro Alexandre de Moraes, do Supremo Tribunal Federal, acolhendo os argumentos de que "uma sequência de atos do Poder Executivo Federal restringiram a publicidade dos dados relacionados à covid-19, em clara violação a preceitos fundamentais da Constituição Federal", determinou que o Ministério da Saúde "restabeleça, na integralidade, a divulgação diária dos dados epidemiológicos sobre a pandemia da covid-19, inclusive no site do órgão", em razão do "*status* constitucional da publicidade e da transparência", que "resulta na obrigatoriedade do Estado em fornecer as informações necessárias à sociedade" (SUPREMO..., 2020c).

Em sede normativa, em 6 de fevereiro de 2020, foi promulgada pelo Poder Executivo a Lei n. 13.979/2020 (BRASIL, 2020), que dispõe sobre medidas para enfrentamento da situação de emergência em saúde pública de importância internacional decorrente do novo coronavírus.

Em 20 de março de 2020, o Decreto Legislativo n. 6/2020, aprovado pelo Congresso Nacional, reconhece a ocorrência do estado de **calamidade pública**.

No Estado do Pará, o Governador, por meio do Decreto n. 609/2020 (AGÊNCIA PARÁ, 2020), decretou a suspensão, entre outros, de eventos, reuniões, manifestações, carreatas e/ou passeatas, de caráter público ou privado e de qualquer espécie. Em Belém, o Prefeito decretou o fechamento total do comércio e estabelecimentos caracterizados como "não essenciais"; tais atividades, definidas como "não essenciais" pelo decreto, restam proibidas e suspensas, por tempo indeterminado (G1, 2020a).

Para a contenção da pandemia, a Organização Mundial de Saúde recomenda o **isolamento horizontal**, tido como "uma forma de distanciamento social na qual ocorre a restrição de circulação do maior número de pessoas possível" e que acarreta, por exemplo, "o fechamento de escolas e diversos comércios, permanecendo apenas os serviços essenciais, como hospitais, farmácias e supermercados". O objetivo do isolamento horizontal é o de "frear de forma mais severa a transmissão de uma doença" (SANTOS, 2020).

Diferentemente do isolamento horizontal, o **isolamento vertical**, não recomendado pela Organização Mundial de Saúde, é "uma forma de distanciamento social em que é impedida a circulação de pessoas pertencentes a um grupo de risco de determinada doença", de modo que apenas o grupo considerado de risco permanece isolado e "os indivíduos menos vulneráveis continuam a realizar normalmente suas atividades" (SANTOS, 2020).

É claro que tais restrições afetam, de forma profunda e devastadora, o Direito do Trabalho e o próprio meio ambiente do trabalho.

Nesse diapasão, o dito "trabalho remoto" surge como uma promessa milagrosa para aliviar os impactos nefastos da pandemia global. Mas será que tal modalidade tem sido ferramenta de atuação no bem-estar físico, mental e social dos empregados?

É nessa linha de pesquisa que desenvolveremos o nosso artigo.

2. DELIMITAÇÃO JURÍDICA DO TELETRABALHO

"Teletrabalho" tem origem etimológica no prefixo grego "tele", que significa distância. Teletrabalho seria, então, "qualquer forma de trabalho realizado à distância da empresa ou de uma de suas unidades de produção" (DALLEGRAVE NETO, 2014, p. 8).

Segundo a Organização Internacional do Trabalho apud Lima Filho (2012),

> [...] o teletrabalho é a forma de trabalho realizada a partir de um lugar distante da empresa e/ou estabelecimento, que permite a separação física entre o local de produção ou de execução da prestação de trabalho e o local onde funciona a empresa, mediante o recurso a tecnologias que facilitam a informação e a comunicação.

Jack Nilles apud Estrada (2002), tido como "fundador" do teletrabalho, o define como

> [...] quaisquer formas de substituição de deslocamentos relacionados com a atividade econômica por tecnologias da informação, ou a possibilidade de enviar o trabalho ao trabalhador, no lugar de enviar o trabalhador ao trabalho. Isso faz que o desenvolvimento da atividade profissional seja realizado sem a presença física do trabalhador na empresa durante parte importante do dia, mas contatados por um meio de comunicação qualquer.

Nessa linha registra o Tribunal Superior do Trabalho[3]:

> A propósito, JACK NILLES – antigo cientista da NASA – foi o fundador do teletrabalho, por intermédio de estudo realizado em 1973, denominando-o de telecommuting. NILLES o define pelo 'mover parte ou a totalidade do trabalho para fora do escritório, para casa ou um centro de teletrabalho'. Por sinal, IVANI CONTINI BRAMANTI, cita LORENZO GAETA, segundo o qual: 'Teletrabalho é a prestação de quem trabalha com um videoterminal, geograficamente, fora da empresa a quem a prestação é dirigida'. Por seu turno, vejamos o ensino de RICARDO TADEU MARQUES DA FONSECA:
>
> O teletrabalho, que se define como trabalho prestado à distância por intermédio de sistemas de computadores e telecomunicações, foi apresentado como um meio de libertação do trabalhador dos rígidos horários e da frequência obrigatória ao local de trabalho, poupando-lhe dos gastos com locomoção, alimentação e vestuários.

A par das discussões conceituais, que não acrescentam à discussão proposta neste estudo, é certo que a própria Consolidação das Leis do Trabalho (artigo 75-B) equiparou "trabalho remoto" a teletrabalho ou, no mínimo, a uma das espécies do gênero teletrabalho. *Home office*, pelo que já indica a expressão, de ascendência anglo-saxã, é aquele executado no domicílio do empregado, para fins de nosso estudo com a utilização de meios telemáticos e informatizados de comando, controle e supervisão, como já se previu na Consolidação das Leis do Trabalho desde 2011, no artigo 6º, com redação dada pela Lei n. 12.551/2011.

Pois bem.

Diferentemente do Poder Executivo, que não tem como função típica (precípua) a de legislar, e diferentemente do Poder Legislativo, o qual, embora tenha como função típica (precípua) a de legislar, o faz com extrema vagarosidade, para a maior parte dos fatos da vida, mormente aqueles de grande eletricidade social, o Poder Judiciário é um dos Poderes da República que mais tem ferramentas para acompanhar essa velocidade da renovação do fato social.

Dito isso, há muito o Poder Judiciário, mesmo no vazio normativo, interpretava a norma com vistas a reconhecer o trabalho remoto, utilizando-se, por exemplo, do recurso da analogia (artigo 4º da Lei de Introdução às normas do Direito Brasileiro e artigo 8º, *caput*, da Consolidação das Leis do Trabalho).

Porém, com o advento da Lei n. 12.551/2011, passou a existir previsão expressa quanto ao teletrabalho, de modo que a Consolidação das Leis do Trabalho passou a dispor que não se distingue entre o trabalho realizado no estabelecimento do empregador,

---

3 TST-ARR-158-21.2012.5.05.0018, Relatora: Min. Dora Maria da Costa. Data de Julgamento: 17.9.2014, 8ª Turma, Data de Publicação: *DEJT* 19.9.2014.

o executado no domicílio do empregado e o realizado a distância, desde que estejam caracterizados os pressupostos da relação de emprego, e que os meios telemáticos e informatizados de comando, controle e supervisão se equiparam, para fins de subordinação jurídica, aos meios pessoais e diretos de comando, controle e supervisão do trabalho alheio.

Essa previsão ocorre no artigo 6º da Consolidação das Leis do Trabalho, que permanece hígido mesmo após o advento da chamada "Reforma Trabalhista".

Por fim, a Lei n. 13.467/2017, o grande pilar da "Reforma Trabalhista" (ao lado da Lei n. 13.429/2017 e da Medida Provisória n. 808/2017[4], entre outras normas) explicitou o regime de teletrabalho de maneira muito mais amplificada.

Agora, o **teletrabalho** está previsto, além do que já está consagrado no artigo 6º da Consolidação das Leis do Trabalho, conforme já exposto: no Capítulo II do Título II, que trata da jornada de trabalho; no novel Capítulo II-A do mesmo Título, inserido à totalidade pela Lei n. 13.467/2017, que cuida especificamente do regime de teletrabalho; e, enfim, no Título VI, que trata de Direito Coletivo do Trabalho.

As disposições, relatadas acima, se encontram nos artigos 62, inciso III, 75-A a 75-E, e 611-A, inciso VIII, da Consolidação das Leis do Trabalho.

Com efeito, a partir do advento da "Reforma Trabalhista", o Direito do Trabalho passou a expressamente excepcionar do regime da jornada de trabalho os empregados em regime de teletrabalho, de modo que, pela interpretação literal, o regime de teletrabalho, por si só, demanda a conclusão de que não há controle da jornada.

Nesse sentido, reiteramos conclusão já lançada em outro momento (ZWICKER, 2014) de que a utilização de meios telemáticos e informatizados de comando, controle e supervisão pela empresa podem indicar o controle da jornada de trabalho, o que afasta a aplicação do artigo 62, inciso III, da Consolidação das Leis do Trabalho, a qual permanece hígida apenas e tão somente se não restar comprovada a exigência desse controle da jornada (nesse caso, o trabalhador telessubordinado está ligado apenas à produção).

Pelo conceitual introduzido pela "Reforma Trabalhista", considera-se teletrabalho a prestação de serviços preponderantemente fora das dependências do empregador, com a utilização de tecnologias de informação e de comunicação que, por sua natureza, não se constituam como trabalho externo. O comparecimento às dependências do empregador, para a realização de atividades específicas que exijam a presença do empregado no estabelecimento, a rigor não descaracteriza o regime de teletrabalho.

---

4 Registre-se que, particularmente em relação à Medida Provisória n. 808/2017, ela perdeu a eficácia, desde a edição, porque não foi convertida em lei no prazo constitucional; considerando que o Congresso Nacional não disciplinou, por decreto legislativo, as relações jurídicas constituídas e dela decorrentes, os atos praticados durante a vigência da Medida Provisória n. 808/2017 conservar-se-ão por ela regidos (inteligência do artigo 62, § 3º e 11, da Constituição da República).

A prestação de serviços na modalidade de teletrabalho deve constar expressamente do contrato individual de trabalho, o qual deve especificar as atividades que serão realizadas pelo empregado, sendo, portanto, um contrato de trabalho solene, que exige pactuação expressa e por escrito, submetida ao artigo 29, *caput*, da Consolidação das Leis do Trabalho. Nesse sentido, o regime de teletrabalho é considerado uma "condição especial", a qual não se presume, ordinariamente[5].

É possível a alteração entre regime presencial e de teletrabalho, desde que haja mútuo acordo entre as partes, registrado em aditivo contratual. Nesse sentido, é importante relembrar o paradigma da essencialidade: o direito contratual, tomado como "instrumento a serviço da pessoa e de sua dignidade", deve "refletir a primazia dos interesses existenciais sobre os interesses patrimoniais" (NEGREIROS, 2006, p. 461).

Não se trata "de tutelar mais ou menos as situações patrimoniais, mas de se lhes reservar uma tutela qualitativamente diversa" (NEGREIROS, 2006, p. 462), que deve concretizar, adequadamente, os direitos da personalidade e a tutela da dignidade da pessoa humana.

> É nestes quadros que se torna importante distinguir aquelas situações patrimoniais – especificamente as relações contratuais – qualificadas em função de sua utilidade existencial, como tal entendido o grau de imprescindibilidade da aquisição ou utilização pessoal do bem em questão para a conservação de um padrão mínimo de dignidade de quem dele necessita. A destinação do bem objeto do contrato é um elemento fundamental na determinação do relativo poder negocial dos contratantes, e por isso deve ser levada em conta na solução do conflito de interesses que eventualmente sobrevenha.
>
> Estas são as premissas que fundamentam o estabelecimento do paradigma da essencialidade. Os contratos que versem sobre a aquisição ou a utilização de bens que, considerando a sua destinação, são tidos como essenciais estão sujeitos a um regime tutelar, justificado pela necessidade de proteção da parte vulnerável – assim entendida a parte contratante que necessita do bem em questão –; e, vice-versa, no extremo oposto, os contratos que tenham por objeto bens supérfluos regem-se predominantemente pelos princípios do direito contratual clássico, vigorando aqui a regra da mínima intervenção heterônoma. (NEGREIROS, 2006, p. 463).

No contrato de trabalho, uma das partes (o empregado, hipossuficiente) tem no objeto do contrato (a prestação do labor) sua única possibilidade de existência digna

5 "Art. 29. O empregador terá o prazo de 5 (cinco) dias úteis para anotar na CTPS, em relação aos trabalhadores que admitir, a data de admissão, a remuneração **<u>e as condições especiais</u>**, **<u>se houver</u>**, facultada a adoção de sistema manual, mecânico ou eletrônico, conforme instruções a serem expedidas pelo Ministério da Economia."

(a percepção salarial), o que legitima a intervenção estatal na autonomia da vontade privada, dada a assimetria característica da relação contratual.

Assim, é possível concluir, satisfatoriamente, que embora possa existir formalmente, um "mútuo acordo entre as partes, registrado em aditivo contratual", é possível que, materialmente, o empregado dê consentimento apenas e tão somente para não perder o emprego.

Ainda, é possível a realização da alteração do regime de teletrabalho para o regime presencial, por determinação do empregador, no uso de uma das vertentes de seu poder empregatício (o poder diretivo), devendo ser garantido um prazo mínimo de transição, de quinze dias, com o correspondente registro em aditivo contratual (mais uma vez, reitera-se a condição especial do teletrabalho, exigindo-se sua pactuação solene).

As disposições relativas à responsabilidade pela aquisição, manutenção ou fornecimento dos equipamentos tecnológicos e da infraestrutura necessária e adequada à prestação do trabalho remoto, bem como ao reembolso de despesas arcadas pelo empregado, serão previstas em contrato escrito (solene). Essas utilidades não integrarão a remuneração do empregado, para fins de repercussão nas demais verbas ou para a incidência de tributos.

O empregador deverá instruir os empregados, de maneira expressa e ostensiva, quanto às precauções a tomar a fim de evitar doenças e acidentes de trabalho, devendo o empregado assinar termo de responsabilidade, comprometendo-se a seguir as instruções fornecidas pelo empregador.

Aqui, há de se registrar que cabe ao empregador cumprir e fazer cumprir as normas de segurança e medicina do trabalho (artigo 157, inciso I, da Consolidação das Leis do Trabalho). Ainda, a teor da Súmula n. 289 do Tribunal Superior do Trabalho, *mutatis mutandis*, a simples assinatura do empregado em eventual "termo de responsabilidade", comprometendo-se a seguir as instruções fornecidas pelo empregador, não exime esse último de tomar medidas que conduzam à efetiva manutenção do meio ambiente do trabalho cem por cento seguro ou minimamente inseguro.

Por fim, o artigo 611-A da Consolidação das Leis do Trabalho prevê que a convenção coletiva e o acordo coletivo de trabalho têm prevalência sobre a lei quando, entre outros, dispuserem sobre o regime de teletrabalho.

Nesse ponto, o artigo 611-A da Consolidação das Leis do Trabalho traz um rol meramente exemplificativo (*numerus apertus*) de matérias possíveis de serem submetidas à transação, em nível coletivo, tendo prevalência sobre a norma (o chamado "negociado sobre o legislado"), diferentemente do artigo 611-B, que traz um rol taxativo (*numerus clausus*) de matérias não sujeitas à negociação coletiva de trabalho (nesse sentido, o artigo 611-B reproduz, em suma, o que já prevê o artigo 7º da Constituição da República).

Discussões à parte, para não fugir do tema proposto, é certo que os artigos 611-A e 611-B da Consolidação das Leis do Trabalho se sujeitam à disciplina constitucional, de modo que os acordos coletivos de trabalho e as convenções coletivas de trabalho devem respeitar as disposições mínimas legais de proteção ao trabalho e elevarem, necessariamente, o patamar civilizatório mínimo (a melhoria da condição social dos trabalhadores), a teor dos artigos 7º, *caput* e inciso XXVI, e 114, § 2º, da Constituição da República.

3. TELETRABALHO, *HOME OFFICE* E O TEMPO-ESPAÇO

Feita a necessária introdução conceitual, adentramos no objeto específico do nosso estudo. Como se fez o *estado da arte*, questionamos: o dito "trabalho remoto" surge como uma promessa milagrosa para aliviar os impactos nefastos da pandemia global, mormente pela recomendação da Organização Mundial de Saúde, de que se adote o **isolamento horizontal**.

Porém, tal modalidade tem sido ferramenta de atuação no bem-estar físico, mental e social dos empregados?

Santo Agostinho apud Comte-Sponville (2015) se questionava: "Então, o que é o tempo? Se ninguém me pergunta, eu sei. Se me perguntam e eu quero explicar, não sei mais."

A sociedade industrial, a partir do início do Século XIX, passou a impor um ritmo excessivamente disciplinado, o ritmo de "disciplina de fábrica", com horários e relógio de ponto. Fazia-se o trabalho, depois se iria embora para casa, em um ritmo muito "ritualizado" (PAQUOT, 2015).

Porém, as **transições tecnológicas** vão eliminando o que conhecemos como **espaço**, que desaparece; e se o espaço desaparece, **o tempo fica instantâneo** (GLEISER, 2015).

> A gente evoluiu dentro do que a gente chama de cronobiologia: você evoluiu trabalhando com claro e escuro, momento para descansar e momento para estar acordado. Com todas essas facilidades que a gente tem, a gente subverteu o tempo de tal forma que dia e noite, muitas vezes, são iguais, dependendo de onde você está, principalmente. Você está num escritório, você está no seu quarto trabalhando, pouco importa se está claro ou escuro, então a gente evoluiu para se importar com a sensação de claro e escuro porque isso dá para a gente ritmos biológicos associados a isso, **mas a urgência faz com que a gente fique muito mais tempo dentro dessa redoma que nos impede de viver, de fato, os ritmos biológicos naturais, e isso certamente gera ansiedade**. (REHEN, 2015).

Tudo é instantâneo.

"O tempo atual é o tempo do instantâneo" (JABOR, 2015). E isso muda consideravelmente a nossa vida; **muda até nosso acesso à felicidade** (COMTE-SPONVILLE,

2015). Essa massa de informações, que rompe o espaço-tempo, **se transforma em infelicidade** (MASI, 2015).

Com efeito, quando se fala em ***home office***, não se fala apenas do conceito formal de domicílio, mas se parte do pressuposto que se trata de um ***lar***, a partir da noção **espaço-tempo** do que é um ***lar***: lar é o **espaço** onde o ser humano encontra refúgio; calmaria na turbulência dos dias; é o **tempo** no qual o ser humano pode desfrutar do descanso adequado, do ócio necessário, da paz – paz mental, paz de espírito.

É o ***lar*** que reconforta o ser humano e lhe protege e refaz do trabalho, que às vezes oprime, quase sempre exige muito e sempre espera proatividade.

Emanam daí inúmeros direitos, como o direito à vida, o direito à saúde, o direito à integridade, o direito à tranquilidade e à paz e o direito ao livre desenvolvimento da personalidade (BARBOSA, 2020, p. XXXIII).

Porém, quando o trabalho invade a vida privada do ser humano, admoesta a sua intimidade, retira-lhe o tempo do ócio; quando o empregado se vê confrontado em seu tempo caseiro pelas intermináveis ligações e mensagens de Whatsapp, de *e-mails*, de avisos, de lembretes, de *lives*[6], de participações obrigatórias em plataformas virtuais, em admoestação para estar disponível a qualquer hora ou momento do dia, e até nos finais de semana; quando o trabalho não permite ao ser humano compreender o seu próprio ***lar*** como um ***lar***, quando se rompe esse **espaço-tempo** e o ***lar*** passa a perder a identidade de ***lar***, onde o espaço se torna espaço de trabalho, onde o tempo se torna tempo de trabalho, indistintamente, isso afeta o ritmo biológico, gera ansiedade, causa afetações no bem-estar físico, mental e social do ser humano.

Como cediço, o direito à saúde, na sua mais ampla acepção de sadia qualidade de vida, compreende a tutela integral do trabalhador na sua condição humana.

> Promoção da saúde é o nome dado ao processo de capacitação da comunidade para atuar na melhoria de sua qualidade de vida e saúde, incluindo uma maior participação no controle deste processo. Para atingir um estado de completo bem-estar físico, mental e social os indivíduos e grupos devem saber identificar aspirações, satisfazer necessidades e modificar favoravelmente o meio ambiente. A saúde deve ser vista como um recurso para a vida, e não como objetivo de viver. Nesse sentido, a saúde é um conceito positivo, que enfatiza os recursos sociais e pessoais, bem como as capacidades físicas. Assim, a promoção da saúde não é responsabilidade exclusiva do setor saúde, e vai para além de um estilo de vida saudável, na direção de um bem-estar global. (SAÚDE..., 2002).

6 "*Live* em português significa, no contexto digital, 'ao vivo'. Na linguagem da internet, a expressão passou a caracterizar as transmissões ao vivo feitas por meio das redes sociais. As *lives* são feitas de forma simples e ágil, geralmente sem limites de tempo de exibição ou de quantidade de espectadores" (REIS, 2020).

Na lógica dos efeitos do contrato de trabalho, certo é que existem *deveres anexos* ao contrato, inclusive com substancial impacto em normas de higiene, saúde, segurança e medicina do trabalho, melhor dizer, com exigência direta, diante e decorrente do próprio contrato de trabalho, de que o empregador mantenha a higidez dos seus trabalhadores, vista no aspecto da **biopsicossocialidade**.

Como cediço, a saúde deve ser compreendida no seu aspecto biopsicossocial. Nesse sentido, tanto o preâmbulo da Constituição da Organização Mundial de Saúde quanto a Convenção n. 155 da Organização Internacional do Trabalho, por seu artigo do artigo 3°, alínea "e", conceituam *saúde*, expressamente, como um "**completo estado de bem-estar físico, mental e social**" e não como "**mera ausência de doença ou enfermidade**".

Da mesma forma, o Protocolo Adicional à Convenção Americana sobre Direitos Humanos[7] em matéria de Direitos Econômicos, Sociais e Culturais (Decreto n. 3.321/1999), intitulado "Protocolo de São Salvador", ao prever o direito à saúde, no artigo 10, dispõe, em seu § 1°, que "**toda pessoa tem direito à saúde, entendida como o gozo do mais alto nível de bem-estar físico, mental e social**".

Além das normas acima, que conceituam "saúde" de forma bastante ampla, incluindo em seu conceito o bem-estar físico, mental e até social, outras normas internacionais também são dignas de nota.

Na forma do artigo 12, § 1°, do Pacto Internacional sobre Direitos Econômicos, Sociais e Culturais (Decreto n. 591/1992), "os Estados Partes do presente Pacto reconhecem o direito de toda pessoa de desfrutar **o <u>mais elevado</u> nível possível** de saúde física e mental".

A Declaração Universal dos Direitos Humanos, no seu artigo XXV, prevê que "todo ser humano tem direito a um **<u>padrão</u> de vida capaz de <u>assegurar</u>-lhe**, e a sua família, **saúde** e bem-estar".

Registre-se que o Pacto Internacional sobre Direitos Econômicos, Sociais e Culturais (Decreto n. 591/1992), o Protocolo Adicional à Convenção Americana sobre Direitos Humanos em matéria de Direitos Econômicos, Sociais e Culturais (Decreto n. 3.321/1999) e a Convenção n. 155 da Organização Internacional do Trabalho não foram aprovados pelo quórum qualificado disposto no artigo 5°, § 3°, da Constituição da República, mas são tratados internacionais de **direitos humanos**, de modo que ostentam posição hierárquico-normativa de **supralegalidade**, conforme interpretou, de forma definitiva, o Supremo Tribunal Federal[8], de modo que se sobrepõem à legislação infraconstitucional e produzem sobre ela *eficácia paralisante*, caso lhes contradigam.

---

7 Convenção Americana sobre Direitos Humanos, promulgada pelo Decreto n. 678/1992, também conhecida como "Pacto de São José da Costa Rica".

8 Supremo Tribunal Federal. **Recurso extraordinário n. 349.703 (RS)**. Relator: Ministro Ayres Britto. Relator para o Acórdão: Ministro Gilmar Mendes. Órgão Julgador: Tribunal Pleno.

A **pandemia** declarada não pode ser **gatilho** para a deterioração da saúde do empregado.

O ***lar*** é morada de **atividades existenciais**; é espaço no qual o ser humano, na nossa sociedade contemporânea, também desenvolve a sua **existência**, julga as atividades mais relevantes para os seus projetos de vida, desenvolve a sua personalidade e promove a sua dignidade (DESSAUNE, 2017, p. 194).

À conhecida "pirâmide de Maslow", escala hierárquica de Abraham Maslow que elenca as necessidades vitais do ser humano, acrescentou-se um oitavo patamar, no topo, chamado de **necessidades de transcendência** (DESSAUNE, 2017, p. 196), que só pode ser atingido pelo ser humano quando esse encontra **paz**, o que, por óbvio, também se relaciona à paz do ser humano no espaço-tempo do seu próprio ***lar***.

No Direito do Consumidor, por exemplo, já há ampla jurisprudência sustentando a **teoria do desvio produtivo do consumidor**, "que é o fato ou o evento danoso que se consuma quando o consumidor, sentindo-se prejudicado, gasta o seu tempo vital – que é um recurso produtivo – e se desvia das suas atividades cotidianas – que geralmente são existenciais" (DESSAUNE, 2017, p. 274).

Se assim o é, no Direito do Consumidor, que dirá no Direito do Trabalho, em que reside o paradigma da essencialidade, como visto, no qual o contrato de trabalho é tomado como "instrumento a serviço da pessoa e de sua dignidade" e deve "refletir a primazia dos interesses existenciais sobre os interesses patrimoniais", reservando-se a "uma tutela qualitativamente diversa", que deve concretizar, adequadamente, os direitos da personalidade e a tutela da dignidade da pessoa humana (NEGREIROS, 2006, p. 461-462).

4. "FLEXIBILIZAÇÃO" EM TEMPOS DE PANDEMIA

É certo que tal premissa não é pacífica.

Martins Filho (2020) critica os juízes trabalhistas, porque, na sua concepção, "rejeitam flexibilizar [a] legislação [trabalhista], como se não houvesse pandemia".

Julgamento: 3.12.2008. Publicação: Diário da Justiça Eletrônico divulgado em 4.6.2009 e publicado em 5.6.2009. Supremo Tribunal Federal. **Recurso extraordinário n. 466.343 (SP)**. Relator: Ministro Cezar Peluso. Órgão Julgador: Tribunal Pleno. Julgamento: 3.12.2008. Publicação: Diário da Justiça Eletrônico divulgado em 4.6.2009 e publicado em 5.6.2009. **Repercussão geral no mérito**. Supremo Tribunal Federal. *Habeas corpus* n. 87.585 (TO). Relator: Ministro Marco Aurélio. Órgão Julgador: Tribunal Pleno. Julgamento: 3.12.2008. Publicação: Diário de Justiça Eletrônico divulgado em 25.6.2009 e publicado em 26.6.2009. Supremo Tribunal Federal. *Habeas corpus* n. 92.566 (SP). Relator: Ministro Marco Aurélio. Órgão Julgador: Tribunal Pleno. Julgamento: 3.12.2008. Publicação: Diário de Justiça Eletrônico divulgado em 4.6.2009 e publicado em 5.6.2009.

Para o ministro do Tribunal Superior do Trabalho, em recente entrevista, "a fragilização não é apenas dos trabalhadores, mas também dos empregadores, não se podendo desconhecer que a lei deverá ser aplicada, levando em conta a força maior advinda da pandemia" (MARTINS FILHO, 2020).

Há quem pense, porém, que

> A Constituição não é mero documento simbólico de intenções, não está morta e não pode ser descumprida, mesmo mediante argumentações que resultem na defesa de que os fins, ainda que louváveis, justificariam os meios, se estes não são aceitos pelo sistema constitucional. Eventuais alegações sobre a realidade fática não servem de justificativa para a violação do dever ser estabelecido pela ordem jurídica constitucional, sob pena de se caminhar para a instauração de regime de exceção. (GARCIA, 2020).

O Supremo Tribunal Federal, por maioria, parece seguir a primeira linha de raciocínio.

Na Ação Direta de Inconstitucionalidade n. 6363, ajuizada em desfavor da Medida Provisória n. 936/2020 e julgada em 17 de abril de 2020, prevaleceu o entendimento de que, "**em razão do momento excepcional**", é possível a redução da jornada de trabalho e do salário ou a suspensão temporária do contrato de trabalho, por meio de acordos individuais, pela pandemia do novo coronavírus, *independentemente* da anuência dos sindicatos da categoria.

Os *únicos ministros* que votaram pela **inconstitucionalidade** da Medida Provisória foram o ministro Edson Fachin e a ministra Rosa Weber, para os quais, ainda que se admita a possibilidade de acordos individuais, a Constituição da República assegura que a redução salarial só pode ocorrer mediante negociação coletiva (artigo 7º, incisos VI e XIII, da Constituição da República)[9], não havendo espaço, portanto, **para que a legislação ordinária substitua a regra constitucional que prevê a participação sindical em acordos com essa finalidade** (SUPREMO..., 2020).

Em outro julgamento, onde se discutiu a inconstitucionalidade de outra medida provisória, qual seja, a Medida Provisória n. 927/2020, por meio de diversas Ações Diretas de Inconstitucionalidade[10], o Supremo Tribunal Federal decidiu que são *constitucio-*

---

9 "Art. 7º São direitos dos trabalhadores urbanos e rurais, além de outros que visem à melhoria de sua condição social: [...] VI – **irredutibilidade do salário**, <u>salvo</u> o disposto em convenção ou acordo coletivo; [...] XIII – duração do trabalho normal não superior a oito horas diárias e quarenta e quatro semanais, facultada a compensação de horários e a **redução da jornada**, <u>mediante</u> acordo ou convenção coletiva de trabalho; [...]."

10 Ocorreu julgamento conjunto, pela identidade temática, das Ações Diretas de Inconstitucionalidade n. 6342, 6344, 6346, 6348, 6349, 6352 e 6354, ajuizadas, respectivamente, pelo Partido Democrático Trabalhista (PDT); pela Rede Sustentabilidade; pela Confederação Nacional dos Trabalhadores Metalúrgicos; pelo Partido Socialista Brasileiro (PSB); pelos Partidos Comunista

nais as medidas trabalhistas franqueadas pela Medida Provisória, aos empregadores, para o enfrentamento do estado de calamidade pública decorrente da covid-19.

Segundo o Supremo Tribunal Federal, em julgamento formado por maioria[11], a Medida Provisória n. 927/2020 "visou atender uma situação emergencial e preservar empregos, a fonte do sustento dos trabalhadores que não estavam na economia informal"; prevaleceu o entendimento de que a finalidade da Medida Provisória foi a de *compatibilizar os valores sociais do trabalho com a livre iniciativa*, a fim de perpetuar o vínculo trabalhista e manter, "mesmo que abalada, a saúde financeira de milhares de empresas" (SUPREMO..., 2020b).

A única exceção foi quanto aos artigos 29 e 31: o Supremo Tribunal Federal decidiu que, quanto ao artigo 29, "ao prever que casos de contaminação pelo coronavírus não serão considerados ocupacionais, exceto mediante comprovação de nexo causal", a norma ofendeu "inúmeros trabalhadores de atividades essenciais que continuam expostos ao risco"; quanto ao artigo 31, que restringiu a atuação de auditores-fiscais do trabalho, o Supremo Tribunal Federal entendeu que a norma "atenta contra a saúde dos empregados, não auxilia o combate à pandemia e diminui a fiscalização no momento em que vários direitos trabalhistas estão em risco" (SUPREMO..., 2020b).

Somos, porém, favoráveis à segunda linha de raciocínio.

Neves (1996, p. 323) há muito denuncia o risco da **deturpação do texto constitucional** no processo de desconstitucionalização fática ou concretização desconstitucionalizante, no qual, por meio da mutação constitucional, criam-se deturpações interpretativas no texto constitucional, que passa a ser meramente **simbólico**, por perder o seu principal papel: o de concretizador de direitos fundamentais.

A **força normativa** da Constituição da República deve existir tanto em épocas de bonança quanto de intempéries. Chegamos a dizer que a Constituição da República só demonstrará a sua verdadeira força normativa, em seu matiz substancial-material, **em épocas de intempéries**, quando, por corolário lógico, suas premissas protetivas se fazem muito mais necessárias.

Nesse sentido, "o descanso, em suas dimensões biológica, social e econômica, foi expressamente tutelado pela CF/1988 como direito dos trabalhadores, tanto por meio da limitação da duração do trabalho quanto por intermédio da fixação dos períodos de descanso" (DESSAUNE, 2017, p. 204-205), a teor, entre muitos, dos incisos XIII, XIV, XV e XVII do artigo 7º da Constituição da República.

---

do Brasil (PCdoB), Socialismo e Liberdade (PSOL) e dos Trabalhadores (PT); pelo partido Solidariedade; e pela Confederação Nacional dos Trabalhadores da Indústria.

11 "Ficaram vencidos em maior parte os ministros Edson Fachin, Rosa Weber e Ricardo Lewandowski, que, além da suspensão de outros dispositivos impugnados, votaram também pela suspensão da eficácia da expressão 'que terá preponderância sobre os demais instrumentos normativos' contida no artigo 2º da MP. [...] 'A Constituição e as leis trabalhistas não podem ser desconsideradas nem pelos empregados nem pelos empregadores, mesmo em tempo de situação emergencial de saúde', disse o ministro Fachin." (SUPREMO..., 2020b).

Por outro lado, são invioláveis a intimidade e a vida privada, na forma consagrada pelo inciso X do artigo 5º da Constituição da República – esses **direitos da personalidade**, porque diretamente ligados ao princípio da dignidade da pessoa humana.

Todos esses direitos, elencados acima, decorrentes do Estado Democrático de Direito, que tem como fundamentos a cidadania, a dignidade da pessoa humana, os valores sociais do trabalho e os valores sociais da livre-iniciativa, a teor do artigo 1º, *caput* e incisos II, III e IV, da Constituição da República, **têm natureza de direitos fundamentais e se revestem como cláusulas pétreas**, a teor do artigo 60, § 4º, inciso IV, da Constituição da República, o que simboliza "os limites materiais ao poder de reforma" e constitui "o cerne material de uma Constituição, representando, pois, a sua própria identidade" (SARLET, 2013, p. 1129).[12]

5. CONCLUSÃO

É correta a conclusão Tedros Adhanom Ghebreyesus, de que "a única maneira de derrotar este surto é ter todos os países trabalhando juntos em um espírito de solidariedade e cooperação" (ORGANIZAÇÃO..., 2020a).

Aliás, isso é intuitivo, pois um dos pilares do Estado Democrático de Direito, no Brasil, é o **princípio da solidariedade**. Basta lembrar que a própria Constituição da República prevê que constituem **objetivos fundamentais** da República Federativa do Brasil, entre outros, a construção de uma sociedade livre, justa e solidária; a erradicação da pobreza e da marginalização e a redução das desigualdades sociais e regionais; e a promoção do bem de todos, sem preconceitos de origem, raça, sexo, cor, idade e quaisquer outras formas de discriminação (artigo 3º, incisos I, III e IV, da Constituição da República).

Porém, os fins não justificam os meios e a pandemia global não serve de justificativa para a violação da Constituição da República e da instauração de regime de exceção. É principalmente em tempos difíceis que a promessa constitucional se faz mais premente e urgente.

É em tempos de incerteza e de sofrimento que se demanda, com maior importância e exigência, a tutela da dignidade da pessoa humana, dos direitos da personalidade, do descanso em suas dimensões biológica, social e econômica, da saúde como bem-estar físico, mental e social. É em tempos de incerteza e de sofrimento que se demanda, com maior importância e exigência, a proteção à vida, à saúde, à integridade, à tranquilidade e à paz, ao livre desenvolvimento da personalidade.

---

12 Registre-se que os direitos sociais, por fazerem parte do Capítulo II do Título I da Constituição da República, são considerados, tal qual os direitos e deveres individuais e coletivos, direitos e garantias fundamentais, "de tal sorte que todas as categorias de direitos fundamentais estão sujeitas, em princípio, ao mesmo regime jurídico" (SARLET, 2013, p. 514-515).

Importa indagar em que medida, ultrapassados que sejam os limites impostos pela proporcionalidade e pela necessidade, podem os Estados, em um sentido macro, e os empregadores, de forma setorizada, ser responsáveis pela lesão, grave e danosa, desses direitos (BARBOSA, 2020, p. XXXIII).

REFERÊNCIAS

AGÊNCIA PARÁ. **Diário Oficial do Estado do Pará n. 34.172, de 6 de abril de 2020**. Disponível em: https://www.agenciapara.com.br/midias/anexos/18843A_decreto.pdf. Acesso em: 28 abr. 2020.

BARBOSA, Mafalda Miranda. Coronavírus: a responsabilidade na experiência europeia. O caso português. *In:* MONTEIRO FILHO, Carlos Edison do Rêgo; ROSENVALD, Nelson; DENSA, Roberta. **Coronavírus e responsabilidade civil**: impactos contratuais e extracontratuais. Indaiatuba: Foco, 2020. p. XXV-XXXIV.

BRASIL. Supremo Tribunal Federal. **STF mantém possibilidade de redução de salários por acordo individual em decorrência da pandemia**: em julgamento por videoconferência concluído na sessão extraordinária desta sexta-feira (17), o Plenário negou referendo à liminar concedida no início do mês pelo ministro Ricardo Lewandowski e afastou a necessidade de aval dos sindicatos para o fechamento de tais acordos. Publicado em: 17 abr. 2020. Disponível em: http://portal.stf.jus.br/noticias/verNoticiaDetalhe.asp?idConteudo=441651&ori=1. Acesso em: 28 abr. 2020.

BRASIL. Supremo Tribunal Federal. **STF prossegue nesta quarta-feira (29) julgamento de ações contra flexibilização de regras trabalhistas**: o relator, ministro Marco Aurélio, votou na semana passada pelo indeferimento da suspensão da MP; na quarta, a partir das 14h, os demais ministros apresentam seus votos. Publicado em: 28 abr. 2020. Disponível em: http://portal.stf.jus.br/noticias/verNoticiaDetalhe.asp?idConteudo=442248&ori=1. Acesso em: 28 abr. 2020.

COMTE-SPONVILLE, André. **Quanto tempo o tempo tem**. Direção: Adriana L. Dutra e Walter Carvalho. Roteiro: Adriana L. Dutra e Flávia Guimarães. Rio de Janeiro: Inffinito, 2015. 1h15min, son., col. Documentário exibido pela Netflix. Acesso em: 5 maio 2019.

DALLEGRAVE NETO, José Affonso. O teletrabalho: importância, conceito e implicações jurídicas. **Revista Eletrônica do Tribunal Regional do Trabalho da Nona Região**, Curitiba, v. 3, n. 33, p. 8-27, set. 2014.

DESSAUNE, Marcos. **Teoria aprofundada do desvio produtivo do consumidor**: o prejuízo do tempo desperdiçado e da vida alterada. 2. ed. rev. e ampl. Vitória: [s.n.], 2017.

EL PAÍS. **Ao vivo**: últimas notícias sobre o coronavírus e a crise política no Brasil. Brasil confirma 474 mortes em 24 horas, novo recorde, e ultrapassa a marca de 5.000 óbitos por covid-19, mais que o registrado na China. Anvisa libera aplicação de testes por farmácias. EUA superam um milhão de infectados. Trump critica postura brasileira de combate ao coronavírus. Espanha apresenta plano de flexibilização da quarentena. As últimas notícias, ao vivo. Publicado em: 28 abr. 2020. Disponível em: https://brasil.elpais.com/brasil/2020-04-28/ao-vivo-ultimas-noticias-sobre-o-coronavirus-e-a-crise-politica-no-brasil.html. Acesso em: 28 abr. 2020.

ESTRADA, Manuel Martín Pino. O teletrabalho transfronteiriço no Direito brasileiro e a globalização. **Revista Consultor Jurídico**, 30 dez. 2002. Disponível em: http://www.conjur.com.br/2002-dez-30/teletrabalho_transfronteirico_direito_brasileiro. Acesso em: 23 nov. 2014.

FUKS, Julián. **Ensaio**: falência do tempo. Pandemia provoca a ilusão de um futuro desfeito. Publicado em: 24 abr. 2020. Disponível em: https://www.uol.com.br/ecoa/colunas/opiniao/2020/04/24/ensaio-falencia-do-tempo---pandemia-provoca-a-ilusao-de-um-futuro-desfeito.htm. Acesso em: 29 abr. 2020.

GARCIA, Gustavo Filipe Barbosa. Crise não autoriza redução de salário sem participação de sindicato. **Revista Consultor Jurídico**, 19 abr. 2020. Disponível em: https://www.conjur.com.br/2020-abr-19/gustavo-garcia-crise-nao-autoriza-reducao-salario-sindicato. Acesso em: 28 abr. 2020.

GLEISER, Marcelo. **Quanto tempo o tempo tem**. Direção: Adriana L. Dutra e Walter Carvalho. Roteiro: Adriana L. Dutra e Flávia Guimarães. Rio de Janeiro: Inffinito, 2015. 1h15min, son., col. Documentário exibido pela Netflix. Acesso em: 5 maio 2019.

G1. **Novo decreto da Prefeitura de Belém reforça o fechamento total do comércio e estabelecimentos não essenciais da capital**: as atividades que não sejam definidas como essenciais pelo decreto estão proibidas e deverão permanecer suspensas até que seja publicado plano de reabertura. Publicado em: 27 abr. 2020a. Disponível em: https://g1.globo.com/pa/para/noticia/2020/04/27/prefeitura-de-belem-anuncia-novo-decreto-que-reforca-o-fechamento-total-do-comercio-e-estabelecimentos-nao-essenciais-da-capital.ghtml. Acesso em: 28 abr. 2020.

G1. **Casos de coronavírus e número de mortes no Brasil em 28 de abril**: as secretarias estaduais de Saúde confirmam no país 68.353 casos do novo coronavírus (Sars-CoV-2), com 4.695 mortes. Publicado em: 28 abr. 2020b. Disónível em: https://g1.globo.com/bemestar/coronavirus/noticia/2020/04/28/casos-de-coronavirus-e-numero-de-mortes-no-brasil-em-28-de-abril.ghtml. Acesso em: 28 abr. 2020.

G1. **Casos de novo coronavírus no mundo passam de 8 milhões, diz universidade** – desse total, cerca de 25% foram registrados nos Estados Unidos – levantamento da Johns Hopkins mostra que mais de 435 mil pessoas morreram de covid-19 em todo o mundo. Publicado em: 15 jun. 2020c. Disponível em: https://g1.globo.com/bemestar/coronavirus/noticia/2020/06/15/casos-de-novo-coronavirus-no-mundo-passam-de-8-milhoes-diz-universidade.ghtml. Acesso em: 16 jun. 2020.

G1. **Brasil tem 44.148 mortes por coronavírus, mostra consórcio de veículos de imprensa**: levantamento é feito por jornalistas de G1, O Globo, Extra, Estadão, Folha e UOL junto às secretarias estaduais de Saúde. Publicado em: 16 jun. 2020d. Disponível em: https://g1.globo.com/bemestar/coronavirus/noticia/2020/06/16/brasil-tem-44148-mortes-por-coronavirus-mostra-consorcio-de-veiculos-de-imprensa-atualizacao-das-8h.ghtml. Acesso em: 16 jun. 2020.

JABOR, Arnaldo. **Quanto tempo o tempo tem**. Direção: Adriana L. Dutra e Walter Carvalho. Roteiro: Adriana L. Dutra e Flávia Guimarães. Rio de Janeiro: Inffinito, 2015. 1h15min, son., col. Documentário exibido pela Netflix. Acesso em: 5 maio 2019.

LIMA FILHO, Francisco das C. **O reconhecimento legal da relação de emprego do teletrabalhador**. Publicado em: 15 ago. 2012. Disponível em: http://www.sintese.com/doutrina_integra.asp?id=1224. Acesso em: 28 abr. 2020.

MARTINS FILHO, Ives Gandra da Silva. Juízes trabalhistas rejeitam flexibilizar legislação como se não houvesse pandemia. **Revista Consultor Jurídico**, 26 abr. 2020. Disponível em: https://www.conjur.com.br/2020-abr-26/entrevista-ives-gandra-silva-martins-filho-ministro-tst. Acesso em: 28 abr. 2020.

MASI, Domenico de. **Quanto tempo o tempo tem**. Direção: Adriana L. Dutra e Walter Carvalho. Roteiro: Adriana L. Dutra e Flávia Guimarães. Rio de Janeiro: Inffinito, 2015. 1h15min, son., col. Documentário exibido pela Netflix. Acesso em: 5 maio 2019.

NEGREIROS, Teresa. **Teoria do contrato**: novos paradigmas. 2. ed. Rio de Janeiro: Renovar, 2006.

NEVES, Marcelo. Constitucionalização simbólica e desconstitucionalização fática: mudança simbólica da Constituição e permanência das estruturas reais de poder. **Revista de Informação Legislativa**, Brasília, ano 33, n. 132, p. 321-330, out.-dez. 1996.

ORGANIZAÇÃO PAN-AMERICANA DE SAÚDE. **OMS declara emergência de saúde pública de importância internacional por surto de novo coronavírus**. Publicado em: 30 jan. 2020a. Disponível em: https://www.paho.org/bra/index.php?option=com_content&view=article&id=6100:oms-declara-emergencia-de-saude-publica-de-importancia-internacional-em-relacao-a-novo-coronavirus&Itemid=812. Acesso em: 28 abr. 2020.

ORGANIZAÇÃO PAN-AMERICANA DE SAÚDE. **OMS afirma que COVID-19 é agora caracterizada como pandemia**. Publicado em: 11 mar. 2020b. Disponível em: https://www.paho.org/bra/index.php?option=com_content&view=article&id=6120:oms-afirma-que-covid-19-e-agora-caracterizada-como-pandemia&Itemid=812. Acesso em: 28 abr. 2020.

ORGANIZAÇÃO PAN-AMERICANA DE SAÚDE. **Folha informativa**: covid-19 (doença causada pelo novo coronavírus). Atualizado em: 27 abr. 2020c. Disponível em: https://www.paho.org/bra/index.php?option=com_content&view=article&id=6101:covid19&Itemid=875. Acesso em: 28 abr. 2020.

PAQUOT, Thierry. **Quanto tempo o tempo tem**. Direção: Adriana L. Dutra e Walter Carvalho. Roteiro: Adriana L. Dutra e Flávia Guimarães. Rio de Janeiro: Inffinito, 2015. 1h15min, son., col. Documentário exibido pela Netflix. Acesso em: 5 maio 2019.

REIS, Emanuel. **O que é uma *live*?** Saiba tudo sobre as transmissões ao vivo na internet. O que significa *live* em inglês? Veja perguntas e respostas sobre transmissões ao vivo na internet e saiba o que é *live*. Publicado em: 24 mar. 2020. Disponível em: https://www.techtudo.com.br/noticias/2020/03/o-que-e-uma-live-saiba-tudo-sobre-as-transmissoes-ao-vivo-na-internet.ghtml. Acesso em: 28 abr. 2020.

REHEN, Steven. **Quanto tempo o tempo tem**. Direção: Adriana L. Dutra e Walter Carvalho. Roteiro: Adriana L. Dutra e Flávia Guimarães. Rio de Janeiro: Inffinito, 2015. 1h15min, son., col. Documentário exibido pela Netflix. Acesso em: 5 maio 2019.

SANTOS, Helivania Sardinha dos. **Isolamento vertical e horizontal**. Publicado em: https://www.biologianet.com/curiosidades-biologia/isolamento-vertical-e-horizontal.htm. Acesso em: 28 abr. 2020.

SARLET, Ingo Wolfgang. In: CANOTILHO, José Joaquim Gomes et al. **Comentários à Constituição do Brasil**. São Paulo/Portugal: Saraiva/Almedina, 2013.

SAÚDE EM MOVIMENTO. **Carta de Ottawa sobre a promoção da saúde**. Publicado em: 6 fev. 2002. Disponível em: http://www.saudeemmovimento.com.br/conteudos/conteudo_frame.asp?cod_noticia=202. Acesso em: 28 abr. 2020.

SUPREMO TRIBUNAL FEDERAL. **STF mantém possibilidade de redução de salários por acordo individual em decorrência da pandemia**: em julgamento por videoconferência concluído na sessão extraordinária desta sexta-feira (17), o Plenário negou referendo à liminar concedida no início do mês pelo ministro Ricardo Lewandowski e afastou a necessidade de aval dos sindicatos para o fechamento de tais acordos. Publicado em: 17 abr. 2020a. Disponível em: <http://portal.stf.jus.br/noticias/verNoticiaDetalhe.asp?idConteudo=441651&ori=1>. Acesso em: 28 abr. 2020.

SUPREMO TRIBUNAL FEDERAL. **STF afasta trechos da MP que flexibiliza regras trabalhistas durante pandemia da covid-19:** foram suspensos os dispositivos que afastam a natureza ocupacional dos casos de covid-19 e restringem a atuação dos auditores fiscais. Publicado em: 29 abr. 2020b. Disponível em: http://portal.stf.jus.br/noticias/verNoticiaDetalhe.asp?idConteudo=442355&ori=1. Acesso em: 16 jun. 2020.

SUPREMO TRIBUNAL FEDERAL. **Ministério da Saúde deve restabelecer divulgação integral de dados sobre covid-19**: decisão liminar do ministro Alexandre de Moraes determina apresentação diária dos dados, como vinham sendo divulgados. Publicado em: 9 jun. 2020c. Disponível em: http://portal.stf.jus.br/noticias/verNoticiaDetalhe.asp?idConteudo=445071&ori=1. Acesso em: 16 jun. 2020.

ZWICKER, Igor de Oliveira. O teletrabalho e sua evolução na jurisprudência do Tribunal Superior do Trabalho. **Revista do Tribunal Regional do Trabalho da Terceira Região**, Belo Horizonte, v. 59, n. 90, p. 175-191, jul.-dez. 2014.

O Contrato Intermitente em Meio à Pandemia da COVID-19: uma Reflexão para o Futuro

PEDRO TOURINHO TUPINAMBÁ

ÉRIKA ALENCAR

1. INTRODUÇÃO

Com o advento da Lei 13.467/2017 foi inserido no Direito do Trabalho Brasileiro a figura do contrato intermitente, enquanto uma das inúmeras formas de buscar a flexibilização do contrato de trabalho para facilitar as atividades econômicas no Brasil.

Assim, foi inserido o § 3º no art. 443 da CLT, estabelecendo que:

> Considera-se como intermitente o contrato de trabalho no qual a prestação de serviços, com subordinação, não é contínua, ocorrendo com alternância de períodos de prestação de serviços e de inatividade, determinados em horas, dias ou meses, independentemente do tipo de atividade do empregado e do empregador, exceto para os aeronautas, regidos por legislação própria.

E no art. 452-A, regulamentou-se na legislação brasileira essa nova modalidade contratual no direito do trabalho do Brasil.

Esse modelo contratual, apesar de novo para o Brasil, já era conhecido de diversos outros países como Portugal, Itália, Alemanha, Reino Unido e Estados Unidos da América.

Em cada um desses países o modelo intermitente foi adotado com algumas peculiaridades, sendo que países como Itália, Alemanha e Portugal procuraram dar certas garantias mínimas ao trabalhador intermitente, principalmente no que se refere à remuneração mínima durante o período contratual ou a limitação deste contrato a determinados tipos de atividade e como na Itália a previsibilidade desse contrato a prazo determinado.

Ocorre que no Brasil não houve limitação das atividades que poderiam utilizar esse tipo de contrato, bem como se procurou deixar claro que o tempo de inatividade do trabalhador não seria remunerado pelo contratante por não se considerar tempo à disposição.

Essa situação trouxe inúmeras críticas da doutrina trabalhista, principalmente no que concerne aos possíveis impactos no direito de receber uma remuneração justa e até mesmo quanto aos impactos na previdência.

Verifica-se que o direito brasileiro, apesar da tradição do *civil law*, optou por se inspirar nos modelos do *common law* do Reino Unido e dos Estados Unidos da América, mais precisamente no *zero-hour contract* inglês. Posto que, nestes modelos, também, deixou a critério dos interessados em estabelecer este contrato independente de modalidade e trouxe praticamente nenhuma garantia de pagamento pelo menos de um valor básico aos trabalhadores no período de ausência de prestação de serviços mensal o que tem sido alvo de críticas em seus países e forçou oito Estados Americanos a estabelecer um pagamento mínimo mensal.

Apesar de ter uma tradição jurídica no *civil law*, o legislador brasileiro optou em buscar inspiração para o contrato intermitente brasileiro nos países de tradição do *common law*, em especial o *zero-hour contract*, em que se deixa livremente a possibilidade de utilização desta modalidade contratual em quaisquer atividades e com praticamente nenhuma proteção ao trabalhador para manutenção de uma remuneração mínima durante o período do pacto.

A seguir a regra da Lei 13.467/2017, no período de pandemia, quando não se teria a utilização dos serviços do trabalhador intermitente, este ficaria sem remuneração alguma, o que de fato seria uma injustiça e violaria os próprios princípios da valorização do trabalho e dignidade humana.

Mas, quando o Estado Brasileiro publicou a MP 936/2020, estabelecendo as medidas emergenciais de auxílio ao emprego e renda, estabeleceu o direito do trabalhador intermitente em receber o benefício emergencial, no valor de R$ 600,00, durante três meses.

Ora, a ausência mensal de serviço para o trabalhador intermitente é uma possibilidade, estando ou não o país em meio à uma pandemia, sendo que suas necessidades básicas continuarão as mesmas depois da pandemia. Então, pensar na garantia de uma remuneração justa ao longo de todo o contrato não seria algo necessário para se preservar os princípios da dignidade humana e valorização do trabalho?

Neste artigo iremos abordar a problemática envolvendo o contrato intermitente e os impactos na remuneração justa, analisando os preceitos desta modalidade contratual previstos na Lei 13.467/2017 em conformidade com as normas constitucionais, o direito comparado e as garantias trazidas durante o período de Pandemia para uma reflexão sobre a utilização desta modalidade contratual no período da pós-pandemia.

2. O CONTRATO INTERMITENTE E A QUESTÃO REMUNERATÓRIA

2.1. O contrato intermitente na forma da Lei 13.467/2017 e o problema da remuneração

O Estado brasileiro consagra entre os seus princípios fundamentais a dignidade da pessoa humana e os valores sociais do trabalho (art. 1º, III e IV, CF/88).

E entre seus objetivos fundamentais reconhece que deve "construir uma sociedade livre, justa e solidária", "erradicar a pobreza e a marginalização e reduzir as desigualdades sociais e regionais", "promover o bem de todos, sem preconceitos de origem, raça, sexo, cor, idade e quaisquer outras formas de discriminação" (art. 3º, I, III e IV, da CF/88).

Essas normas são estabelecidas para todos e não podem ser simplesmente uma ficção, precisam ter eficácia, precisam ter aplicabilidade prática sem a qual serão letras mortas.

Assim, no âmbito do Direito do Trabalho as normas constitucionais supramencionadas devem ser observadas, não podendo as relações laborais deixarem de observar as respectivas normas de proteção constitucional.

Não à toa que o art. 7º da Constituição da República Federativa do Brasil reconhece diversos direitos do trabalhador além de outros que visem à melhoria de sua condição social, elevando a nível constitucional o princípio da norma mais favorável ao empregado (DELGADO, 2017).

Mesmo com as garantias constitucionais, o legislador brasileiro trouxe para o Brasil, através da Lei 13.467/2017, o contrato intermitente, em que admite a relação de emprego mesmo com atividades descontínuas, sem que a ausência da habitualidade descaracterizasse a relação empregatícia, estabelecendo que tal contratação ocorresse por escrito e a remuneração fosse paga conforme houvesse efetivamente a prestação de serviços de forma proporcional ao salário mínimo ou ao salário do trabalhador que exercesse a mesma função em tempo integral.

O modelo brasileiro é muito parecido com o *zero-hour contract* adotado no Reino Unido, onde se permite a contratação em qualquer tipo de atividade, não sendo remunerado o período de inatividade que não é considerado tempo à disposição. No Brasil, a única categoria que ficou de fora da possibilidade de contratação nesta modalidade foi a dos aeronautas.

O grande problema ao se permitir a adoção desse contrato de forma indiscriminada, sem garantia de valor mínimo de remuneração mensal, principalmente nos meses em que não há serviço, consiste na possível impossibilidade do trabalhador em manter a sua subsistência e de sua família.

A fórmula adotada pelo legislador de estabelecer o valor da hora de trabalho que não seja inferior ao valor horário do salário mínimo ou àquele devido aos demais empregados do estabelecimento que exerçam a mesma função em contrato intermitente ou não (art. 452-A, *caput*, CLT) poderia garantir uma remuneração justa ao empregado caso tivesse a possibilidade de que a este fosse garantido uma quantidade mínima de horas de trabalho por mês. Ocorre que não há na Lei 13.467 nenhuma regra que estabeleça essa garantia e, considerando que o § 5º do art. 452-A estabelece que o período de inatividade não será considerado tempo à disposição, o legislador brasileiro apontou para uma possível ausência de remuneração nos meses em que não houver atividade deste empregado.

Feliciano, ao comentar a remuneração prevista na Lei 13.467/2017 aos trabalhadores intermitentes, escreveu:

> [...] na relação de trabalho intermitente, poderá haver, no curso de contrato em pleno vigor (i.e., que não passa por vicissitudes quaisquer, como suspensões ou interrupções), meses sem quaisquer parcelas remuneratórias pagas, por não ter havido quaisquer convocações (ou por terem sido todas recusadas). E é essa, de fato, a *mens legislatoris*; tanto que, no cálculo das verbas rescisórias, considerar-se-ão apenas os meses durante os quais o empregado tenha recebido parcelas remuneratórias(...) (DIAS; FELICIANO; SILVA; FILHO; 2018, p. 88).

Ney Maranhão, ao comentar a situação criada pela nova legislação, faz a seguinte crítica:

> [...] não há nenhuma garantia mínima de salário ou de número de horas trabalhadas no texto legal. Neste aspecto, o que poderia ser uma ideia interessante torna-se um instrumento com grande perspectiva de precarização. Ao trabalhador intermitente restará, como concebido o seu regime jurídico na norma em foco, desempenhar o papel similar ao dos pedintes de rua, mendigando horas de trabalho a seus diversos patrões ocasionais que possam garantir-lhe, com alguma sorte, alguns trocados (SOUZA JÚNIOR; SOUZA; MARANHÃO; AZEVEDO NETO; 2018, p. 203).

Ora, tal situação, uma vez que ocorra, afrontará diretamente a dignidade dos trabalhadores e diversos princípios constitucionais trabalhistas, sendo necessário que a aplicação desta lei seja feita em consonância com as normas constitucionais, cabendo à doutrina e à jurisprudência um papel muito importante no sentido de buscar harmonizar as regras da Lei 13.467/17 com os princípios constitucionais e trabalhistas a fim de evitar que a liberdade econômica elimine o direito de uma remuneração justa que garanta a dignidade do trabalhador.

Nos tópicos seguintes analisaremos como o Direito Comparado tem lidado com essa questão e a lição que a pandemia da covid-19 trouxe para o direito brasileiro em relação à questão remuneratória do trabalhador intermitente.

2.2. A remuneração do contrato intermitente no direito comparado e as garantias durante a ausência de serviço

Escolhemos para fins de análise da questão remuneratória do contrato intermitente no direito comparado o Reino Unido, os Estados Unidos da América, Portugal, Itália e Alemanha. Os dois primeiros em razão do Brasil, na reforma trabalhista, ter buscado inspiração em seus modelos e os demais em razão de possuírem a mesma tradição que o Direito Brasileiro do *civil law* e de origem romano-germânica.

2.2.1. Nos Estados Unidos da América

No direito norte-americano é utilizado o contrato *just in time schedulling*, em que a comunicação aos trabalhadores sobre a escala de serviço é realizada com pouca antecedência, variando entre 10 a 30 minutos, de acordo com a projeção da movimentação dos consumidores.

Essa modalidade de contratação é prevista em acordos individuais de trabalho, em que empregado e empregador estabelecem as condições livremente, não havendo qualquer regulação na Lei Federal Estadunidense.

É um tipo de contratação muito utilizada em lojas e restaurantes, em que as empresas desenvolveram um *software* utilizado para saber quantos e quais trabalhadores serão convocados, sendo que os trabalhadores acabam, na prática, ficando de plantão, uma vez que são chamados entre 10 a 30 minutos antes da prestação de serviços.

Existem nos Estados Unidos muitas críticas a esse modelo contratual, em razão de sua precarização, sendo que por conta da ausência de remuneração justa (durante o período contratual) oito Estados Americanos e mais o Distrito de Colúmbia estabeleceram leis no âmbito de seus respectivos territórios impondo a obrigatoriedade de pagamento de um valor mínimo aos trabalhadores submetidos ao trabalho *just in time* mesmo quando não estejam prestando serviços.

2.2.2. No Reino Unido

O Reino Unido utiliza o *zero-hour contract* ou contrato zero hora.

O *zero-hour contract* está previsto no artigo 27 A do *Employment Rights Act* e sua principal característica consiste em não haver garantia de realização de serviços e nem pagamento de salários durante a inatividade. Neste modelo não há garantia alguma quanto ao número mínimo de horas a serem trabalhadas, sendo que é um contrato muito utilizado nos setores produtivos em que as demandas para serviços são variáveis.

Essa possibilidade de contratação foi adotada com o argumento de que seria necessário para superar a crise econômica e gerar mais empregos.

Em pesquisa realizada ficou constatado que cerca de 2,8% dos trabalhadores britânicos estavam submetidos ao *zero-hour contract*, até o último trimestre de 2016, em sua maior parte, contratados por multinacionais e empresas de grande porte (ZERO, 2017, p. 2).

Porém, mesmo no Reino Unido, esse modelo não está imune às críticas. Muitos doutrinadores argumentam que esse tipo de contrato serviria apenas para evitar o cumprimento de obrigações trabalhistas.

2.2.3. Alemanha

O Direito Alemão, desde 1985, possui o denominado *Arbeit Auf Abruf*, que podemos traduzir para trabalho sob demanda, que é similar ao contrato intermitente brasileiro.

Para que haja o "trabalho sob demanda" é necessário que as partes (empregado e empregador) estabeleçam esta possibilidade através de acordo, em que seja especificada a duração semanal e a quantidade de horas diárias de trabalho.

A legislação alemã prevê que na hipótese de não ser especificada no acordo a duração semanal, ficar-se-á presumida uma jornada semanal de 10 (dez) horas, sendo que há hipótese de não ter sido especificada a jornada diária o empregador terá a obrigação de chamar o empregado para laborar pelo menos três horas seguidas. Para que o empregado esteja obrigado a prestar o serviço ajustado, faz-se necessário que seja comunicado pelo empregador com no mínimo 4 dias de antecedência.

Importante ser destacado que a legislação alemã prevê a possibilidade desses prazos mínimos serem alterados por convenção coletiva de trabalho.

Apesar de a legislação alemã presumir a jornada mínima de 10 horas semanais, na hipótese de omissão no contrato quanto à previsão da jornada, a jurisprudência tem reconhecido uma jornada mínima superior quando na prática o trabalhador é chamado usualmente para prestar serviços em jornada superior, como se fosse uma espécie de ajuste tácito. Assim, Paulo Roberto Fernandes afirma:

> Contudo, a jurisprudência vem entendendo que nem sempre seria o caso de aplicar os limites mínimos legais em caso de omissão. É o que ocorre no cenário da jornada semanal não ter sido estipulada, mas o trabalhador presta, usualmente, 20 horas de serviço, em média. Não poderia o empregador suprir, posteriormente, a lacuna contratual estipulando o mínimo legal de 10 horas (FERNANDES, 2017).

O contrato intermitente alemão ou o trabalho sob demanda, como se pode verificar, foi cercado de cuidados e normas que buscaram dar uma maior segurança e condições mínimas ao trabalhador que o legislador brasileiro não se procurou em observar.

Mesmo assim, o contrato alemão não ficou imune a críticas quanto à precarização das relações de trabalho naquele país.

2.2.4. Itália

No direito italiano há o *contrato del lavoro intermitente* ou *contrato di lavoro à chiamata*.

Sobre o contrato no modelo italiano, afirmou Georgenor Franco Filho:

> O trabalhador intermitente somente exerce atividades quando for necessário, mediante contrato escrito, podendo ser estipulado em duas situações: 1) necessidades previstas em normas coletivas autônomas em períodos predeterminados da semana, mês ou ano; e 2) por menores de 24 anos ou mais de 55 anos, deve, no primeiro caso, a intermitência terminar até a pessoa completar 25 anos (FRANCO FILHO, 2017, p. 120).

Como se vê, a contratação do trabalho intermitente na Itália também exige a forma escrita mesmo que seja para fins de prova, sendo prestigiada a contratação através de previsão em norma coletiva.

Interessante destacar que na Itália esse contrato é a prazo determinado, sendo que além das hipóteses previstas nas normas coletivas seria possível a contratação nesta modalidade dos trabalhadores menores de 24 anos ou maiores de 55 anos, cujos contratos não podem ultrapassar 400 dias, em 3(três) anos civis, sendo que se isto ocorrer o contrato será convertido em tempo integral e a prazo indeterminado, com exceção do setor público, de turismo e entretenimento .Quando o trabalhador menor de 24 anos completar 25 anos de idade, também, o contrato intermitente deixa de existir.

No direito italiano há a previsão de ser pago um "subsídio de disponibilidade" ao trabalhador intermitente nos casos em que ele tenha se comprometido a responder às chamadas.

A exemplo do Direito brasileiro, há previsão da remuneração pelos serviços observar a igualdade proporcional com os demais trabalhadores a tempo integral enquanto a previdência é proporcional à duração de trabalho.

2.2.5. Portugal

No Direito do Trabalho Português, o contrato intermitente está previsto na Lei nº 7/2009 (código do trabalho), que regula a matéria nos artigos 157 a 160, quando permite a contratação do trabalho intermitente apenas para as empresas que exerçam atividades consideradas descontínuas ou de intensidade variável.

Ao escrever sobre o Contrato Intermitente previsto na legislação portuguesa, Georgenor Franco Filho ensina:

> Em Portugal, o trabalhador intermitente tem direito a uma compensação retributiva pelo período em que estiver inativo, cujo valor deve ser estabelecido em negociação coletiva ou, na falta, no valor de 20% da remuneração básica correspondendo ao período similar de atividade (art. 160,1) (FRANCO FILHO, 2017, p. 120).

Sobre essa questão, escreve Ney Maranhão:

> [...] mesmo nos períodos sem trabalho, o empregado intermitente português recebe uma remuneração, ainda que modesta, isso sem prejuízo da liberdade para exercer outras atividades (CTP, art. 160.3). A legislação portuguesa, portanto, regra o tema de maneira bem mais razoável, porquanto imprime bom grau de flexibilidade contratual para aquelas específicas atividades empresariais que efetivamente a justifiquem, sem descurar de um mínimo de proteção ao trabalhador (SOUZA JÚNIOR; SOUZA; MARANHÃO; AZEVEDO NETO, 2018, p. 204).

Como podemos observar, Portugal a exemplo da Alemanha, Itália e Alguns Estados Norte-americanos buscaram garantir uma renda mínima razoável ao trabalhador intermitente, mesmo quando estiver sem prestar serviços, o que de certa forma se aproxima mais dos princípios constitucionais brasileiros.

2.3. A pandemia da Covid-19, a MP 936/2020 e o benefício emergencial pago ao trabalhador intermitente

O mundo está em meio a uma pandemia ocasionada pela contaminação decorrente da covid-19. Trata-se de um inimigo invisível, que está ocasionando um número de vítimas inimagináveis em todo o mundo.

Até o momento, apesar dos esforços de cientistas, ainda não se encontrou vacina ou remédio eficaz para proteger o ser humano dessa infecção.

De acordo com o levantamento feito pela Organização Pan-Americana de Saúde (2020), até o dia 30 de abril de 2020 foram oficialmente confirmados 3.090.445 (três milhões, noventa mil, quatrocentos e quarenta e cinco) casos de contaminação no mundo, dos quais 85.380 (oitenta e cinco mil, trezentos e oitenta) casos ocorreram apenas no Brasil. A totalidade de mortes no mundo chega a 217.769, dos quais temos 5.901 mortes no Brasil.

O estado de Pandemia foi oficialmente reconhecido pela Organização Mundial de Saúde, que reconhece que o único meio eficaz para combater esse vírus é buscar evitar a contaminação através do isolamento social.

Com a finalidade de preservar a saúde e vida de seus cidadãos, diversos países adotaram medidas buscando o isolamento social, entre as quais fechamento de comércio e atividades não essenciais, entre outras.

No Brasil não foi diferente, sendo que coube aos Estados-Membros e Municípios, de acordo com as suas competências próprias, adotarem medidas de isolamento dentro de suas circunscrições. Oficialmente, no Brasil, o estado de calamidade pública foi reconhecido pelo Decreto Legislativo nº 6 de 2020.

De acordo com a 2ª edição do monitoramento sobre o COVID-19 e o mundo do trabalho, divulgada no dia 07.04.2020, a OIT informa que as novas medidas de bloqueio afetam quase 2,7 bilhões de trabalhadores, o que representa cerca de 81% da força de trabalho no mundo. A OIT alerta sobre a necessidade de adoção de medidas políticas para auxílio do emprego e da renda, concluindo que sem as medidas políticas adequadas a tendência será de os trabalhadores entrarem na pobreza (OIT, 2020).

Nesse contexto foi editada a Medida Provisória nº 936/2020, buscando auxiliar o emprego e a renda através da criação de medidas emergenciais.

Entre essas medidas foi estabelecida a possibilidade de pagamento do então criado Benefício Emergencial de Manutenção do Emprego e da Renda aos trabalhadores que tivessem que reduzir a sua jornada de trabalho com redução proporcional do salário, suspender seu contrato de trabalho ou ao trabalhador intermitente.

Ao comentar a finalidade dessa Medida Provisória, Pedro Tourinho Tupinambá afirmou:

> Ora, diante do cenário socioeconômico que se apresenta não pode o Estado ficar inerte e nem deixar de contribuir para tentar preservar o emprego, a renda e a continuidade das atividades laborais e empresariais reduzindo com isso o impacto social, o que de início mostra a fragilidade do Estado de princípios neoliberais e a necessidade da intervenção estatal nos modos do Estado Social, ficando os objetivos propostos em consonância com os princípios constitucionais da solidariedade, da dignidade humana, valorização do trabalho , de buscar reduzir as desigualdades sociais e promover o bem de todos (art. 1º, III e IV; art. 3º,I e IV, todos da CF/88) (TUPINAMBÁ, 2020, p. 27).

O Direito do Trabalhador intermitente em receber o benefício emergencial, durante o período em que não haverá atividade, em decorrência do isolamento social que impede a realização de diversas atividades, está reconhecido no *caput* do art. 18 da MP 936/2020, *in verbis*:

> Art. 18. O empregado com contrato de trabalho intermitente formalizado até a data de publicação desta Medida Provisória, nos termos do disposto no **§ 3º do art. 443 da Consolidação das Leis do Trabalho, aprovada pelo Decreto-Lei nº 5.452, de 1943**, fará jus ao benefício emergencial mensal no valor de R$ 600,00 (seiscentos reais), pelo período de três meses.

Nesse sentido, escreveu Vólia Bomfim Cassar (2020, p. 17) que "Intermitentes inativos receberão benefício emergencial mensal no valor de R$ 600,00 pelo período de três meses".

Ora, fica claro que durante o período da pandemia da covid-19, devido à escassez de serviços, provavelmente todos os trabalhadores intermitentes ficarão sem atividades, sendo que até os trabalhadores habituais, em sua maioria, estarão com contratos suspensos ou jornada reduzida, não havendo a necessidade de ser convocado para prestação de serviços.

A previsão de pagar mensalmente, durante o período de três meses, prazo estabelecido considerando provavelmente a estimativa do governo quanto ao período da pandemia, o valor de R$ 600,00 (seiscentos reais), demonstra o reconhecimento de ser necessário garantir ao trabalhador intermitente uma renda mínima mensal a fim de garantir a dignidade deste trabalhador.

Assim, o sentido de solidariedade, a necessidade de resguardar a dignidade do trabalhador intermitente através da garantia do recebimento de um valor mensal que possa satisfazer as suas necessidades básicas, mesmo não havendo a prestação de serviços, traz para o direito brasileiro a lição de que esse trabalhador não pode ficar relegado a ausência da garantia de uma remuneração mínima mensal.

3. REMUNERAÇÃO JUSTA E DIGNIDADE AO TRABALHADOR INTERMITENTE: REFLEXÃO PARA O FUTURO

O salário do empregado possui natureza alimentar, sendo que o sentido axiológico do inciso IV do art. 7º da Constituição da República Federativa do Brasil nos mostra que o salário pago ao empregado deve ser suficiente para garantir a subsistência do trabalhador e da sua família de modo a satisfazer as necessidades básicas referidas nesse dispositivo constitucional.

É verdade que a jurisprudência trabalhista brasileira tem admitido a possibilidade da flexibilização do valor nominal mensal do salário quando permite o pagamento do salário mínimo por hora ao trabalhador celetista proporcional à quantidade de horas de trabalho realizada, conforme OJ 358, I, da SDI-1, do TST, *in verbis*:

> 358. SALÁRIO MÍNIMO E PISO SALARIAL PROPORCIONAL À JORNADA REDUZIDA. EMPREGADO. SERVIDOR PÚBLICO.
>
> I – Havendo contratação para cumprimento de jornada reduzida, inferior à previsão constitucional de oito horas diárias ou quarenta e quatro horas sema-

> nais, é lícito o pagamento do piso salarial ou do salário mínimo proporcional ao tempo de trabalho.
>
> II – [...].

Ocorre, todavia, que essa posição jurisprudencial do C. TST leva em consideração a existência de labor mensal e, consequentemente, o fato de que o trabalhador estaria mensalmente recebendo um salário básico proporcional à sua jornada diária ou semanal.

No cenário que envolve o trabalho intermitente brasileiro, a situação é totalmente diferente, eis que há a possibilidade de o trabalhador ficar dias ou meses sem realizar atividades e consequentemente sem remuneração qualquer.

Esse é o mesmo raciocínio do Ministro do TST e professor Maurício Godinho Delgado quando ensina:

> Embora o TST não estenda tal garantia aos demais empregados do País (OJ n. 358, I), está claro que firmou esse tipo de interpretação em contexto fático e jurídico meramente residual – contexto que desapareceu com o advento do contrato intermitente (DELGADO, 2018, p. 669).

Ora, buscar a garantia da valorização do trabalho, a dignidade humana do trabalhador e a manutenção de uma remuneração justa não se coaduna com a inexistência de uma remuneração mínima mensal capaz de satisfazer as necessidades básicas do trabalhador e da sua família.

Sobre a remuneração justa, baseamo-nos na definição dada por Platon Neto:

> [...] remunerar de forma justa o trabalhador, seja de que modo for, significa conceder-lhe dignidade. Uma remuneração excessivamente baixa, incompatível com as atividades e/ou desigual em relação aos trabalhadores exercentes da mesma função, na mesma empresa e na mesma localidade, significa um enorme desestímulo e sentimento de diminuição para o afetado (AZEVEDO NETO, 2015, p. 110).

Como podemos observar, o legislador de 2017, ao prever a possibilidade de contratação do trabalho no modo intermitente, propositalmente ou não, deixou de estabelecer as regras necessárias para garantir ao trabalhador uma remuneração justa, deixando de prever a possibilidade de inexistência de labor durante determinado mês ou labor em horas mínimas que não lhe garantam um pagamento razoável.

Com a necessidade do isolamento social para enfrentar a pandemia do coronavírus (Covid-19) que assola nosso país e o mundo, a medida provisória que buscou resguardar o mínimo de dignidade aos empregados concedeu uma renda mínima de R$ 600,00 (seiscentos reais) aos trabalhadores intermitentes.

Apesar do valor desse benefício ser pago pela União e não pelo empregador, o que tem maior importância é o reconhecimento de que para resguardar a dignidade desse trabalhador é necessário que lhe garanta uma renda durante o período de inexistência de prestação de serviço e de salário.

A Medida Provisória 936/2020, que traz medidas de auxílio ao emprego e à renda, ao inserir no direito brasileiro a necessidade de pagamento de um valor mínimo mensal ao trabalhador intermitente, faz-nos refletir para o futuro que virá após a pandemia.

Vários doutrinadores já vinham questionando a necessidade de amparo ao trabalhador intermitente no que se refere à necessidade de garantia de uma remuneração justa.

O Direito Comparado nos traz diversas possibilidades, sendo que dos países analisados o único que não adotou uma medida para resguardar essa remuneração foi o Reino Unido e, por conta disso, ainda sofre inúmeras críticas no seu sistema jurídico e provavelmente irá sucumbir a elas no futuro.

Caberá à jurisprudência e à doutrina buscar a melhor conformação desse modelo contratual com os princípios constitucionais que não podem ser abalados pela norma infraconstitucional.

Diante da omissão da legislação brasileira infraconstitucional podemos aplicar a norma do direito comparado mais condizente com o direito brasileiro, através da integração do direito permitida no art. 8º da CLT, a fim de resguardar a remuneração justa e adequar as normas do contrato intermitente aos princípios constitucionais.

Entre as várias possibilidades do direito comparado, excluído o Reino Unido, considerando que a modalidade contratual adotada no Brasil se assemelha mais ao modelo Estadunidense, entendemos que seja mais viável a aplicação da regra de um dos Estados norte-americanos que reconheça a obrigatoriedade de pagamento de uma remuneração mínima mensal ao empregado intermitente mesmo quando não houver a respectiva prestação de serviços.

4. CONCLUSÃO

A pandemia do coronavírus (Covid-19) nos trouxe ao mesmo tempo o temor do contágio deste vírus, a morte de um número imensurável de pessoas que tombaram diante deste inimigo impiedoso, e, também, o sentido de solidariedade humana.

É dentro desse sentido de solidariedade, buscando resguardar a valorização do trabalho e a dignidade humana do trabalhador, que a MP 936/2020 estabeleceu a necessidade de se pagar uma renda mínima ao trabalhador intermitente, mesmo não prestando serviços diante da necessidade do isolamento social.

Sem discutir o valor monetário do benefício emergencial em si, a medida aponta para algo que seria óbvio, ou seja, a necessidade de se estabelecer uma renda mínima mensal digna ao trabalhador intermitente.

Pena que esse reconhecimento decorreu de uma pandemia e por tempo determinado, devido à alegação de excepcionalidade.

Ocorre que a eventual ausência de trabalho com renda mínima mensal ao trabalhador intermitente pode não ser situação exclusiva de período de pandemia.

Essa situação nos traz novamente a necessidade refletirmos para o futuro, nesse contexto, a fim de que a mesma garantia seja mantida ao trabalhador intermitente no período posterior à pandemia. Mas, no pós-pandemia, com o pagamento sendo feito pelo empregador que terá retomado a sua atividade econômica.

Enquanto não há na lei brasileira a previsão para que isso ocorra, considerando a omissão da legislação trabalhista, torna-se possível, à luz do art. 8º da CLT, a aplicação do direito comparado que, nesse caso, devido à similitude e origem do modelo adotado, sugerimos a aplicação da norma de um dos Estados norte-americanos que estabelece esse direito.

5. REFERÊNCIAS

AZEVEDO NETO, Platon Teixeira de. **O trabalho decente como um direito humano**. São Paulo: LTr, 2015.

CASSAR, Vólia Bomfim. **Comentários à Medida Provisória 936/20**. Disponível em: www.andt.org.br. Acesso em: 01 maio 2020.

DELGADO, Maurício Godinho. **Curso de Direito do Trabalho**. 17. ed. rev., atual. e ampl. São Paulo: LTr, 2018.

DELGADO, Maurício Godinho. **Princípios constitucionais do trabalho e princípios de direito individual e coletivo do trabalho**. 5. ed. São Paulo: LTr, 2017.

SILVA, José Antônio Ribeiro de Oliveira; TOLEDO FILHO, Manoel Carlos. **Comentários à lei da reforma trabalhista**: dogmática, visão crítica e interpretação constitucional. São Paulo: LTr, 2018.

FERNANDES, Paulo Roberto. A figura do contrato de trabalho intermitente do PL nº 6.787/2017 (Reforma Trabalhista) à luz do direito comparado. Disponível em: www.ostrabalhistas.com.br/figura-do-contrato-de-trabalho-intermitente-do-pl-no-direito-comparado. Acesso em: 03 maio 2020.

FRANCO FILHO, Georgenor de Sousa. Trabalho intermitente. *In*: MIESSA, Élisson; CORREIA, Henrique (coord.). **A reforma trabalhista e seus impactos**. Salvador: JusPodivm, 2017.

ITÁLIA. Ministério del Lavoro e dele Politiche Sociali. **Lavoro intermittente o a chiamata**. Disponível em: www.cliclavoro.gov.it/NormeContratti/Contratti/Pagine/Contratto-di-lavorointermittente-o-a-chiamata.aspx. Acesso em: 04 maio 2020.

OIT. **Monitor da OIT**: o covid-19 e o mundo do trabalho. 2. ed. Disponível em: www.ilo.org.brasília.lang-es. Acesso em: 11 abr. 2020.

ORGANIZAÇÃO PAN-AMERICANA DE SAÚDE (OPAS). **Folha Informativa** – Covid-19 (doença causada pelo novo coronavírus). Disponível em: www.paho.org/bra. Acesso em: 02 maio 2020

SOUZA JÚNIOR, Antônio Umberto de; SOUZA, Fabiano Coelho de; MARANHÃO, Ney; AZEVEDO NETO, Platon Teixeira de. **Reforma trabalhista**: análise comparativa e crítica da Lei nº 13.467/17 e da Med. Prov. nº 808/2017. 2. ed. São Paulo: Rideel, 2018.

TUPINAMBÁ, Pedro Tourinho. A MP 936/2020 e a (in)constitucionalidade do acordo individual para redução de salário e jornada de trabalho ao tempo da Covid-19. **Revista Eletrônica RTM**, Belo Horizonte, n. 17, p. 26-36, jan.-mar. 2020, Edição Especial. Disponível em: https://editorartm.com.br/a-mp-936-2020-e-a-inconstitucionalidade-do-acordo-individual-para-reducao-de-salario-e-jornada-de-trabalho-ao-tempo-do-covid-19. Acesso em: 02 maio 2020.

ZERO, Marcelo. **Alguns dados sobre o trabalho intermitente no Reino Unido**. Disponível em: www.josepimentel.com.br/sites/default/files/notas-tecnicas/algunsdados-sobre-o-trabalho-intermitente-no-reino-unido.pdf. Acesso em: 03 maio 2020.

A Uberização e o Coronavírus

CLÁUDIO JANNOTTI DA ROCHA

TIAGO FIGUEIREDO GONÇALVES

1. INTRODUÇÃO

O século XXI é marcado pela 4ª revolução industrial, pautada pela cyberização e que alterou até mesmo a ontologia do trabalho, vez que engloba a utilização de aplicativos e plataformas digitais, a *algoritimização,* a inteligência artificial, a robotização, as criptomoedas, a implementação de *chips* nos trabalhadores e a discriminação genética. Neste cenário constitui-se a *gig economy*, que abrange: o *crowdwork* e o trabalho *on-demand.*

Popularmente o trabalho *on-demand* é chamado de uberização. Mas, afinal, o que é o trabalho *on-demand*/uberização?

Se perguntarmos para algumas pessoas o que é uberização, muitas responderão que são os trabalhadores que trabalham através do aplicativo de transporte de passageiros, um polêmico aplicativo.

Na verdade, o universo da uberização não se limita àquela descrição. É muito mais do que um aplicativo que aproxima diretamente motorista e clientes. Esse fenômeno revolucionário genérico significa um novo modo de fazer negócios, caracterizado por aproximar diretamente fornecedores e consumidores, através de aplicativo ou de plataformas digitais. O combustível de todo esse novo organograma é a demanda.

Já demonstrado por Rocha, Porto e Abaurre que:

> Os contratos de trabalho *on-demand* são marcados pela curta duração e pela não criação de vínculos, de tal feita que são internacionalmente apelidados de *zero-hours contracts*, pois carecem do estabelecimento de uma jornada de trabalho fixa, de modo que a remuneração do trabalhador é definida em função do serviço realizado. Ademais, o obreiro deve estar disponível para prestar a sua atividade quando chamado pela empresa proprietária do aplicativo (ROCHA; PORTO; ABAURRE, 2020).

O Professor italiano Stefano demonstra que:

> O trabalho *on-demand*, por sua vez, pode ser interpretado como o trabalho "à chamada" ou "a pedido", e difere-se do *crowdwork* na medida em que envolve a execução de labores tradicionais, como o de transporte, limpeza, ou de escritório, demandados por meio de aplicativos gerenciados por empresas (STEFANO, 2018).

Na *uberização*, o consumidor é livre para escolher o quê, como, quando, qual e onde vai usar o produto. Assim, misturam-se bens e serviços, idênticos ou parecidos, para que o sujeito tenha liberdade plena de optar pela combinação específica daqueles produtos e prestações que desejar ao seu bel prazer.

É invertida toda a lógica produtiva até então existente. Passa a se encontrar no topo da escala o consumidor, abaixo dele o trabalhador e, entre eles, o aplicativo. As operações não se limitam mais à lógica B2B *(business to business)* ou B2C *(business to consumer)*. Atualmente, quem dá as ordens não é mais o empregador, é o cliente através de um aplicativo, que passa a ser o controlador de todas as partes envolvidas.

Os *uberizados* não possuem um chefe presencial que lhe passa os comandos e os fiscaliza. Quem realiza esse tipo de controle é o consumidor, por meio dos sistemas de *reviews* que são disponibilizados pelas plataformas digitais após as interações.

As ordens agora são emitidas pelas combinações dos algoritmos que analisam números, endereços, nomes e os mais diversos dados para manter as operações das plataformas lucrativas. Trata-se de um *ciberespaço* em que o empregador não mais assume a forma de uma pessoa física, mas se faz presente através de nuvens e aplicativos, situação proporcionada pela tecnologia da Internet das Coisas *(Internet of Things)*. *Hardware* e *software* se fundem até que não haja mais barreira entre o mundo virtual e o físico. O tomador é o usuário da plataforma digital, que pode ser qualquer pessoa, até mesmo o seu vizinho. Será ele quem vai dizer o que, para quem e que horas o *uberizado* trabalhará e qual é a qualidade do seu trabalho – uma, duas, três, quatro ou cinco estrelas.

Quanto a essa nova sistematização que é o sustentáculo da uberização, o Professor francês Dockès demonstra que:

> No caso dos trabalhadores das plataformas, a dependência geralmente é forte, porque a clientela passa pela plataforma e é essa plataforma que, em seguida,

> organiza e distribui o trabalho. Mas essa dependência não é total, não sendo exigida exclusividade dos trabalhadores. A submissão também é forte: na maioria das vezes verdadeiras especificações devem ser respeitadas pelos trabalhadores, que podem ser modificadas pela plataforma e uma avaliação dos trabalhadores é realizada pelo retorno dos clientes, o que é um modo de controle particularmente eficaz. Mas essa submissão também não é total, uma vez que os trabalhadores têm grande liberdade na fixação de seu horário de trabalho (DOCKÉS, 2019).

O uso e a demanda ensejam o compartilhamento do trabalhador ou de um bem, afinal um ou outro encontra-se plugado em um aplicativo e através dele é demandado por uma infinidade de consumidores. Essa dinâmica é tão intensa que sugere a nomenclatura *shared-economy*. Compartilha-se o carro, o apartamento, os cômodos, a bicicleta, o patinete, o escritório, as informações, os dados pessoais, os livros, o ônibus, o carro, a moto, o helicóptero, a roupa e até mesmo o trabalhador. O valor dos bens e das pessoas envolvidas é auferido de acordo com o número de usuários interessados, os quais perfazem o que conhecemos como demanda.

Quanto maior a procura por um serviço, o valor sobe, ensejando o preço dinâmico. Trata-se de uma tarifa aplicada aos preços regulares, a partir da combinação de locais e horários "de pico". Esta relação binária é um incentivo aos *uberizados* aceitarem corridas em uma determinada área dentro de uma janela de horário específica. É como se o aplicativo dissesse: "não vá para casa, trabalhe mais, você receberá mais, seu sucesso depende do seu esforço e de você exclusivamente. Dirija mais, pedale mais, ande mais, entregue mais, dormir para que e para quem?" A partir desse diálogo com o algoritmo, o *uberizado* ganha protagonismo. Enquanto ele está plugado no aplicativo ele é importante, mas, quando despluga, ele deixa de existir. Sua existência está correlacionada ao fato de estar *on-line*, disponível. Esse contexto é intitulado por Ricardo Antunes como o "privilégio da servidão". (ANTUNES, 2018).

A todo momento a partir do uso e das interações a sociedade se compartilha e, consequentemente, fragmenta-se veladamente. A partilha se torna fragmento. Desde uma falsa aparência de evolução, tem-se um retrocesso, porquanto o verdadeiro pano de fundo é que tudo aquilo que não está sendo usado não tem importância em si. É o uso que dá as cartas do jogo, ele que dita o preço de tudo. Assim, só tem importância e valor aquilo que pode ser usado e *recompartilhado* sucessivamente, inclusive o ser humano. O uso passa a ser a mola mestre da sociedade, a cada dia ganhando mais musculatura e força social.

E, para que o compartilhamento seja potencializado, surge a necessidade de novas tecnologias acessíveis ao maior número de pessoas, mormente os celulares, computadores e *tablets*. Por meio de aplicativos instalados nesses aparelhos, o ser humano tem o mundo na palma de sua mão; com um simples toque na tela, consegue acessar *sites*, contratar pessoas, serviços e consumir produtos.

Por isso e para isso são criados os mais diversos aplicativos para intermediar e facilitar o acesso a esses produtos e serviços, tais como Uber, Amazon, Buser, Loggi, Rappi, Shipp, Booking, Airbnb, 99pop, Diaríssima, Getninjas, Uber Eats, Colmeia, IFood, Picpay, Grin e Yellow. É nesse novo universo que surgem as *startups*.

É inserido nesse contexto que emerge um novo tipo de trabalhador: o *uberizado*.

2. O UBERIZADO NO BRASIL

No Brasil, a figura do *uberizado* foi institucionalizada pela reforma trabalhista através do intermitente (arts. 443 e 452-A, ambos da CLT), fruto das mudanças sociais e culturais acima demonstradas.

A principal característica do intermitente é a ausência de continuidade. Ele só é contratado no dia e na hora em que é demandado, sua mão de obra é compartilhada por diversos tomadores ao mesmo tempo. O intermitente revela literalmente a descartabilidade e a mercantilização do ser humano no mundo do trabalho.

Souza Júnior, Souza, Maranhão e Azevedo Neto:

> Uma figura nova – e de modo enigmática – que traz certa perplexidade, pela ruptura de paradigmas no âmbito do Direito do Trabalho, é o trabalho intermitente. Segundo o § 3º do art. 443 da CLT, o trabalho intermitente é um contrato de trabalho sem continuidade. Assim, cria-se um contrato de trabalho com pessoalidade, subordinação e onerosidade, mas sem a continuidade (SOUZA JÚNIOR; SOUZA; MARANHÃO; AZEVEDO NETO, 2018).

Assim, eles levantam importantes indagações:

> A definição legal peca pela imprecisão. Afinal, a intermitência carrega a ideia de intervalos. Mas qual a extensão de tais intervalos? O intervalo em um ou dois dias por semana seria intermitente? (SOUZA JÚNIOR; SOUZA; MARANHÃO; AZEVEDO NETO, 2018).

Perfilhando-se ao raciocínio dos queridos amigos acima citados, indaga-se: existe subordinação sem não eventualidade/continuidade?

Através da tônica da não continuidade, cria-se a hipótese da liberdade, como se o trabalhador de fato fosse trabalhar quando ele quisesse ou pior, quando ele precisasse. É óbvio que ele sempre irá atender aos chamados e todos os dias precisar do trabalho. Na verdade, plugado no aplicativo o dia todo ele estará.

Assim ensinam Rocha, Porto e Alvarenga:

> Em ambas tipologias, assim como na chamada "economia do bico", o sustentáculo é a tônica da liberdade: "*ei, você é livre, para trabalhar o dia que quiser, como*

> *desejar, a hora que lhe convier e aonde escolher!!! Você pode abrir e ter seu próprio negócio, empreender e ter poder, afinal você é livre!!!*". Porém, esta liberdade é irreal, afinal, quanto maior a necessidade do trabalhador, mais dependente do trabalho se torna e menos ele é livre. É um discurso sem lógica e descompassado da realidade fática. E assim alcança-se a figura do "empreendedor". A liberdade agora já não é concentrada, ela é difusa, afinal, um trabalhador pode ser contratado via plataforma digital no Brasil para prestar serviço para uma empresa espanhola e o consumidor do seu trabalho pode ser um brasileiro ou estrangeiro situado no Brasil ou no exterior. (ROCHA; PORTO; ALVARENGA, 2020).

Emerge uma norma em completo descompasso até mesmo com a lógica, vez que é impossível de ser efetivada no mundo real. O que a normativa traz, de fato, é real insegurança: o medo de não ser demandado amanhã e a preocupação de quando será convocado novamente. Isso faz com que hoje ele rogue: *me explore, pois preciso trabalhar*. Eis que se apresentam jornadas extenuantes de 12, 14 horas, colocando o trabalhador e a sociedade em risco.

Se antigamente a produção era *just in time*, agora o trabalhador que o é. A cultura do *always connected* lhe exige que ele sempre deve estar pronto para trabalhar, na hora em que é demandado, quando o consumidor aciona o aplicativo/plataforma e a empresa faz a intermediação e o controle do trabalho realizado.

A insegurança do trabalhador é tamanha ao ponto dele se expor a jornadas extenuantes, sem as mínimas condições de segurança e saúde, sem a utilização de equipamentos de proteção, por salários-dia aquém do mínimo, sem descanso semanal, sem férias, sem décimo terceiro e completamente afastado do âmago previdenciário. Assim como o trabalhador fica em situação de risco, a sociedade também se arrisca, afinal aumentam-se as chances dos atropelamentos, de transmissão de doenças infectocontagiosas, de acidentes de trabalho e das doenças psicossociais, sobrecarregando ainda mais o sistema público de saúde.

Já demonstramos com Lorena Vasconcelos Porto e Rúbia Zanotelli de Alvarenga:

> É neste contexto que se compreende o número de 4.000 óbitos por acidente de trabalho, anualmente, no Brasil, sendo que aproximadamente 10 pessoas por dia morrem trabalhando no país e a cada 48 segundos acontece um acidente de trabalho. No Brasil, quarta posição no *ranking* mundial de acidentes de trabalho, a Previdência Social registra por ano cerca de 700 mil casos e, segundo dados do Observatório Digital de Segurança e Saúde do Trabalho, o país chega a contabilizar uma morte por acidente em serviço a cada três horas e 40 minutos. É uma carnificina laboral, nada menos do que isso. O medo e a incerteza do amanhã fazem com que o empregado se exponha ao máximo hoje e, com isso, sua vida fica vulnerável, seja na perspectiva física quanto psíquica. O número de doenças advindas do labor é um fator cada vez mais presente no mundo do trabalho e na vida do trabalhador, como a depressão, neurose, psicose, síndrome de *burnout*, a ansiedade, o estresse e a bipolaridade.

> Somando-se a todo este cenário os números alarmantes de 13,4 milhões de desempregados e 28,3 milhões de subutilizados, alcança-se a rotatividade que torna o trabalhador descartável, afinal, quando ele não puder ou não quiser (já que ele é "livre"), alguém sempre vai querer. E, assim, acirra-se ainda mais a competição laboral. Tem-se um exército de necessitados. (ROCHA; PORTO; ALVARENGA, 2020).

A normatização do intermitente nada mais faz do que aprofunda a estratificação e a segregação no mundo do trabalho brasileiro, ao mesmo tempo que otimiza a competitividade entre os trabalhadores, estraçalhando o sentimento de solidariedade entre eles, prejudicando o convívio social e seu lado psíquico. "O pertencimento e o reconhecimento no local do trabalho evaporam-se e o ser humano torna-se descartável no processo produtivo, tendo importância somente quando demandado e necessário" (ROCHA; PORTO; ALVARENGA, 2020). Nesta contextualização torna-se o meio ambiente do trabalho poluído, diluído e fragmentado.

Agora, em nome e pela lei, tem-se: o empregador, o empregado e o subempregado.

3. DA PANDEMIA DO CORONAVÍRUS E O UBERIZADO

A Organização Mundial da Saúde (OMS), em 11.3.2020, declarou que o mundo se encontra sob uma pandemia deste vírus letal. O cenário é global e catastrófico, colocando todos em situação de risco. Um caos biossocial tomou conta do globo: o coronavírus (Covid-19) já alcançou todos os continentes, instalando uma crise sanitária planetária. Até a presente data inexistem, pelo menos com comprovação científica, remédios eficazes de trazer a cura.

A crise na saúde global ocasionada pelo SARS-Cov2 ensejou também crises social, econômica e logística, formando um quadrilátero interligado e interdependente.

O coronavírus derrubou o sistema público de saúde de todos os países no mundo, nenhum estava preparado para receber o número de infectados que está recebendo. Os hospitais não comportam o contingente que lhes buscam: faltam médicos, enfermeiros, leitos, respiradores, insumos, equipamentos de proteção individual e até mesmo postos de saúde. Por isso, diversos países, inclusive o Brasil, estão construindo hospitais de campanha e convocando voluntários para ajudarem no atendimento hospitalar.

É necessário estancar o contágio do vírus, achatar a curva de crescimento. A transmissão não pode ganhar uma abrangência ainda maior, porquanto os hospitais públicos hoje são incapazes de atender um grande número de infectados. É preciso dar um tempo, distanciar as pessoas dos hospitais para que eles possam se preparar para o atendimento que lhe será demandado no pico da pandemia.

Milhares de pessoas já morreram, outras incontáveis estão doentes e milhões estão correndo risco de contágio. Um vírus, ainda desconhecido em grande parte, nos coloca em risco, a sociedade está ameaçada. Estamos vivendo uma guerra contra o coronavírus. Nunca na história da humanidade se viu algo tão profundo e ameaçador: todos os continentes estão sob perigo ao mesmo tempo e pelo mesmo motivo, um inimigo invisível e até a presente data invencível.

Para que o número de infectados não aumente, diversos países no mundo seguiram a orientação da Organização Mundial da Saúde (OMS), dos médicos e cientistas de todo o mundo e decretaram a quarentena para que assim sejam preservadas as vidas e as pessoas. Evitando a circulação de pessoas, evita-se também a circulação do vírus e a contaminação de todos. Eu me cuido, cuido de você, você cuida de mim e nós cuidamos de todos.

Países como a Itália, a Espanha, a França, a Argentina, o Brasil, a China, Portugal, o Egito, a Rússia, o Canadá, os Estados Unidos, a Rússia, a Índia, Moçambique, a Nova Zelândia, o Reino Unido, a Holanda, a Suíça, a África do Sul e a Alemanha decretaram a quarentena e, por isso, as aglomerações, a circulação de pessoas e as atividades comerciais ficaram proibidas (sendo permitidas somente as atividades essenciais).

Essas medidas são adotadas tendo em consideração que o vírus desta gripe é altamente contagiante: é transmissível de pessoa para pessoa, por meio do contato com objetos ou superfícies contaminados, seguido de contato com a boca, nariz ou olhos e até mesmo no ar a distância, através de tosse e espirros, conforme estudos mais recentes (VOGUE, 2020). Inclusive foi comprovado por pesquisa da Universidade de Columbia (GLOBO, 2020), que a transmissão se dá em sua maioria por pessoas assintomática e pode ser de forma continuada: estima-se que um portador do SARS-CoV2 pode infectar cerca de até 6 pessoas. Por isso, países da União Europeia, os Estados Unidos, o Brasil, o Reino Unido, a China, a Índia, a Rússia, a Austrália e o Canadá fecharam suas fronteiras terrestres, aéreas e marítimas.

As pessoas estão trancadas dentro de casa; a maior parte das empresas não funcionam; os transportes diminuíram a sua circulação; as escolas, universidades, eventos artísticos, culturais e esportivos se encontram suspensos e sem previsão de retorno; *shoppings* e lojas fechadas, praias, praças e parques proibidos e os hospitais estão lotados. O aprisionamento domiciliar tornou-se a regra para todos, em nome da saúde e segurança social.

O mundo parou, todos estão com medo e atônitos. As ruas estão vazias, desertas e estranhas, sem almas e sem vidas. Não se escutam vozes, buzinas e os ruídos do dia a dia; o silêncio é ensurdecedor. O cenário é sombrio e incolor.

A paralisação social planetária está sendo realizada para evitar a transmissão e a contaminação generalizada. Quando uma pessoa contaminada sai de casa para algum lugar público ou privado, ela contamina as pessoas que neste local estão e até mesmo o próprio local (hipótese ora denominada de transmissão ativa); e estas pessoas que foram infectadas por esta pessoa ou pelo local, ao chegarem em casa contaminarão seus familiares (hipótese ora denominada de transmissão passiva), um verdadeiro efeito dominó que configura e potencializa a transmissão comunitária.

No que diz respeito à contaminação, é possível que a pessoa vá até o vírus, quando é contaminada na rua e/ou em locais públicos ou privados ou por pessoas contaminadas (hipótese ora denominada contaminação ativa); mas é possível também que algum parente contamine-se no trabalho, por exemplo, e leve o patógeno para sua casa, infectando seus pares, ou através de mercadorias ou produtos adquiridos em estabelecimentos ou entregues pelos *uberizados* (hipótese ora denominada de contaminação passiva).

O verdadeiro pano de fundo da quarentena é tutelar o meio ambiente, porquanto somente assim a relação binária entre transmissão e contágio será ilidida de modo eficaz.

Para tanto, defende-se que a quarentena, além de proibir a circulação de pessoas e as atividades não essenciais, também deve atuar na preservação do meio ambiente do trabalho das atividades essenciais.

Deve-se ter em mente que a quarentena é composta pela tríade: 1) zelar pelo meio ambiente do trabalho (principalmente os hospitais e postos de saúde); 2) manter as pessoas em casa e; 3) permitir somente o funcionamento das atividades essenciais (que estão previstas no art. 10 da Lei nº 7.783/89).

No presente artigo, será analisado o local de trabalho dos *uberizados*, especificamente os que entregam mercadorias, que trabalham nas plataformas digitais.

É sabido que a atividade realizada por esses trabalhadores é formada pela seguinte sistemática: o trabalhador *uberizado*, previamente cadastrado em algum aplicativo, se posiciona em algum local público (rua, calçada ou praça) esperando ser conectado por algum restaurante/estabelecimento que também é cadastrado no mesmo aplicativo, o qual igualmente foi selecionado pelo consumidor para pedir sua comida. Portanto, o aplicativo interliga ao mesmo tempo: o cliente (quem pede a comida ou produto), o vendedor (faz e/ou vende o bem) e o trabalhador (realiza a entrega).

Nessa dinâmica, o trabalhador dirige-se ao estabelecimento – que pode ser um restaurante, uma lanchonete, padaria, um supermercado, ou qualquer tipo de comércio ou local, dependendo do aplicativo – coleta a mercadoria e realiza a entrega na residência ou no local de trabalho do cliente, tudo de maneira conectada ao aplicativo que controla e registra o passo a passo realizado por todos. Sistemática essa que não tem dia e nem horário determinado para funcionar, basta ter cliente, empresa e trabalhador conectados que o sistema não para, é o giro constante da máquina e do algoritmo.

Percebe-se que o meio ambiente do trabalho em análise é híbrido, englobando os espaços públicos e privados a todo momento. Utilizam-se as ruas, as praças e as calçadas para aguardar a demanda, isto é, ser acionado pelo aplicativo. A utilização do *locus* público segue presente no percurso de dirigir-se até o estabelecimento em que será coletado o pedido. Neste instante, adentra-se em um local privado, e, após, retorna-se ao espaço público em direção à entrega da mercadoria, momento em que novamente adentra-se em um ambiente privado (prédio, casa ou trabalho do consumidor), sendo que uma vez realizada a entrega, retorna-se para o espaço público estratégico e nele permanece-se até que surja outra demanda e a sistemática descrita se reinicie.

Portanto, o meio ambiente do trabalho do *uberizado* é cíclico e alterna-se constantemente entre o público e o privado. Vejamos o roteiro traçado pelo uberizado durante sua jornada: pelo espaço público (calçada, praça) – espaço privado (estabelecimento) – espaço público (rua) – espaço privado (casa/prédio) – espaço público (calçada, praça).

Diante dessa alternância entre o local público e privado e as diversas formas de transmissão e contágio do coronavírus, o *uberizado* durante a pandemia assume infeliz papel de protagonismo, sendo verdadeiros "vetores" dos vírus. Os ciclo-entregadores estão com sua saúde e vida em constante risco, expondo toda a sociedade que neste momento pretende se proteger. Os obreiros transitam livremente pelas ruas, praças e calçadas, bem como pelos *halls* e elevadores de prédios e portões de casas e condomínios. Hoje em dia, a profissão do *uberizado* é labor de altíssimo risco.

Ao mesmo tempo o *uberizado* pode: 1) levar o patógeno até as pessoas que estão em suas residências (junto com a embalagem do produto vem o SARS-CoV2) ou ser contaminado por elas; 2) levar o vírus para os funcionários dos estabelecimentos com os quais têm contato durante a jornada de entregas ou ser contaminado por eles; 3) levar o agente endêmico para empregados e moradores das residências, ou para os trabalhadores de atividades essenciais que utilizam das facilidades das plataformas durante a jornada de trabalho, sendo que em ambos os casos os ciclo-entregadores podem por eles serem contaminados; 4) e, por conseguinte, transmitir na rua, para os colegas de trabalho que aguardam as demandas reunidos e para os demais integrantes do *iter* supra analisado; ou 5) levar o vírus para as pessoas que estejam andando na rua ou por elas ser contaminado.

Levando-se em conta que os ciclo-entregadores transitam diuturnamente sem qualquer higiene e segurança, verifica-se que os *uberizados* se tornam potenciais vítimas de contaminação e também potenciais transmissores da Covid-19. Desta feita, a livre circulação desses profissionais torna as ruas, os espaços públicos, os estabelecimentos, os prédios, os condomínios e até mesmo os locais de trabalho em que são exercidas as atividades essenciais possíveis *locus* de contágio do coronavírus, fazendo com que o SARS-CoV2 circule ininterruptamente na sociedade. Assinala-se, que tanto para o bem deles próprios como para o bem da sociedade, esse tipo de trabalho deve ser proibido na quarentena, porquanto coloca a saúde e a vida de todos em risco, verdadeiro perigo social.

O Ministério Público do Trabalho, reconhecendo a magnitude do risco a que os *uberizados* estão sujeitos em sofrer contaminação do vírus, bem como transmitir o vírus caso sejam contaminados, ajuizou uma ação civil pública (autos nº 1000396-28.2020.5.02.0082) em São Paulo, com pedido de tutela de urgência antecipada para que as plataformas digitais sejam obrigadas as a garantir proteção à saúde dos entregadores que nelas trabalham. Entre os pedidos específicos, destaca-se o fornecimento das condições sanitárias, sociais e trabalhistas, nas medidas oficiais estabelecidas pelos órgãos competentes, como a Organização Mundial da Saúde, o Ministério da Saúde, as Secretarias Estaduais e Municipais da Saúde, bem como os respectivos conselhos. A tutela de urgência requerida pelo Ministério Público do Trabalho foi deferida em parte, pelo douto Juízo da 56ª Vara do Trabalho, mas o Egrégio Tribunal Regional do Trabalho de 2ª Região concedeu o pedido liminar da empresa ré, formulado em sede de mandado de segurança, e suspendeu os efeitos da decisão de 1º grau.

Na França, os *uberizados* já se reconhecem como verdadeiros retransmissores do coronavírus. Em entrevista concedida ao jornal local LCI, os ciclo-entregadores manifestaram o dilema que enfrentam:

> Primeiro, porque corremos um risco para nós mesmos, mas também porque somos um risco para os outros. Durante uma semana em período integral, estaremos potencialmente em contato com 150, 200 pessoas: restaurantes, funcionários de restaurantes, clientes ... Se você transmitir o vírus, poderá potencialmente infectar muitas pessoas (tradução nossa) (FRANÇA, 2020).

Ainda afirmam que possuem a impressão de "serem trabalhadores sacrificáveis". Para eles, não é a opção da "entrega sem contato" que pode amenizar a situação, porque mesmo se ficarem a um metro dos clientes, eles ainda receberão uma sacola que cerca de 30 a 50 pessoas já tocaram antes (tradução nossa) (FRANÇA, 2020).

No Brasil, 18 milhões de obreiros estão correndo o risco de contrair o Covid-19 no local de trabalho, diante do meio ambiente no qual estão inseridos (GLOBO, 2020), englobando trabalhadores da indústria, comércio, saúde e serviços. Aproximadamente 40% dos trabalhadores formais estão no bojo deste numerário alarmante que se encontra em situação de extremo risco. Se antes da pandemia do coronavírus o uso do equipamento de proteção individual era obrigatório e fundamental, agora então ele se tornará instrumento de sobrevivência, assim como o alimento que ingerimos.

Ocorre que, diante das formas de transmissão e do contágio do vírus, inexiste como controlar e ofertar um meio ambiente saudável e seguro para os *uberizados*. Ainda que o fornecimento de equipamentos de proteção individual eficazes (roupas, álcool em gel e luvas) abrangesse toda a frota de ciclo-entregadores, ainda assim não seria impedida a dispersão do SARS-CoV2.

Para que a quarentena seja eficiente, no Brasil foram promulgadas Medidas Provisórias e Leis, destinando renda para os trabalhadores e benefícios fiscais e creditórios para a empresas, devendo estas suspenderem suas atividades e aqueles permanecerem em casa. Dessa forma, mesmo que devagar, mantém-se a economia respirando.

A Lei nº 13.982/2020 institucionalizou o auxílio emergencial no Brasil, destinando o valor mensal, por três meses, de R$ 600,00 (seiscentos reais), sendo que no caso das mães solo e chefes de família este valor sobe para R$ 1.200,00 (um mil e duzentos reais). Por família, somente dois membros podem receber esse benefício. O trabalhador tem que ser autônomo, informal, microempreendedor individual ou estar desempregado, devendo ter mais de 18 anos, não podendo estar recebendo nenhum benefício assistencial (salvo o bolsa família que é acumulável), previdenciário ou seguro-desemprego.

Será observado ainda se a renda *per capita* familiar é de até R$ 522,50 (quinhentos reais e vinte e dois reais e cinquenta centavos) ou se a renda familiar total é de até R$ 3.135,00 (três mil, centro e trinta e cinco reais). O requerente não pode ter recebido em 2018 rendimentos tributáveis acima de R$ 28.559,70 (vinte e oito mil e setenta centavos). O requerimento pode ser feito através do aplicativo ou pelo *site* da Caixa Econômica Federal. Para o recebimento desse benefício, todos os requisitos devem ser preenchidos pelo trabalhador.

Como os *uberizados* são considerados pela jurisprudência pátria majoritária, pelos aplicativos, e empresas envolvidas, bem como pelo Governo como autônomos, na hipótese de preenchimento dos demais requisitos legais acima demonstrados, devem receber o valor previsto em lei e com isso estarão recebendo renda mensal, devendo neste contexto permanecerem em casa (protegendo sua saúde e segurança), preservando suas vidas, assim como as de todos da sociedade, tudo em nome da saúde pública e coletiva.

4. CONCLUSÃO

Analisadas as condições e o meio ambiente do trabalho dos *uberizados*, em nome da saúde pública, não pairam dúvidas de que devem ser considerados como potenciais veículos do vírus, e que durante a quarentena devem receber o benefício do auxílio emergencial previsto na Lei nº 13.982/2020, assim ficando em suas respectivas casas (seguros e saudáveis), recebendo fonte de renda e ao mesmo tempo com suas atividades suspensas.

O entendimento ora demonstrado tem como finalidade preservar a saúde e a vida além dos próprios *uberizados*, de todas as pessoas da sociedade, afinal a transitividade constante dos ciclo-entregadores nos espaços públicos e privados coloca em risco todos os cidadãos, e principalmente eles mesmos. A movimentação diuturna assume o risco exponencial dos *uberizados* ficarem doentes e ainda transmitirem os vírus para seus familiares, colegas de trabalho e demais consumidores a quem entregam mercadorias. Trata-se de uma possibilidade grave e real, inclusive já reconhecida pelos próprios *uberizados* na França.

Arrisca-se dizer que dificilmente a quarentena atingirá seu objetivo precípuo que é a diminuição da transmissão e do contágio do coronavírus se os *uberizados* continuarem trabalhando. Por isso, entendemos que cabe ao Poder Público, tutelando e priorizando a saúde pública e a vida de todos da sociedade, determinar a suspensão temporária dos aplicativos de todas empresas responsáveis pelas plataformas digitais que intermedeiam o transporte de pessoas e mercadorias, o qual não se enquadra como atividade essencial no presente momento. Neste instante, tudo é arriscado. Portanto, tudo aquilo que não é essencial é passível de alteração, e, no caso em análise especificamente, de suspensão. Assim, evita-se que o vírus chegue de casa em casa com as mercadorias que são encomendadas pelos consumidores.

A suspensão das atividades do *uberizados*, além de tutelar a vidas dos próprios trabalhadores, dos seus familiares e de toda a sociedade, tem como objetivo evitar o crescimento de infectados, achatando a curva de crescimento, evitando uma sobrecarga ainda maior do sistema de saúde público de saúde e ainda dando um tempo para que os hospitais recebam respiradores, leitos, insumos e equipamentos de proteção individual suficientes para atender o contingente de pessoas previsto para o pico da pandemia.

Ora, se diversas atividades estão suspensas, inexiste motivo para que os ciclo-entregadores da economia de plataformas permaneçam na ativa, e ainda com maior demanda, o que enseja risco ainda maior. Em nome do princípio da igualdade, basilar no regime democrático e republicano, todos devem ser tratados de maneira igual, e neste momento histórico, as atividades dos *uberizado*s também devem ser suspensas como todas as demais não essenciais.

REFERÊNCIAS

ANTUNES, Ricardo. **O privilégio da servidão**: o novo proletariado de serviços na era digital. São Paulo: Boitempo, 2018.

DE STEFANO, Valerio. The gig economy and labor regulation: an international and comparative approach. **Revista Direito das Relações Sociais e Trabalhistas**, Brasília, v. 4, n. 2, p. 68-79, maio-ago. 2018.

DOCKÈS, Emmanuel. Os empregados das plataformas. *In*: ROCHA, Cláudio Jannotti; PORTO, Lorena Vasconcelos. **Trabalho**: diálogos e críticas. Belo Horizonte: RTm, 2020. (Direito do Trabalho e a Indústria 4.0, v. II).

JÚNIOR, Antonio Umberto de Souza; SOUZA, Fabiano Coelho; MARANHÃO, Ney; NETO, Platon Teixeira de Azevedo. **Reforma trabalhista**: análise comparativa e crítica da lei 13.467/2017 e da Medida Provisória nº 808/2017. 2. ed. São Paulo: Rideel, 2018.

O GLOBO. **AGU informa ao STF que governo Bolsonaro apoia isolamento social contra coronavírus.** Disponível em: https://oglobo.globo.com/brasil/agu-informa-ao-stf-que-governo-bolsonaro-apoia-isolamento-social-contra-coronavirus-1-24352953. Acesso em: 31 mar. 2020.

THE NEW ENGLAND JOURNAL OF MEDICINE. **Aerosol and Surface Stability of SARS-CoV-2 as Compared with SARS-CoV-1.** Disponível em: https://www.nejm.org/doi/10.1056/NEJMc2004973. Acesso em: 08 abr. 2020.

LCI. **Coronavirus – "On a l'impression d'être sacrifiables"**: travailler ou se protéger, le dilemme des livreurs à domicile. Disponível em: https://www.lci.fr/emploi/coronavirus-et-confinement-en-france-comment-font-les-livreurs-a-domicile-deliveroo-ubereats-stuart-2148287.html. Acesso em: 08 abr. 2020.

O GLOBO. **Pessoas sem sintomas são responsáveis por dois terços das infecções de coronavírus.** Disponível em: https://oglobo.globo.com/sociedade/pessoas-sem-sintomas-sao-responsaveis-por-dois-tercos-das-infeccoes-de-coronavirus-24307692 . Acesso em: 31 mar. 2020.

O GLOBO. **Estudo identifica os 18 milhões de trabalhadores brasileiros mais suscetíveis ao coronavírus.** Disponível em: https://oglobo.globo.com/sociedade/coronavirus/estudo-identifica-os-18-milhoes-de-trabalhadores-brasileiros-mais-suscetiveis-ao-coronavirus-24351508 . Acesso em: 31 mar. 2020.

ROCHA, Cláudio Jannotti; PORTO, Lorena Vasconcelos; ALVARENGA, Rúbia Zanotelli de. As revoluções industriais e o meio ambiente do trabalho: reflexões, análises, comparações e os fundamentos do Direito do Trabalho. *In*: ROCHA, Cláudio Jannotti; PORTO, Lorena Vasconcelos. **Trabalho**: diálogos e críticas. Belo Horizonte: RTm, 2020. (Direito do Trabalho e a Indústria 4.0, v. II).

ROCHA, Cláudio Jannotti; PORTO, Lorena Vasconcelos; ABAURRE, Helena Emerick. A tutela jurídica do *crowdwork* e o trabalho *on-demand* no direito brasileiro: o direito fundamental ao trabalho digno como matriz epicentral do Direito do Trabalho. *In*: ROCHA, Cláudio Jannotti; PORTO, Lorena Vasconcelos. Trabalho: diálogos e críticas. Belo Horizonte: RTm, 2020. (Direito do Trabalho e a Indústria 4.0, v. II).

VOGUE. **Simulação mostra como o vírus circula pelos corredores de supermercados por vários minutos.** Disponível em: https://vogue.globo.com/atualidades/noticia/2020/04/simulacao-mostra-como-o-virus-circula-pelos-corredores-de-supermercados-por-varios-minutos.htm. Acesso em: 31 mar. 2020.

Mulheres e Mercado de Trabalho: a Pandemia Potencializa as Desigualdades

NOEMIA PORTO

1. INTRODUÇÃO

Há tensões evidentes entre o que representa a Constituição para os direitos sociais fundamentais e as demandas do capitalismo de mercado, as quais, aliás, ficam evidentes a cada nova onda de crises financeiras mundiais, como as experimentadas em 1997 (*Crise Financeira Asiática*), 2008/2009 (*Crise dos Mercados Financeiros*) e 2011/2012 (*Crise Europeia*). As crises mundiais, tradicionalmente econômicas, e, mais recentemente, também no campo da saúde, tendem a desnivelar o mercado de trabalho, acentuando as desigualdades.

O dilema sobre o papel do Estado quando se trata do pacto social e de um desenvolvimento sustentável e inclusivo parece mais latente nos tempos atuais. O Decreto Legislativo nº 6, de 20 de março de 2020, reconhece o estado de calamidade pública, instituindo comissão mista do Congresso Nacional com o objetivo "de acompanhar a situação fiscal e a execução orçamentária e financeira das medidas relacionadas à emergência de saúde pública de importância internacional relacionada ao coronavírus (Covid-19)".

Os efeitos da pandemia transcendem os desafios relacionados à emergência de saúde pública e atingem outros âmbitos como a economia, a política, o direito e o mundo do trabalho. No que concerne a esse último aspecto, a emergência antes referida trouxe à tona a necessidade do afastamento social como forma de prevenção e contenção da doença, o que impactou de forma imediata as relações laborais, potencializando, já num primeiro momento, os riscos de demissões e de decréscimo na renda dos trabalhadores e das trabalhadoras.

Nesse cenário, sobressaiu nos debates públicos a importância do trabalho, no mínimo quanto ao aspecto básico da sobrevivência. De fato, tornaram-se evidentes os casos daqueles com trabalho, isto é, inseridos em ocupações formais, mas sem poder trabalhar, em face das recomendações de afastamento social; outros que, sem trabalho, tiveram potencializadas as dificuldades para alcançar alguma ocupação, num mercado em franca retração; da mesma forma, trabalhadores e trabalhadoras que seguiram trabalhando, porém, carregando o medo decorrente do meio ambiente laboral inseguro oferecido, sem estrutura adaptada para prevenir o contágio; além disso, sobressaíram as situações das pessoas que se envolveram em atividades essenciais em favor de todos, incluindo profissionais da área da saúde e de outras de caráter essencial. Ficou evidenciada a centralidade não apenas do trabalho, mas, primordialmente, das pessoas.

A despeito de inegável o impacto de tais acontecimentos na vida dos trabalhadores, esses não podem ser compreendidos como uma homogeneidade. Alguns exemplos podem ser ilustrativos disso. Setores econômicos diversos reagiram também de maneira diferente ao quadro da pandemia, com incremento ou redução das suas atividades (venda de farmácias e supermercados *on-line*; setor de comunicação digital; turismo e hotelaria etc.)[1]. Quanto aos serviços domésticos, a situação das trabalhadoras formalizadas, mas com risco de desemprego, e das chamadas diaristas, apontou para situações de insegurança na renda e, como consequência, de insegurança alimentar, justamente atingindo famílias que sofrem com outras vulnerabilidades em razão da pobreza.[2] Mesmo os segmentos econômicos que não sofreram, num primeiro momento, com a crise, podem não seguir intactos a depender da duração da situação de emergência de saúde.

Além dessas e de outras diferenças no impacto causado pela pandemia da Covid-19, é certo que as mulheres têm sido afetadas de várias maneiras, incluindo preocupações com a saúde, a segurança e a renda, responsabilidades adicionais de assistência e maior exposição à violência doméstica, por vezes resultado de uma convivência forçada que pode exacerbar tensões.[3] Em suma, a pandemia atinge homens e mulheres de forma diferente.

---

1 Algumas dessas discussões relacionadas aos impactos nos setores econômicos, divulgadas por diferentes veículos de comunicação, podem ser conferidas nos seguintes endereços: https://economia.uol.com.br/noticias/estadao-conteudo/2020/03/21/coronavirus-faz-disparar-a-venda-de-farmacias-e-supermercados-na-internet.htm. Acesso em: 30 abr. 2020; https://www.infomoney.com.br/negocios/em-meio-a-pandemia-de-coronavirus-empresas-de-tecnologia-de-trabalho-remoto-colhem-bons-frutos. Acesso em: 30 abr. 2020; ttps://extra.globo.com/noticias/economia/coronavirus-turismo-sera-setor-mais-afetado-pela-crise-levara-mais-tempo-para-se-recuperar-rv1-1-24365867.html. Acesso em: 30 abr. 2020.

2 O alerta feito por entidade coletiva que representa a categoria pode ser conferido no seguinte endereço eletrônico: https://www.brasildefato.com.br/2020/04/15/com-pandemia-trabalhadores-domesticas-enfrentam-ameacas-de-demissao-e-perda-de-renda. Acesso em: 30 abr. 2020.

3 Bianquini (2020) refere que "no Brasil, o Ministério da Mulher, da Família e dos Direitos Humanos constatou alta de quase 9% nas denúncias realizadas no Disque 180, destinado a denúncias

As mulheres, no Brasil e no mundo, se inserem no mercado de trabalho sofrendo reiteradamente com a desigualdade. O Fórum Econômico Mundial divulgou, no final de 2019, que ninguém viverá, em pouco tempo, numa sociedade com igualdade de gênero, e sequer os filhos da atual geração encontrarão uma sociedade igualitária, isso porque a expectativa é a de que esse primado seja alcançado, no âmbito Global, acaso mantido o ritmo atual, e sem retrocessos, em quase cem anos (99,5 anos). Na análise setorizada da desigualdade de gênero, o Brasil apareceu na 92ª posição considerando a análise global. Entre os países da América Latina e do Caribe, o Brasil ficou na 22ª colocação entre 25 países.[4]

A pandemia não nivela, neutraliza ou elimina essa condição. Ao contrário, a situação de emergência de saúde, com impactos na economia, na política, na sociedade e no direito tende a tornar essa desigualdade mais latente, impondo às mulheres situação adicional de sofrimento.

Certamente, as interseccionalidades que apontam para outras, e não menos importantes vulnerabilidades, precisam ser oportunamente abordadas (raça, deficiência, orientação sexual, entre outras).

O presente artigo, adotando um dos recortes de vulnerabilidade, e sem pretensão de esgotamento da complexidade do tema, pretende discutir, a partir da premissa constitucional da igualdade, vista como respeito à diversidade e à diferença, a situação das mulheres trabalhadoras durante a pandemia da Covid-19, indicando possibilidades que poderiam e deveriam ser consideradas na atuação jurídica, na formulação de políticas públicas, incluindo legislativas, e, ainda, empresariais, para o enfrentamento da crise que possa ocorrer de maneira realmente inclusiva para todos e todas.

2. FORMALMENTE IGUAIS, MAS SUBSTANCIALMENTE DIFERENTES

Como há perceptivelmente mais mulheres ocupando diversos postos no mercado de trabalho, isso pode gerar uma compreensão, equivocada, de que essa presença viria acompanhada, na prática, de igualdade de acesso, de permanência e de ascensão profissional, o que, porém, não ocorre. Quanto a aspectos que demonstram a ausência, na prática, de condições igualitárias de trabalho para as mulheres, a despeito da taxa crescente de sua ativação no mundo do trabalho, podem ser citados: a diferença salarial persistente; índices indicativos de trabalho sem remuneração; presença na

de violência doméstica. A Justiça Estadual do Rio de Janeiro divulgou que foram registrados 50% mais casos de violência doméstica a partir do momento em que o confinamento passou a ser adotado".

4 Disponível em: https://g1.globo.com/economia/noticia/2019/12/17/desigualdade-de-genero-no--trabalho-so-acabara-daqui-a-257-anos-aponta-forum-economico-mundial.ghtml, acesso em 05 de maio de 2020.

informalidade em atividades com qualidade inferior à dos homens; ocupação com o trabalho doméstico, tradicionalmente considerado como feminino.[5]

Esse quadro demonstra que ainda se encontra em andamento, no Século 21, o processo gradual de inserção das mulheres no mercado de trabalho, a qual, porém, não tem se revelado em condições de igualdade. As dificuldades presentes no contraste entre uma previsão normativa garantidora da igualdade e uma realidade estrutural desigual apontam para a envergadura do tema da igualdade/desigualdade, tanto na matriz constitucional quanto internacional.

A dignidade, prevista como princípio estruturante do Estado Democrático de Direito (art. 1°, inc. III, da Constituição), se converte numa expectativa de igualdade efetiva em todos os âmbitos, ou seja, igualdade real. Observando essa lógica, a Constituição de 1988 proíbe a discriminação contra as mulheres. O art. 3° define como objetivo da República promover o bem de todos/as, sem preconceito de sexo, raça, cor e idade (entre outros), e o artigo 5° prevê que homens e mulheres são iguais em direitos e obrigações. A questão da igualdade substancial transcende da mera não discriminação.

Além disso, o Brasil, após o processo de democratização, que culminou com a promulgação da Constituição de 1988, passou a ratificar, para se comprometer, os principais tratados de proteção dos direitos humanos. Entre os instrumentos regionais dos quais o Brasil é signatário, destaca-se a Convenção Interamericana para Prevenir, Punir e Erradicar a Violência Contra a Mulher (1994).[6]

Outro importante documento que tem servido para orientar políticas internas dos diversos países, sob uma lógica internacional, é a chamada Agenda 2030 da ONU, que contempla Objetivos de Desenvolvimento Sustentável (ODS). A agenda incorpora elementos que são importantes para pensar a realidade brasileira, marcada pela desigualdade.

Ainda sobre a Agenda, em setembro de 2015, representantes dos 193 Estados-membros da ONU se reuniram em Nova York e reconheceram que a erradicação da pobreza em todas as suas formas e dimensões, incluindo a pobreza extrema, é o maior desafio global e um requisito indispensável para o desenvolvimento sustentável. Sem desenvolvimento sustentável não haverá paz e os conflitos sociais ficarão potencializados. Em suma, a Agenda 2030 é um compromisso assumido por líderes de 193 países, inclusive o Brasil, materializado em 17 objetivos e 169 metas, coordenada pelas Nações Unidas, voltada à efetivação dos direitos humanos e à promoção do desenvolvimento sustentável. As metas devem ser atingidas entre 2016 e 2030. A Agenda 2030,

5 Esses fatores foram extraídos de estudos da Organização Internacional do Trabalho (OIT) e foram discutidos no seguinte artigo: PORTO, Noemia. Entre o global e o local: o princípio fundamental da igualdade no trabalho na perspectiva de gênero. **Caderno Jurídico do Tribunal Regional do Trabalho da 10ª Região**, Brasília, v. 3, n. 5, set.-out. 2009.

6 Para conferir o texto da Convenção, veja-se o Decreto n° 1.973, de 1° de agosto de 1996. Disponível em: http://www.planalto.gov.br/ccivil_03/decreto/1996/D1973.htm. Acesso em: 15 maio 2019.

portanto, traduz um plano de ação para erradicar a pobreza e promover vida digna para todos e para todas, dentro dos limites do planeta. Os objetivos foram traçados para compromissar governos, sociedade, empresas, produções científicas e cada cidadão e cada cidadã do planeta.

No caso da agenda, entre os objetivos, que também são verdadeiros desafios, encontra-se o da igualdade de gênero, o que implica pensar nas estratégias que podem ser adotadas para o seu desenvolvimento.[7] De fato, quando se pensa em desenvolvimento sustentável para todos e para todas, aspectos plurais da vida das pessoas precisam ser contemplados e considerados, desde o acesso à água potável, até a igualdade de gênero, passando pela proteção ambiental, entre outros aspectos.

Depois de muitas discussões e análises feitas por representantes de diversos países sobre dados estatísticos e situações locais e nacionais, chegou-se à conclusão que a discriminação contra as mulheres é um dos importantes aspectos que interfere numa agenda mundial de desenvolvimento sustentável para todos e para todas.

Em harmonia com essas questões que se apresentam como desafios mundiais, a Constituição do Brasil também refere a erradicação da pobreza, a dignidade humana, a paz, o meio ambiente e o desenvolvimento como valores a serem observados enquanto princípios fundamentais (arts. 1º a 4º).

Da mesma forma, a Consolidação das Leis do Trabalho (CLT) ressalva, conforme art. 373-A, as disposições legais que estejam destinadas a corrigir as distorções que afetam o acesso da mulher ao mercado de trabalho, isso porque ações afirmativas,

---

7 Entre os 17 objetivos, o de nº 5 é o de se alcançar a igualdade de gênero e empoderar todas as mulheres e meninas. O Objetivo nº 5 foi detalhado da seguinte forma: 1) acabar com todas as formas de discriminação contra todas as mulheres e meninas em toda parte; 2) eliminar todas as formas de violência contra todas as mulheres e meninas nas esferas públicas e privadas, incluindo o tráfico e exploração sexual e de outros tipos; 3) eliminar todas as práticas nocivas, como os casamentos prematuros, forçados e de crianças e mutilações genitais femininas; 4) reconhecer e valorizar o trabalho de assistência e doméstico não remunerado, por meio da disponibilização de serviços públicos, infraestrutura e políticas de proteção social, bem como a promoção da responsabilidade compartilhada dentro do lar e da família, conforme os contextos nacionais; 5) garantir a participação plena e efetiva das mulheres e a igualdade de oportunidades para a liderança em todos os níveis de tomada de decisão na vida política, econômica e pública; 6) assegurar o acesso universal à saúde sexual e reprodutiva e os direitos reprodutivos, como acordado em conformidade com o Programa de Ação da Conferência Internacional sobre População e Desenvolvimento e com a Plataforma de Ação de Pequim e os documentos resultantes de suas conferências de revisão; 7) realizar reformas para dar às mulheres direitos iguais aos recursos econômicos, bem como o acesso à propriedade e controle sobre a terra e outras formas de propriedade, serviços financeiros, herança e os recursos naturais, de acordo com as leis nacionais; 8) aumentar o uso de tecnologias de base, em particular as tecnologias de informação e comunicação, para promover o empoderamento das mulheres; 9) adotar e fortalecer políticas sólidas e legislação aplicável para a promoção da igualdade de gênero e o empoderamento de todas as mulheres e meninas em todos os níveis. Disponível em: https://nacoesunidas.org/pos2015/agenda2030/. Acesso em: 05 maio 2020).

nesse sentido, procuram corrigir desigualdades históricas. A disposição legal estabelece a regra de vedação de que haja referência ao sexo, à idade, à cor ou à situação familiar na publicação de anúncios de emprego ou na recusa, promoção ou motivação da dispensa do trabalho, ou, ainda, para fins de fixação da remuneração, formação profissional e oportunidades de ascensão no emprego. Tais critérios também não podem ser considerados para impedir o acesso ou adotar critérios subjetivos para deferimento de inscrição ou aprovação em concursos em empresas privadas. Da mesma forma, não se pode exigir atestado ou exame, de qualquer natureza, para comprovação de esterilidade ou gravidez, na admissão ou permanência no emprego. E, ainda, o empregador ou preposto não pode proceder a revistas íntimas nas empregadas ou funcionárias. Nos termos do parágrafo único do mesmo dispositivo, não há óbice à adoção de "medidas temporárias que visem ao estabelecimento das políticas de igualdade entre homens e mulheres, em particular as que se destinam a corrigir as distorções que afetam a formação profissional, o acesso ao emprego e as condições gerais de trabalho da mulher".

Importante destacar que esse plexo normativo, constitucional, internacional e legal, não pode ser suspenso ou desconsiderado na hipótese de calamidade pública. Na realidade, tais instrumentos são ainda mais fundamentais e necessários para que, em momentos de crise, as desigualdades não sejam agravadas e possam ser construídas soluções e alternativas que amenizem os impactos da emergência de saúde, a fim de que ela não se transforme numa crise humanitária que, para as mulheres, possa vir a representar grave retrocesso quanto às difíceis conquistas por espaço e oportunidades nesta longa, e acidentada, trajetória em direção ao primado do igual respeito e consideração.

3. A PANDEMIA PROVOCADA PELO CORONAVÍRUS (COVID-19) E A DESIGUALDADE DE GÊNERO NO MERCADO DE TRABALHO

A tensão que decorre da formal previsão de igualdade de gênero no mercado de trabalho e, ao mesmo tempo, as dificuldades de concretização desse princípio, está potencializada na atual crise que teve início como uma emergência de saúde e se expandiu para outros âmbitos, sociais, econômicos e jurídicos. Assim, sem uma permanência igualitária e consistente, seria possível retornar ao questionamento sobre a extensão e a intensidade com que as mulheres trabalhadoras são afetadas pelos chamados momentos de crise.

Sobre os desafios à igualdade de gênero, são temas recorrentes os das dificuldades de inserção no mercado de trabalho; de igualdade remuneratória; de permanência em vínculos formais; de sobrevivência nas ocupações oferecidas diante de situações de violência decorrentes de práticas discriminatórias, como o assédio sexual; de proteção à maternidade, que não implique bloqueios à empregabilidade; de ascensão a postos de comando; e de enfrentamento de jornadas múltiplas diante da permanência de uma divisão sexual de tarefas que atribui às mulheres a responsabilidade primordial pelo cuidado com os filhos e pelo equacionamento dos diversos desafios familiares.[8]

O argumento central que se defende no presente estudo é que a desigualdade nos planos da violência doméstica e do mercado de trabalho não desaparece sequer em momentos de crise. Ao contrário, tende ao agravamento. De fato, no caso da recente pandemia do novo coronavírus (Covid-19), com impactos mundiais e nacionais, o isolamento social recomendado como medida de saúde trouxe consequências para as mulheres.

De plano, alguns aspectos podem ser referidos, quais sejam, o número de denúncias de violência doméstica aumentou e muitas mulheres perderam seus meios de sustento quase imediatamente, em razão de atuarem, em grande número, na informalidade, sem nenhuma rede de proteção ou possibilidade de substituição da renda diária[9], tudo a indicar um quadro de vulnerabilidade social e econômica.

De fato, uma ocorrência importante diz respeito à constatação de que o isolamento e o distanciamento social aumentaram o risco de violência e do abuso doméstico. A convivência em situações de isolamento e tensão potencializou situações de violência doméstica. As mulheres em relacionamentos violentos não são apenas expostas ao agressor por longos períodos de tempo, como são e estão impossibilitadas de sair de casa ou de pedir por ajuda. A violência doméstica é um tema notadamente relevante em tempos de pandemia porque, entre outros aspectos, a conjuntura socioeconômica atual tende a exacerbá-la, atingindo a trajetória de vida das mulheres com impactos presentes e futuros na presença no mercado de trabalho.

Como visto, a pandemia está indo além de uma crise global de saúde e se transformando em uma crise do mercado de trabalho, social e econômica, representando uma séria ameaça ao emprego e à sobrevivência das mulheres, especialmente em setores informais precários e não essenciais.

A Organização Internacional do Trabalho também realiza projeções de como a Covid-19 afetará o mundo do trabalho, na tentativa de contribuir com dados que possam orientar a construção de políticas públicas e a adoção de medidas pelos diversos países como forma de diminuir o impacto sobre a vida das pessoas e do respectivo patamar de sobrevivência. Nessa abordagem, a OIT identifica os grupos mais vulneráveis, entre

---

8 A abordagem sobre esses fatores que compõem o quadro de desigualdade que marca a presença das mulheres no mercado de trabalho também pode ser encontrada na seguinte obra: PORTO, Noemia. Igualdade de gênero no Poder Judiciário: desafios para um sistema verdadeiramente de justiça. *In:* SOUZA, Carlos Eduardo Silva; THEODORO, Marcelo Antonio (org.). **Direitos humanos e fundamentais**: debates e reflexões contemporâneas. Curitiba: Editora CRV, 2018. p. 479-498.

9 Disponível em: https://radios.ebc.com.br/tarde-nacional-rio-de-janeiro/2020/03/coronavirus-casos-de-violencia-domestica-crescem-50-durante-periodo-de; https://www12.senado.leg.br/noticias/materias/2020/03/31/coronavirus-senadores-alertam-para-violencia-contra-a-mulher-durante-isolamento; https://nacoesunidas.org/onu-mulheres-recomenda-que-igualdade-de-genero-seja-incluida-na-resposta-a-pandemia/. Acesso em: 16 abr. 2020.

eles as mulheres, isso como resultado do extenso trabalho que realizam em setores mais afetados (principalmente serviços), bem como considerando que atuam na linha de frente nos serviços de saúde para lidar com a pandemia, como ocorre com as enfermeiras, que são maioria nessa profissão, e, ainda, o fato de que suportam uma carga de trabalho desproporcional na economia de cuidados.[10]

Observa-se que há indicativo de que a perda de empregos decorrente da crise afetará especialmente as mulheres, que se concentram no setor de serviços, um dos mais afetados pela crise. Além da questão do desemprego resultante da crise, há se considerar, ainda, que muitas mulheres atuam na informalidade e que muitas sequer terão acesso às atividades que eram desenvolvidas, ainda que precariamente, como fonte de sustento. Deve ser considerado, neste cenário, que, no Brasil, as mulheres estão mais sujeitas à informalidade do que os homens.

A pandemia também revelou a presença substancial das mulheres na linha de frente como profissionais de saúde, cuja emergência exigiu trabalho por longas horas e exposição ao risco no trato e cuidado com os pacientes. A despeito disso, nem sempre se trata de empregos bem remunerados.

Em nível global, em torno de 70% das equipes de trabalho em saúde e serviço social são compostas por profissionais mulheres, entre médicas, parteiras e trabalhadoras de saúde da comunidade. No Brasil, a situação se repete, porquanto as estatísticas revelam que as mulheres representam 65% dos mais de seis milhões de profissionais atuantes no setor de saúde, em âmbito público e privado. Entre os diversos profissionais, as mulheres não são maioria entre os médicos, mas entre os profissionais enfermeiros, por exemplo, chega-se a mais de 85%.[11]

As profissionais ficam expostas a longas horas de jornada, com risco à própria saúde, e nem sempre podem contar com a assistência necessária no que pertine às atividades de cuidado que, culturalmente, são atribuídas às mulheres (com filhos menores, idosos, etc.).

Com a pandemia, o afastamento social e diversas normas editadas pelos Poderes Executivos estadual, distrital e municipal houve o fechamento de escolas e de creches, situação que impôs encargos adicionais significativos para as mulheres em casa. Essa circunstância atrai reflexões sobre a cidadania feminina, no que pertine à divisão sexual de tarefas domésticas, sendo estas últimas socialmente atribuíveis às mulheres,

10 Nessa abordagem consta o seguinte: "segundo estimativas da OIT, 58,6% das mulheres que trabalham em todo o mundo o fazem no setor terciário, em comparação com 45,4% dos homens. As mulheres têm menos acesso aos serviços de proteção social e suportam uma carga de trabalho desproporcional na economia de cuidados, particularmente no caso de fechamento de escolas ou centros de assistência (OIT, 2018)". Disponível em: https://www.ilo.org/brasilia/noticias/WCMS_740753/lang--pt/index.htm. Acesso em: 06 maio 2020.

11 Disponível em: http://anesp.org.br/todas-as-noticias/2020/4/16/a-guerra-tem-rosto-de-mulher-trabalhadoras-da-sade-no-enfrentamento-covid-19. Acesso em: 05 maio 2020.

e que, na prática, representam dificuldades, quando não obstáculos, para a inserção e a presença delas no mercado de trabalho. Em razão de atribuições culturais, há uma dependência da sociedade quanto à presença de mulheres e meninas em estruturas de cuidados informais e formais.

No caso das mulheres, a divisão sexual de tarefas familiares é fator importante a ser considerado porque o conflito entre a família e o trabalho condiciona suas opções em relação à sua decisão de ingressar no mercado de trabalho, e mesmo quanto ao tipo de emprego e carga horária exigida. Tal situação, por sua vez, afeta não só a antiguidade e a experiência profissional das mulheres, como também as suas perspectivas de formação e de carreira, o que contribui para a manutenção de baixos níveis de remuneração (OIT, 2007, p. 80 e 84).

No que se refere aos desafios impostos pelas circunstâncias que envolvem a pandemia da Covid-19, Bianquini (2020) adverte o seguinte:

> A sobrecarga de trabalho doméstico e de funções de cuidado também pode atrapalhar o desempenho de mulheres que conseguiram adotar modalidades remotas de trabalho. Por esse motivo, a conjuntura resultante da pandemia provavelmente penalizará de forma desproporcional muitas trabalhadoras, que podem ser mais mal avaliadas e mesmo demitidas. Estudos indicam que, em outras crises econômicas, como a ocorrida em 2010 no Brasil, mulheres foram mais demitidas do que homens.

Quanto à sobrecarga do trabalho doméstico, os Dados da Pesquisa Nacional por Amostra de Domicílios (PNAD), do IBGE, apontam que a taxa de realização de trabalhos domésticos, em 2018, era de 92,2% para as mulheres e 78,2% para os homens. Em média, as mulheres dedicam 21,3 horas para essas atividades, enquanto os homens dedicam 10,9 horas.[12]

A Lei nº 13.982, de 02 de abril de 2020, que alterou os parâmetros adicionais de caracterização da situação de vulnerabilidade social para fins de elegibilidade ao benefício de prestação continuada (BPC), e estabeleceu medidas excepcionais de proteção social a serem adotadas durante o período da pandemia, previu, no art. 2º, § 3º, que a mulher provedora de família monoparental receberá 2 (duas) cotas do auxílio emergencial, cujo valor, portanto, poderia chegar até R$ 1.200,00. A medida considera os dados estatísticos que apontam para o crescimento da chefia feminina das famílias brasileiras, num processo complexo que nem sempre significa empoderamento feminino.

A medida legislativa é pertinente quanto ao atendimento emergencial de alguma renda e na consideração sobre a realidade das mulheres que são chefes de família, vivendo muitas delas da renda obtida em trabalhos informais. Todavia, o valor-base

12 Disponível em: https://exame.abril.com.br/carreira/covid-19-dupla-jornada-aumenta-vulnerabilidade-das-mulheres-diz-onu. Acesso em: 08 maio 2020.

não representa sequer o salário mínimo nacional e indica a quantidade de pessoas que vivem no Brasil abaixo da linha da pobreza.[13]

No caso do trabalho doméstico, as trabalhadoras são afetadas de formas diferentes. Importante destacar que "mais de 90% dos trabalhadores domésticos, mais vulneráveis economicamente na crise, são mulheres, e mais de 70% são negros, indicando a maior precariedade do emprego da mulher negra" (BIANQUINI, 2020). Para as chamadas diaristas[14], que permaneceram em casa, sem possibilidade de seguir com a prestação de serviços nas residências que vinham atendendo, a possibilidade será a do recebimento do auxílio emergencial, entre R$ 600,00 e R$ 1.200,00. Na hipótese, porém, de trabalhadoras domésticas com vínculo de trabalho formalizado, as possibilidades estabelecidas são a de redução de jornada com redução de salário ou suspensão contratual com recebimento de benefício emergencial, na forma da Medida Provisória nº 936, de 1º de abril de 2020.

A ONU Mulheres, a propósito dessas circunstâncias, fez um chamado à ação das empresas do setor privado, na compreensão de que há uma corresponsabilidade social com os desígnios de uma sociedade mais igualitária. Entre os itens listados, estão os seguintes: a) a garantia de representação igual das mulheres em todo o planejamento e tomada de decisões da COVID-19; b) a promoção de mudanças transformadoras pela igualdade, abordando questões de assistência remunerada e não remunerada; c) segmentação de mulheres e meninas em todos os esforços para lidar com o impacto socioeconômico da COVID-19. "Essas prioridades transversais devem fazer parte de qualquer resposta à COVID-19, inclusive por meio da estrutura WEPs, e devem estar centradas em funcionárias, mulheres empreendedoras nas cadeias de suprimentos globais, consumidoras e mulheres e meninas nas comunidades locais".[15]

O que se nota deste quadro é que as mulheres têm sido sobremaneira afetadas por crise pandêmica, e sem que as medidas, executivas, legislativas ou judiciárias, sejam suficientes para concretizar o princípio da igualdade. Ao contrário, as questões da desigualdade de gênero ganharam força no cenário de crise. Desse modo, a violência e o abuso doméstico passaram a impactar, com mais frequência, a vida das mulheres. A forte presença de mulheres nos setores econômicos mais atingidos promove a

---

13 Em torno de 40 milhões de pessoas se cadastraram para o recebimento do auxílio. Disponível em: [https://economia.ig.com.br/2020-04-19/mais-de-40-milhoes-ja-se-cadastraram-para-receber-auxilio-emergencial.html]. Acesso em: 08 maio 2020.

14 A Lei Complementar nº 150/2015, prevê, no art. 1º, que empregado doméstico é aquele que "presta serviços de forma contínua, subordinada, onerosa e pessoal e de finalidade não lucrativa à pessoa ou à família, no âmbito residencial destas, por mais de 2 (dois) dias por semana". Nas demais hipóteses, tem prevalecido a tese de que as trabalhadoras domésticas, quando prestam serviços nas residências, com frequência semanal menor, ainda que trabalhem em favor de diversas famílias, por muito tempo, não teriam os direitos garantidos na referida norma.

15 Disponível em: https://nacoesunidas.org/onu-mulheres-faz-chamado-ao-setor-privado-por-igualdade-de-genero-na-resposta-a-covid-19. Acesso em: 06 maio 2020.

exposição ao desemprego e/ou à redução de renda. As mulheres, que em sua maioria, compõem o quadro dos profissionais de saúde, encontram-se sujeitas ao risco, às longas jornadas e à sobrecarga nos serviços domésticos de cuidado. A informalidade conta com forte presença das mulheres que, mesmo com o auxílio emergencial, que é temporário, poderão ter dificuldades na manutenção da família, na retomada das atividades que desempenhavam e na recolocação no mercado de trabalho. A sobrecarga nos atributos do cuidado, em razão da desigual divisão das tarefas domésticas, ocorre com diversas mulheres trabalhadoras, independentemente do segmento econômico, categoria ou estrato social a que pertençam. As trabalhadoras domésticas encontram-se também entre os setores mais atingidos, e a diferença entre trabalhadoras formalizadas e diaristas ganhou visibilidade ao revelar o tratamento jurídico diferenciado, e injusto, no trato de realidades que, substancialmente, são as mesmas, qual seja, a do trabalho desenvolvido em favor dos lares de diversos brasileiros.

Todas essas considerações precisam ser feitas, acrescentando-se que as mulheres estão sub-representadas nos espaços políticos de tomadas de decisão (no Parlamento, no Poder Executivo e até nos sindicatos). Exemplo disso é a falta de diálogo entre o Ministério da Economia e o Ministério da Mulher, da Família e dos Direitos Humanos na articulação das medidas que seriam tomadas durante a pandemia, com impacto no mercado de trabalho.

Entre as previsões constitucionais, legais e internacionais, e a realidade que assola as mulheres trabalhadoras, há o desafio que deve impelir os poderes constituídos e a sociedade civil na busca por soluções tanto no decorrer da crise quanto para o período pós-pandemia, no rearranjo do mercado de trabalho que possa ser (re)estruturado observando as demandas por inclusão.

4. ALGUMAS CONCLUSÕES SOBRE OS DESAFIOS PARA A IGUALDADE DE GÊNERO EM TEMPOS DE PANDEMIA DO NOVO CORONAVIRUS (COVID-19)

É factível considerar que um dos legados possíveis desta era seja o reconhecimento da importância da justiça social, da dignidade da pessoa trabalhadora e de um ambiente de trabalho seguro e saudável para todos e todas. Tal relevância apenas ganhará amplitude se todas as vulnerabilidades puderem ser consideradas.

Observando o objeto definido para o presente estudo, é imperioso afirmar que constitui um dos desafios da atualidade a concretização do princípio da igualdade na perspectiva de gênero, vinculado ao exercício pleno da cidadania, na acepção de respeito à diversidade e à diferença. A desigualdade traz reflexos para o desenvolvimento social e econômico sustentáveis.

Segundo as constatações da OIT, o estado de desenvolvimento econômico de um país não atua como fator determinante na definição da percentagem de mulheres com funções consideradas de nível elevado. Outros fatores se evidenciam mais decisivos como a legislação e as políticas antidiscriminação, os sistemas de classificação e codificação de profissões e a quota de mulheres no trabalho remunerado não agrícola (2007, p. 22). Nessa linha de raciocínio, as diversas crises, dentro da crise de emergência de saúde, exigirão a adoção de políticas públicas, no plano executivo e legislativo, que considerem que o impulsionamento apenas do desenvolvimento econômico não é suficiente para propiciar a igualdade entre homens e mulheres no mercado de trabalho. Considerando o nível de afetação das mulheres, será necessário o reforço de ações afirmativas para a mínima correção do atual quadro, na medida em que as soluções emergenciais adotadas apenas timidamente incorporaram a questão da vulnerabilidade segmentada.

Referindo-se especificamente às normas internacionais de caráter protetivo, a Organização Internacional do Trabalho (OIT) alerta que muitas vezes elas são percebidas como custosas para o sistema da economia. Todavia, constatou-se na *crise financeira asiática* de 1997 que o desemprego foi duplicado em muitos dos países afetados. Os graves efeitos da crise sobre os trabalhadores foram agravados justamente porque diversos desses países eram carentes de sistemas de proteção social (especialmente no que concerne ao seguro-desemprego e ao seguro médico), de políticas ativas de mercado de trabalho e de diálogo social. Por isso, há necessidade de se caminhar no sentido do reforço dos sistemas de proteção social para minorar o impacto negativo das crises econômicas sobre as pessoas que trabalham (2005, p. 09-10). Mas, para além disso, os sistemas de proteção social devem incorporar, para que não potencializem, confirmem ou aumentem as desigualdades, as questões relativas às dificuldades que as mulheres encontram no mercado de trabalho.

Nada disso, porém, pode prescindir da participação ativa das mulheres na construção de soluções, a despeito da grave sub-representação nas instituições públicas das demandas e das vozes pertinentes à igualdade; uma igualdade que possa se transformar em realidade no mercado de trabalho brasileiro.

O respeito à igualdade e à diversidade é um desafio social e jurídico. O Poder Judiciário tem um papel constitucional muito importante a ser desempenhado, considerando os primados que decorrem do Estado Democrático de Direito (art. 1º da Constituição). Isso deve significar, na prática, uma lógica hermenêutica orientadora que possa considerar a diferença de gênero na análise de casos concretos que se apresentem à discussão judiciária.

A preponderância cultural de atribuição às mulheres das tarefas domésticas tem servido de barreira à construção de elementos que lhes possibilite o exercício do trabalho externo em condições de igualdade. A dissonância entre o desempenho exigido no trabalho, por algumas empresas e instituições, e o fechamento de escolas e creches em razão da pandemia pode trazer consequências para o campo do trabalho das mais variadas formas: trabalhadoras precisando faltar ao trabalho sem que a ausência se enquadre em algum tipo legal específico de falta justificada; sujeição a dispensas motivadas ou imotivadas; fatiga e exaustão pelo acúmulo de atribuições; dificuldades adicionais para produtividade e rendimento no trabalho quando utilizado o modelo de teletrabalho; comparativos de rendimento com os trabalhadores homens que não têm as mesmas atribuições, com perda para as mulheres (de posições, de possibilidade de promoção etc.). As situações de violência doméstica também têm implicações no campo do trabalho (absenteísmo, rendimento, abalo psicológico, impossibilidade de desenvolvimento das tarefas exigidas etc.).

Trata-se de um elenco apenas inicial que desafiará o Poder Judiciário à construção de respostas jurídicas eficazes orientadas pela interpretação de regras a partir do princípio constitucional da igualdade. Além disso, será necessário considerar, como se observou das Medidas Provisórias nºs. 927 e 936, em especial, que o diálogo social não foi valorizado, com a presença de representações coletivas dos trabalhadores e das trabalhadoras. Diante disso, as mediações e os diálogos prévios e possíveis em meio à crise deixarão de ocorrer em diversas situações, motivo pelo qual, eventuais argumentações de abusos poderão (e muito possivelmente deverão) ser tratados diretamente em âmbito judicial, o que, no caso das mulheres, poderá envolver a questão das faltas ao serviço, discriminação, critério para dispensa, dificuldades no teletrabalho, exigências de produtividade, sofrimento mental e adoecimento, entre outros.

A pandemia da COVID-19 exige uma resposta imediata, mas também de médio e longo prazos, coordenada, centrada nas pessoas e sensível às questões de gênero. Governos, empresas, representações trabalhistas, trabalhadoras e trabalhadores precisam estar envolvidos para mitigar o impacto na vida das pessoas e abordar os riscos e vulnerabilidades específicos que meninas e mulheres enfrentam devido às desigualdades e estereótipos profundamente enraizados na sociedade.

REFERÊNCIAS

ALVES, Cida. Trabalhadoras domésticas enfrentam ameaças de demissão e perda de renda com pandemia. **Brasil de fato**, 15 abr. 2020. Disponível em: https://www.brasildefato.com.br/2020/04/15/com-pandemia-trabalhadores-domesticas-enfrentam-ameacas-de-demissao-e-perda-de-renda. Acesso em: 30 abr. 2020.

BIANQUINI, Heloisa. **Combate à violência doméstica em tempos de pandemia**: o papel do Direito. 24 de abril de 2020. Disponível em: https://www.conjur.com.br/2020-abr-24/direito-pos-graduacao-combate-violencia-domestica-tempos-pandemia. Acesso em: 06 maio 2020.

BRASIL. Agência Senado. **Coronavírus**: senadores alertam para violência contra a mulher durante isolamento. 31 de março de 2020. Disponível em: https://www12.senado.leg.br/noticias/materias/2020/03/31/coronavirus-senadores-alertam-para-violencia-contra-a-mulher-durante-isolamento, disponível em 16 de abril de 2020.

BRASIL. Nações Unidas Brasil (ONU Brasil). **Agenda 2030**. Disponível em: https://nacoesunidas.org/pos2015/agenda2030. Acesso em: 05 maio 2020.

BRASIL. Nações Unidas Brasil (ONU Brasil). **ONU Mulheres recomenda que igualdade de gênero seja incluída na resposta à pandemia.** 26 de março de 2020. Disponível em: https://nacoesunidas.org/onu-mulheres-recomenda-que-igualdade-de-genero-seja-incluida-na-resposta-a-pandemia. Acesso em: 16 abr. 2020.

BRASIL. Nações Unidas Brasil (ONU Brasil). **ONU Mulheres faz chamado ao setor privado por igualdade de gênero na resposta à COVID-19.** 24 de abril de 2020. Disponível em: https://nacoesunidas.org/onu-mulheres-faz-chamado-ao-setor-privado-por-igualdade-de-genero-na-resposta-a-covid-19. Acesso em: 06 maio 2020.

BRASIL. Planalto. **Constituição de 1988, de 5 de outubro de 1988.** Disponível em: http://www.planalto.gov.br/ccivil_03/constituicao/constituicao.htm. Acesso em: 20 abr. 2020.

BRASIL. Planalto. **Lei Complementar nº 150, de 1º de junho de 2015**. Disponível em: http://www.planalto.gov.br/ccivil_03/leis/lcp/lcp150.htm. Acesso em: 08 maio 2020.

BRASIL. Planalto. **Decreto legislativo nº 6, de 20 de março de 2020**. Disponível em: http://www.planalto.gov.br/ccivil_03/portaria/DLG6-2020.htm. Acesso em: 30 abr. 2020.

BRASIL. Planalto. **Decreto-lei nº 5.452, de 1º de maio de 1943 (CLT)**. Disponível em: http://www.planalto.gov.br/ccivil_03/decreto-lei/del5452.htm. Acesso em: 08 maio 2020.

BRASIL. Planalto. **Medida Provisória nº 936, de 1º de abril de 2020**. Disponível em: http://www.planalto.gov.br/ccivil_03/_ato2019-2022/2020/mpv/mpv936.htm. Acesso em: 06 maio 2020.

BRASIL. Planalto. **Lei nº 13.982, de 2 de abril de 2020**. Disponível em: http://www.planalto.gov.br/ccivil_03/_ato2019-2022/2020/lei/L13982.htm. Acesso em: 06 maio 2020.

MADUREIRA, Daiela. Coronavírus faz disparar a venda de farmácias e supermercados na internet. **UOL**, 21 de março de 2020. Disponível em: https://economia.uol.com.br/noticias/estadao-conteudo/2020/03/21/coronavirus-faz-disparar-a-venda-de-farmacias-e-supermercados-na-internet.htm. Acesso em: 30 abr. 2020.

HERNANDES, Elizabeth Sousa Cagliari; VIEIRA, Luciana. **A guerra tem rosto de mulher**: trabalhadoras da saúde no enfrentamento à Covid-19. 16 de abril de 2020. Disponível em: http://anesp.org.br/todas-as-noticias/2020/4/16/a-guerra-tem-rosto-de-mulher-trabalhadoras-da-sade-no-enfrentamento-covid-19. Acesso em: 05 maio 2020.

CAETANO, Rodrigo. COVID-19: dupla jornada aumenta vulnerabilidade das mulheres, diz ONU. **Exame**, 23 de março de 2020. Disponível em: https://exame.abril.com.br/carreira/covid-19-dupla-jornada-aumenta-vulnerabilidade-das-mulheres-diz-onu. Acesso em: 08 maio 2020.

CORONAVÍRUS: casos de violência doméstica crescem 50% durante isolamento social. **EBC**, 26 de março de 2020. Disponível em: https://radios.ebc.com.br/tarde-nacional-rio-de-janeiro/2020/03/coronavirus-casos-de-violencia-domestica-crescem-50-durante-periodo-de. Acesso em: 16 abr. 2020.

MAIS de 40 milhões já se cadastraram para receber auxílio emergencial. **IG**, 19 de abril de 2020. BRASIL. Disponível em: https://economia.ig.com.br/2020-04-19/mais-de-40-milhoes-ja-se-cadastraram-para-receber-auxilio-emergencial.html. Acesso em: 08 maio 2020.

ORGANIZAÇÃO INTERNACIONAL DO TRABALHO (OIT). **Las reglas del juego**: una breve introducción a las normas internacionales del trabajo. Ginebra: Oficina Internacional del Trabajo, 2005.

ORGANIZAÇÃO INTERNACIONAL DO TRABALHO (OIT). **Relatório Global de Acompanhamento da Declaração da OIT relativa aos Direitos e Princípios Fundamentais no Trabalho da 96ª Sessão da Conferência Internacional do Trabalho, ocorrida em 2007, em Genebra na Suíça.** Disponível em: http://www.ilo.org/public/portugue/region/eurpro/lisbon/pdf/igualdade_07.pdf. Acesso em: 12 jan. 2009.

ORGANIZAÇÃO INTERNACIONAL DO TRABALHO (OIT). **Como a COVID-19 afetará o mundo do trabalho?** 03 de abril de 2020. Disponível em: https://www.ilo.org/brasilia/noticias/WCMS_740753/lang--pt/index.htm. Acesso em: 06 maio 2020.

PORTO, Noemia. Entre o global e o local: o princípio fundamental da igualdade no trabalho na perspectiva de gênero. **Caderno Jurídico do Tribunal Regional do Trabalho da 10ª Região**, Brasília, v. 3, n. 5, set.-out. 2009.

PORTO, Noemia. Igualdade de gênero no Poder Judiciário: desafios para um sistema verdadeiramente de justiça. *In:* SOUZA, Carlos Eduardo Silva; THEODORO, Marcelo Antonio (org.). **Direitos humanos e fundamentais**: debates e reflexões contemporâneas. Curitiba: Editora CRV, 2018. p. 479-498.

PRESSE, France. Desigualdade de gênero no trabalho só acabará daqui a 257 anos, aponta Fórum Econômico Mundial. **G1**, 17 de dezembro de 2019. Disponível em: https://g1.globo.com/economia/noticia/2019/12/17/desigualdade-de-genero-no-trabalho-so-acabara-daqui-a-257-anos-aponta-forum-economico-mundial.ghtml. Acesso em: 05 maio 2020.

SANTANA, Pablo. Em meio à pandemia de coronavírus, setor de comunicação digital cresce exponencialmente. **InfoMoney**, 24 de março de 2020. Disponível em: https://www.infomoney.com.br/negocios/em-meio-a-pandemia-de-coronavirus-empresas-de-tecnologia-de-trabalho-remoto-colhem-bons-frutos. Acesso em: 30 abr. 2020.

TONDO, Stephanie. Coronavírus: turismo será o setor mais afetado pela crise e levará mais tempo para se recuperar. **Extra**, 12 de abril de 2020. Disponível em: https://extra.globo.com/noticias/economia/coronavirus-turismo-sera-setor-mais-afetado-pela-crise-levara-mais-tempo-para-se-recuperar-rv1-1-24365867.html. Acesso em: 30 abr. 2020.

Acordos Judiciais Trabalhistas em Tempos de COVID-19

CLAUDINE TEIXEIRA DA SILVA RODRIGUES

SUZANNE TEIXEIRA ODANE RODRIGUES

1. INTRODUÇÃO

A ordem jurídica processual trabalhista demanda, cada dia mais, novas formas de solução de conflitos entre capital e trabalho, além da atividade jurisdicional clássica, com o ajuizamento de reclamações trabalhistas e a prolação de sentenças.

Nesse contexto, se antes a prestação jurisdicional se resumia em uma resposta impositiva do Poder Judiciário, gradativamente revelam-se novas formas de resolução de conflito e valorizam-se institutos já utilizados, como a conciliação. Os novos contornos da jurisdição revelam que ela deve ser célere, efetiva e adequada.

Tal realidade é evidente na Justiça do Trabalho. Diariamente, inúmeros acordos são homologados por essa justiça especializada, pondo fim a demandas que poderiam se prolongar por anos. Os acordos homologados, sejam aqueles resultantes da conciliação, sejam aqueles apresentados voluntariamente pelas partes, em sua maioria, impõem ao devedor uma obrigação de trato sucessivo, com o pagamento de prestações mensais até o adimplemento do valor total acordado. Homologada a transação pelo juízo, reveste-se ela do manto da coisa julgada.

Esse tema ganha relevo muito grande no atual cenário, a partir do momento em que o mundo sofre com a pandemia do novo coronavírus, causador da doença COVID-19. O necessário isolamento social e a consequente determinação de fechamento de estabelecimentos comerciais estão causando uma verdadeira desordem socioeconômica.

Entre as inúmeras repercussões da crise nas relações laborais, o presente estudo lançará luz sobre o debate no âmbito dos acordos judiciais trabalhistas. Em situação de incerteza generalizada e crise econômica, os devedores – na grande maioria dos casos, empregadores – questionam sua capacidade de adimplir com os acordos outrora firmados, em um cenário pré-pandemia. Sob os mais diversos fundamentos, os primeiros pedidos de revisão dos acordos pactuados já estão sendo apresentados à Justiça do Trabalho, que deverá buscar equacionar o problema.

Neste contexto de crise e de transformação das relações sociais, o Direito, como instrumento de pacificação social, é desafiado a atuar e buscar soluções inovadoras para dirimir os conflitos que exsurgirão do estado de calamidade pública que ora se vive (ARAS, 2020).

A partir dessa apresentação contextual, cumpre realizar as primeiras reflexões acerca da possiblidade de repactuação dos acordos judiciais trabalhistas homologados em um cenário pré-pandêmico, bem como aferir o papel da Justiça do Trabalho na mitigação dos riscos ocasionados pela crise global.

Para alcançar o objetivo proposto, a estrutura do trabalho contempla, primeiramente, uma breve exposição acerca dos acordos judiciais trabalhistas, seguida da análise do cenário atual, demonstrando de que forma os acordos homologados anteriormente estão ameaçados sob o argumento da fragilidade financeira dos devedores.

De igual forma, serão analisados os principais fundamentos utilizados para a defesa da possibilidade de repactuação dos acordos.

Ao final, concluir-se-á que não há, atualmente, uma única solução para todos os questionamentos que advirão do cumprimento dos acordos judiciais, sendo certo que nova conciliação ou estabelecimento de novos termos para o seu cumprimento se mostram como um desfecho adequado.

A metodologia utilizada no trabalho consiste na realização de pesquisa bibliográfica, especialmente livros e artigos científicos.

2. O PAPEL DA CONCILIAÇÃO NA SOLUÇÃO DOS CONFLITOS

O cenário moderno das relações sociais é complexo e está em permanente transformação, repercutindo nos litígios e em suas resoluções, tornando-os igualmente mais complexos. A tutela jurisdicional nos moldes anteriormente previstos, por vezes, não satisfaz de maneira eficaz os anseios sociais.

Nos últimos anos, notou-se que as decisões judiciais nem sempre serão o meio mais eficaz de resolver litígios. Existirão litígios nos quais a solução adequada demanda uma participação mais ativa dos litigantes. De outro ângulo, casos haverá nos quais o protagonismo de um terceiro será o único meio hábil de cessar a desavença.

Diante desse cenário, o ordenamento jurídico pátrio passa por uma mudança paradigmática. Para além da preocupação com o desenvolvimento eficiente da atividade jurisdicional, busca-se, em última análise, a solução adequada dos conflitos sociais, que, por sua vez, presume a existência de opções, afastando qualquer imposição do aparato estatal (BRANDÃO, 2018, p. 141).

Pensar em soluções adequadas pressupõe empoderar aqueles que estão em conflito. Isto é, além dos interesses atrelados à máquina estatal, deve-se permitir que os interesses dos litigantes sejam efetivamente os protagonistas da solução do conflito (BRANDÃO, 2018, p. 140).

Nesse contexto, ora por meio de políticas institucionais, ora por meio de alterações legislativas, o papel do Estado na resolução de conflitos indubitavelmente tem sido alterado. No âmbito das políticas institucionais, pode-se mencionar a constante atuação do Conselho Nacional de Justiça (CNJ) e do Conselho Superior da Justiça do Trabalho (CSJT), os quais editaram, respectivamente, as Resoluções n. 125/2010[1] e n. 174/2016[2], com vistas a instituir políticas judiciárias de tratamento adequado dos conflitos de interesse, levando em consideração a natureza e a peculiaridade da disputa, bem como características regionais.

Ao lado da Consolidação das Leis do Trabalho, que desde sua gênese prevê, no artigo 764, que os dissídios trabalhistas serão sempre submetidos à conciliação, o Código de Processo Civil de 2015, elevou "a primazia da solução consensual do conflito à condição de norma fundamental do processo civil brasileiro" (CUNHA; NETO, 2014, p. 170), na medida em que traz diversas previsões que incentivam a adoção dos meios adequados de soluções de conflitos, em especial, a mediação, a conciliação e a arbitragem.

Para Tupinambá (2018, p. 46), na seara laboral, os métodos adequados, incluindo a conciliação, possuem um potencial transformador semelhante à de uma política pública. Isso porque, ao tratar os conflitos de forma mais "de igual para igual", sem a superproteção estatal, fomenta a desmistificação do papel do juiz como "salvador da pátria", que irá resolver todos os problemas, independentemente do esforço prévio da parte para resolver o problema por conta própria ou da postura processual, cumprindo, assim, uma função quase educativa. Instadas a coparticiparem da efetivação da justiça, as partes se tornam mais responsáveis e maduras.

Na mesma linha, Boaventura de Sousa Santos (2005) defende a conciliação e demais métodos de solução consensual de dissídios oriundos de contratos individuais de trabalho, por representarem uma metodologia que, em última análise, expande o acesso à justiça e incrementa a qualidade da justiça laboral.

Não é demais lembrar que a conciliação, como espécie do gênero da autocomposição, constitui um verdadeiro princípio do processo do trabalho. É dever do magistrado,

1 Dispõe sobre a Política Judiciária Nacional de tratamento adequado dos conflitos de interesses no âmbito do Poder Judiciário e dá outras providências.

2 Dispõe sobre a política judiciária nacional de tratamento adequado das disputas de interesses no âmbito do Poder Judiciário Trabalhista e dá outras providências.

a qualquer tempo, promover a conciliação entre as partes, garantindo a solução consensual do litígio, conforme dispõe o já mencionado artigo 764 da Consolidação das Leis do Trabalho. Além disso, a sentença homologatória de acordo possui força de coisa julgada, consoante artigo 831 do mesmo diploma legal[3].

Os dados somente reforçam a principiologia conciliatória presente na Justiça do Trabalho. De acordo com Relatório Justiça em Números 2019, divulgado pelo Conselho Nacional de Justiça, a Justiça que mais promove conciliações é a trabalhista, que resolveu 24% de seus casos por meio do acordo. Se levarmos em consideração somente a fase de conhecimento de primeiro grau, o índice aumenta para 39%.

A prática forense é incontestável nesse sentido, nos mostrando que diariamente inúmeros acordos são firmados, nos quais as partes transacionam seus direitos em prol de uma solução mais célere e eficaz do conflito.

Como dito, em um cenário ordinário, a realização de acordos judiciais em dissídios trabalhistas constitui um instrumento de pacificação social. O que acontece, contudo, quando uma situação imprevisível e alheia à vontade das partes estremece a obrigação pactuada? É o que abordaremos nos tópicos seguintes.

3. O CENÁRIO ATUAL E AS REPERCUSSÕES NOS ACORDOS JUDICIAIS TRABALHISTAS

A disseminação global do novo coronavírus (Sars-Cov-2) e o aumento vertiginoso no número de infectados levaram a Organização Mundial de Saúde (OMS) a decretar estado de pandemia no dia 11 de março de 2020, deixando o mundo ainda mais em estado de alerta.

É certo que a pandemia do novo coronavírus não é a primeira que aflige a população mundial, basta lembrar da gripe suína, em 2009, provocada por uma variação do vírus H1N1. Entretanto, pode-se afirmar certamente que é a primeira a produzir efeitos desastrosos no mundo, principalmente em razão do processo de globalização e aprofundamento de integração econômica, social, cultural e política que vivemos.

Além do mais, diferentemente de outras doenças e pandemias vivenciadas, a rápida disseminação do novo coronavírus tem a capacidade de colapsar o sistema de saúde de um país, como já aconteceu, por exemplo, na Itália.

O isolamento social, como medida imperiosa recomendada para conter a disseminação do vírus, produz consequências relevantes e de grandes proporções. No Brasil, já é possível notar as primeiras manifestações da desordem social ocasionada (MARTINEZ; POSSÍDIO, 2020).

---

3 "Art. 831. A decisão será proferida depois de rejeitada pelas partes a proposta de conciliação. Parágrafo único. No caso de conciliação, o termo que for lavrado valerá como decisão irrecorrível, salvo para a Previdência Social quanto às contribuições que lhe forem devidas."

Os efeitos também começam a surgir na economia e nas relações de trabalho. A determinação de fechamento de estabelecimentos pelas autoridades públicas afeta diretamente a vida dos trabalhadores, que são obrigados a interromper a prestação de serviços, por vezes de forma definitiva. Há que se mencionar, ainda, os trabalhadores autônomos, que não possuem previsibilidade financeira, tampouco de quando poderão auferir alguma renda novamente.

Do mesmo modo, afirmam Martinez e Possídio (2020), em razão do isolamento e da proibição de funcionamento de determinados estabelecimentos, a população deixar de ser produtiva e de consumir. Logo, houve uma diminuição considerável na realização de negócios e transações, o que leva muitas empresas a perderem seu capital e fecharem as portas, em especial as de pequeno e médio porte, com reduzido capital financeiro e baixo valor em caixa.

Diversas medidas vêm sendo adotadas pelo governo brasileiro no tocante à contenção da propagação do vírus e à minoração dos efeitos sociais e econômicos por ele causados, em cumprimento às orientações da Organização Mundial de Saúde e demais organismos internacionais.

Em um primeiro momento, foi sancionada a Lei n. 13.979, de 6 de fevereiro de 2020, que dispõe acerca das medidas para enfrentamento da emergência de saúde pública ocasionada pelo novo coronavírus. Em seguida, o Decreto Legislativo n. 6, de 2020, reconheceu o estado de calamidade pública em que o Brasil se encontra, exclusivamente para fins fiscais.

No que se refere às relações de trabalho, o governo editou algumas Medidas Provisórias na tentativa de equacionar os diversos problemas que exsurgem da pandemia. Entre as principais, citamos a Medida Provisória n. 927, de 22 de março de 2020, que dispõe sobre as medidas trabalhistas para o enfrentamento do estado de calamidade pública, como o teletrabalho, a antecipação de férias e feriados, o banco de horas, o pagamento diferido do FGTS e a suspensão de exigências administrativas em segurança e saúde no trabalho.

As novidades, contudo, não pararam na referida medida. Em 1º de abril de 2020, o governo interviu de forma mais incisiva nas relações de trabalho, por meio da edição da Medida Provisória n. 936, que institui o Programa Emergencial de Manutenção do Emprego e da Renda e dispõe sobre a suspensão dos contratos de trabalho e a redução proporcional da jornada e do salário dos trabalhadores.

As Medidas Provisórias estão promovendo debates acirrados na comunidade jurídica. Pouco se tem discutido, entretanto, acerca dos reflexos da crise provocada pela pandemia no direito processual do trabalho e na prática forense, também significativamente alterados pelo atual cenário. No que concerne ao objeto do presente estudo, pouco se debateu, em particular, sobre a possibilidade de repactuação dos acordos judiciais trabalhistas.

Muitas dúvidas surgem quanto às inadimplências e pedidos de revisão de acordos judiciais na Justiça do Trabalho, principalmente naqueles que possuem datas preestabelecidas de vencimento da obrigação, sob o fundamento do impacto causado na economia em virtude da propagação do novo coronavírus.

Os primeiros pedidos já foram formulados. Uma breve pesquisa nos revelou que as primeiras decisões favoráveis à repactuação do acordo judicial, ainda que sem anuência do credor, são dos Tribunais Regionais do Trabalho da 2ª e 4ª Região.

Em um primeiro caso[4], a devedora é empresa dedicada ao ramo de eventos e alegou que está sofrendo impactos financeiros grandiosos como consequência das medidas restritivas impostas pelas autoridades públicas. Diante disso, o Juízo vinculado ao Tribunal Regional do Trabalho da 4ª Região determinou a suspensão do pagamento do acordo enquanto vigentes as medidas emergenciais e a posterior manifestação do credor, sob o fundamento, entre outros, do artigo 393 do Código Civil[5], que discorre acerca dos prejuízos resultantes de caso fortuito ou força maior.

Destaca-se que em alguns casos, o julgador entendeu pela impossibilidade de suspensão total do pagamento das parcelas acordadas, em razão da natureza alimentar do crédito em questão. Assim, a solução encontrada, à luz dos princípios da razoabilidade e da proporcionalidade, foi a de deferir a redução de um percentual das parcelas vincendas, com o pagamento do saldo remanescente em data posterior[6].

Nesse ponto, merece destaque os ensinamentos de Martinez e Possídio (2020):

> Qualquer alternativa que se pense haverá de ter atenção ao todo. Vive-se uma situação excepcionalíssima, uma das maiores consequências globais da pós-modernidade em saúde pública, não sendo possível, por isso, que soluções sejam propagadas sem observância do contexto geral, o que implica a redução de riscos para todas as partes.

Feitos tais apontamentos, passaremos a analisar se a caracterização do acontecimento de força maior e a teoria da imprevisão contratual podem constituir argumentos possíveis para a alteração unilateral das condições pactuadas nos acordos judiciais trabalhistas, bem como o papel que o magistrado pode assumir diante de um cenário de crise.

---

4 Processo n. 0020159-63.2017.5.04.0023, que tramita no Tribunal Regional do trabalho da 4ª Região.

5 "Art. 393. O devedor não responde pelos prejuízos resultantes de caso fortuito ou força maior, se expressamente não se houver por eles responsabilizado.
Parágrafo único. O caso fortuito ou de força maior verifica-se no fato necessário, cujos efeitos não era possível evitar ou impedir."

6 Foi a situação verificada nos processos 0002549-40.2014.5.02.0089 e 1001981-68.2015.5.02.0607, ambos em trâmite no Tribunal Regional do Trabalho da 2ª Região.

4. A (NÃO) APLICAÇÃO DA FORÇA MAIOR E DA TEORIA DA IMPREVISÃO CONTRATUAL

Desde os primeiros dias de vigência das medidas legais que impuseram restrições a várias atividades econômicas, devedores trabalhistas têm buscado as unidades judiciárias para postular a suspensão do cumprimento do título judicial ou a repactuação das condições de pagamento, esta última hipótese apresentada especialmente nos processos com prestações pendentes, derivadas de acordo homologado, quer na fase de conhecimento, quer no curso da execução.

O esteio principal daqueles pleitos repousa na arguição da força maior e, neste particular, parece isento de dúvida de que o estado de calamidade pública, declarado por meio do Decreto Legislativo n. 6, de 2020, em razão do contexto pandêmico, traduz força maior, assim entendida como o fato jurídico necessário, inevitável e imprevisível, conceito que se extrai do parágrafo único do artigo 393 do Código Civil brasileiro. Ademais, a Medida Provisória n. 927, de 22 de março de 2020, no parágrafo único do artigo 1° estabelece:

> O disposto nesta Medida Provisória se aplica durante o estado de calamidade pública reconhecido pelo Decreto Legislativo nº 6, de 2020, e, para fins trabalhistas, constitui hipótese de força maior, nos termos do disposto no art. 501 da Consolidação das Leis do Trabalho, aprovada pelo Decreto-Lei nº 5.452, de 1º de maio de 1943.

É certo que aludido dispositivo remete ao artigo 501 da Consolidação das Leis do Trabalho[7] e isso, à primeira vista, poderia sugerir que o reconhecimento legal da força maior estaria restrito ao contrato individual do trabalho (direito material), título no qual se insere a disciplina da força maior na legislação consolidada. Contudo, é possível inferir que a referência remonta à conceituação do instituto no artigo 501 da Consolidação das Leis do Trabalho e a expressão "fins trabalhistas" permite estendê-la à seara do direito processual.

A partir da exegese acima proposta tem-se possível a repercussão daquela força maior no processo trabalhista e há referência expressa a tal fato jurídico para fins de prorrogação dos prazos processuais (artigo 775, inciso II, da Consolidação das Leis do Trabalho[8]),

---

7 Art. 501. Entende-se como força maior todo acontecimento inevitável, em relação à vontade do empregador, e para a realização do qual este não concorreu, direta ou indiretamente.

§ 1º A imprevidência do empregador exclui a razão de força maior.

§ 2º À ocorrência do motivo de força maior que não afetar substancialmente, nem for suscetível de afetar, em tais condições, a situação econômica e financeira da empresa não se aplicam as restrições desta Lei referentes ao disposto neste Capítulo.

8 "Art. 775. Os prazos estabelecidos neste Título serão contados em dias úteis, com exclusão do dia do começo e inclusão do dia do vencimento.

por exemplo, sendo essa a salvaguarda legal frequentemente utilizada na justificativa para o inadimplemento das parcelas dos acordos homologados.

A primeira objeção à aplicação direta e indistinta do citado dispositivo legal repousa no indiscutível fato de que as datas pactuadas em acordo judicial para o cumprimento de determinadas prestações, especialmente as de pagar, não constitui tecnicamente prazo processual, esse entendido como o "lapso de tempo para a prática ou abstinência do ato processual" (BEZERRA LEITE, 2019).

No acordo homologado, as datas estipuladas para o cumprimento das obrigações constituem prazo convencional ínsito à avença e igualmente alcançado pela irrecorribilidade que lhe confere o estado de coisa julgada.

É imperioso reiterar que, nos termos do parágrafo único do artigo 831 da Consolidação das Leis do Trabalho, o termo da conciliação homologada na Justiça do Trabalho vale como decisão irrecorrível, o que lhe assegura o estado e a eficácia da coisa julgada, tal como definida no artigo 502 do Código de Processo Civil[9]. Esse é o obstáculo principal à alteração do pactuado nos acordos judiciais: a coisa julgada e sua essência de imutabilidade, a qual somente pode ser afastada nas restritas hipóteses elencadas no artigo 966 do Código de Processo Civil.

Nesse passo, a despeito dos efeitos nocivos da pandemia e de suas imperiosas medidas restritivas, afetando drasticamente diversos segmentos da economia, o acordo judicial e as condições nele pactuadas estão constitucionalmente blindados pela garantia do respeito à coisa julgada (artigo 5º, XXXVI da Constituição Federal[10]).

Tal fundamento afigura-se suficiente para obstar o deferimento de pleito de suspensão do cumprimento do título ou de alteração de suas condições sem a anuência expressa do credor.

Na mesma trilha de conflito encontra-se a teoria da imprevisão, defendida por alguns devedores trabalhistas, sob o fundamento de que as prestações pactuadas no acordo homologado antes do cenário de pandemia tornaram-se, de forma imprevisível,

---

§ 1º Os prazos podem ser prorrogados, pelo tempo estritamente necessário, nas seguintes hipóteses:

I – quando o juízo entender necessário;

II – em virtude de força maior, devidamente comprovada.

§ 2º Ao juízo incumbe dilatar os prazos processuais e alterar a ordem de produção dos meios de prova, adequando-os às necessidades do conflito de modo a conferir maior efetividade à tutela do direito."

9 "Art. 502. Denomina-se coisa julgada material a autoridade que torna imutável e indiscutível a decisão de mérito não mais sujeita a recurso."

10 Art. 5º Todos são iguais perante a lei, sem distinção de qualquer natureza, garantindo-se aos brasileiros e aos estrangeiros residentes no País a inviolabilidade do direito à vida, à liberdade, à igualdade, à segurança e à propriedade, nos termos seguintes: [...]

XXXVI – a lei não prejudicará o direito adquirido, o ato jurídico perfeito e a coisa julgada;

[...]."

excessivamente onerosas em razão das consequências do isolamento social sobre determinada atividade econômica.

O artigo 478 do Código Civil[11] positiva a teoria da imprevisão e, nesse aspecto, a harmonização com a coisa julgada apresenta mais obstáculos ainda, sendo o primeiro deles a natureza da relação que vincula credor e devedor. A revisão contratual fundada em fato excepcional e imprevisível é preceito próprio das obrigações civis, avençadas na esfera privada, situação distante do acordo homologado judicialmente, no qual, embora as tratativas iniciais e as cláusulas e condições derivem, num primeiro plano, da vontade das partes, a expressão dessa vontade se consolida em ato (título) que constitui típica atividade jurisdicional.

Essa atividade jurisdicional constitui a chancela do Estado que exclui a natureza meramente civil e privada da conciliação havida entre as partes, o que afasta a aplicação da teoria da imprevisão como fundamento para a desconstituição ou reformulação das obrigações assumidas.

Ainda que ultrapassada a citada divergência, por exercícios de integração de preceitos do ordenamento jurídico em sua plena amplitude, o afastamento do prazo ou das demais condições homologadas demanda providências que conduzam ao efetivo reequilíbrio contratual, e isso pressupõe não apenas a aferição da repercussão do contexto pandêmico na atividade econômica do devedor, mas também na esfera financeira do credor e, principalmente, na sua subsistência.

A aplicação da teoria da imprevisão pressupõe que o fato excepcional e imprevisível tenha desequilibrado a relação obrigacional, tornando-a excessivamente onerosa para um dos contratantes, o que justifica a revisão que promova a harmonização e o reequilíbrio da relação contratual. Se assim o é no âmbito das obrigações civis e empresariais, com mais razão será na relação obrigacional fundada em título judicial e não será possível ignorar as consequências nefastas da situação calamitosa também na vida do credor, circunstância que justificaria a manutenção das condições pactuadas na conciliação homologada, especialmente no tocante às obrigações de pagar.

Aqui se conclui, então, que a teoria da imprevisão, para aqueles que defendem sua aplicação no título judicial, pode ser igualmente invocada pelo credor para justificar, inclusive, a postulação de antecipação de pagamentos de prestações pactuadas ou até a redução do prazo outrora concedido para a quitação integral da dívida.

Além disso, a situação de calamidade pública e o reconhecimento legal (Medida Provisória n. 927, de 22 de março de 2020) da força maior não são bastantes para justificar o inadimplemento do acordo judicial ou mesmo a necessidade de sua repactuação.

---

11 "Art. 478. Nos contratos de execução continuada ou diferida, se a prestação de uma das partes se tornar excessivamente onerosa, com extrema vantagem para a outra, em virtude de acontecimentos extraordinários e imprevisíveis, poderá o devedor pedir a resolução do contrato. Os efeitos da sentença que a decretar retroagirão à data da citação."

O contexto pandêmico, por si só, não escora a parte em eventual intento de suspender ou modificar o cumprimento do título judicial, sendo imperiosa e inafastável a demonstração da repercussão daquele evento na capacidade financeira do devedor, com extensão tal que inviabilize o adimplemento das obrigações assumidas antes da pandemia. Essa comprovação compete exclusivamente ao obrigado e aqui cabe a ressalva de que, embora no processo do trabalho o devedor seja, preponderantemente, o ex-empregador, em alguns casos, mesmo com menor incidência, poderá ser o ex-empregado. Exemplos disso: (a) o acordo judicial no qual, além das obrigações de pagar assumidas pelo ex-empregador, o ex-empregado tenha se comprometido a desocupar imóvel no qual residira por força do contrato de trabalho; (b) o acordo judicial homologado para o ex-empregado pagar, em prestações mensais, indenização ou sanções processuais que lhe tenham sido impostas no curso do processo.

Nota-se, portanto, que sob quaisquer dos fundamentos jurídicos nos quais o devedor trabalhista se ampare, haverá o confronto necessário com a eficácia da coisa julgada da qual se reveste o acordo judicial, não sendo possível olvidar que a coisa julgada é primado indispensável à segurança jurídica e à estabilização dos conflitos levados ao Poder Judiciário.

Eventual fragilização da coisa julgada, além de carecer de amparo constitucional, pode conduzir à instauração de caos processual, com consequências danosas inclusive à supremacia das decisões irrecorríveis emanadas do Poder Judiciário.

Nessa trilha, a solução da nova contenda que se instalará no processo demandará, por certo, a intervenção do Juiz no sentido de propiciar às partes um novo espaço para composição das divergências, conforme abordaremos a seguir.

5. A CONCILIAÇÃO COMO SOLUÇÃO POSSÍVEL

À luz dos argumentos até aqui defendidos, infere-se a impossibilidade de suspensão do cumprimento ou da modificação das condições pactuadas sem a anuência expressa do credor, e daí exsurge a necessidade de conclamar as partes a uma nova conciliação.

A Justiça do Trabalho é, desde sua gênese, vocacionada para a solução conciliada dos conflitos, consoante ressaltado linhas atrás, podendo-se mesmo afirmar que conciliar é a competência primeira do Juiz do Trabalho, segundo se infere dos artigos 652, "a", 846 e 852-E da Consolidação das Leis do Trabalho. Esse último dispositivo, inclusive, conclama o magistrado a usar "os meios adequados de persuasão para a solução conciliatória do litígio".

Não se pressupõe que tenha o legislador utilizado o termo "persuasão" com os requintes conceituais das modernas teorias de argumentação[12], mas especialmente

12 Para Perelman e Olbrechts-Tyteca, na teoria da argumentação, há uma distinção entre persuasão e convencimento, sendo a primeira mais importante que o segundo quando se espera do

como ênfase à preponderância da solução conciliada sobre o julgamento amparado na análise de argumentos e provas.

Essa nova intervenção do Juiz, depois do acordo homologado, também demanda a comunicação eficiente e ética para convencer as partes de que aquela relação jurídico-processual outrora pacificada clama por nova solução.

Na mesma linha, Feliciano (2020) sustenta que o melhor encaminhamento é chamar as partes para repactuar o acordo, afastando o adiamento de pronto do pagamento do valor transacionado.

Não é demais lembrar que, para além da justa pacificação dos conflitos, a postura conciliatória é, acima de tudo, um poderoso instrumento de indução do cumprimento espontâneo das normas, considerando o contexto em que estamos inseridos. É o que afirmam, há muito, Cappelletti e Garth (1988, p. 12), ao defenderem que a regulamentação processual, inclusive o encorajamento dos métodos adequados de solução de conflitos, servem à melhor aplicação do direito material em vigor.

Em outras palavras, não somente as sentenças trabalhistas impactam nas relações de trabalho, mas igualmente os acordos judiciais firmados. Portanto, reforça-se cada vez mais a necessidade do magistrado, diante do impasse que ora se apresenta, ter uma postura ativa na proposição de soluções adequadas às partes. Além da habitual ênfase na desigualdade econômica e social daquela relação, o Juiz deverá atentar para o atual contexto em que as partes estão inseridas e para demonstração concreta das suas repercussões na esfera de cada um.

Para Aras (2020), no âmbito do direito do trabalho, a função legiferante será imprescindível para o desenvolvimento de estratégias que minorem os impactos da pandemia sobre as relações trabalhistas, buscando a sustentabilidade socioeconômica ante os direitos do empresário, que organiza e assume o risco da empresa.

Não obstante, tratando-se dos acordos judiciais homologados anteriormente à pandemia, apesar de inexistir fundamento legal para sua repactuação unilateral, há, no ordenamento jurídico vigente, diversos dispositivos que encorajam a conciliação como meio para renegociar os termos acordados, razão pela qual, a nosso sentir, é o melhor caminho a ser adotado no contexto pandêmico.

Diante disso, de forma serena e sem incorrer na tentação do autoritarismo, em tempos de crise, a Justiça do Trabalho deverá buscar a pacificação justa dos conflitos, por meio do exercício equilibrado e efetivo da função jurisdicional que, em última análise, é inerente ao próprio Estado Democrático de Direito.

Como dito anteriormente, as relações sociais foram substancialmente alteradas em um curto período, e a Justiça do Trabalho, por meio da atividade jurisdicional, deverá buscar soluções adequadas para dirimir os conflitos que exsurgem do estado de

---

auditório (destinatário do discurso argumentativo) um resultado eficiente imediato. (PERELMAN; OLBRECHTS-TYTECA, 1996, p. 30-34).

calamidade pública no Brasil. Nesse sentido, salienta Aras (2020) que o Direito é um instrumento para a melhoria da vida das pessoas, não podendo se esquivar da responsabilidade de estar alinhado com a realidade imposta.

Não há, por conseguinte, uma solução padronizada para todas as controvérsias que advirão no tocante ao cumprimento dos acordos judiciais, o que demandará o olhar individualizado para cada caso concreto, aferindo-se a repercussão do contexto pandêmico na capacidade econômica do devedor e do credor, a partir das circunstâncias comprovadas nos autos. E melhor desfecho não haverá do que nova conciliação ou estabelecimento de novos termos para o cumprimento do título judicial, sendo esse o único caminho possível para ultrapassar o obstáculo da coisa julgada que reveste o acordo judicial trabalhista.

6. CONCLUSÃO

O mundo foi surpreendido por uma crise sanitária grave que repercutiu diretamente nas vidas das pessoas e demandou providências urgentes e variadas com vistas à preservação da saúde da população e à minoração dos impactos da pandemia em cada sociedade.

As medidas adotadas, especialmente o recomendado isolamento social, produziram efeitos não apenas na esfera individual de cada membro da sociedade, mas também na produção e consumo de bens e serviços, afetando substancialmente a economia, nela inseridos o emprego, os salários e os rendimentos de empresas de determinados segmentos da atividade econômica produtiva.

Por via de consequência, o contexto pandêmico e as repercussões acima mencionadas lançam seus efeitos também sobre as relações obrigacionais e, como especificamente tratado neste estudo, sobre o cumprimento dos acordos judiciais trabalhistas, os quais, diversamente dos contratos civis e empresariais, constituem, por império da lei, decisão irrecorrível e imutável.

Não obstante isso, o impacto da pandemia na saúde financeira das empresas, tem motivado essas, enquanto devedoras trabalhistas, a postular a suspensão ou modificação das condições outrora pactuadas em acordos judiciais, valendo-se do reconhecimento legal da força maior e da teoria da imprevisão contratual.

Consoante abordado no presente artigo, aquelas soluções não logram superar a força da coisa julgada, que constitui a garantia constitucional do cumprimento do pactuado judicialmente. Por tal razão, a conciliação apresenta-se como a solução possível para, a partir da aferição da efetiva repercussão dos efeitos da pandemia na esfera do credor e do devedor, a construção de novos termos que permitam o adimplemento do acordo judicial de forma justa e ponderada, assumindo o Juiz do Trabalho um papel relevante no sentido de propiciar àqueles contendores um novo espaço conciliatório.

REFERÊNCIAS

ARAS, Augusto. Prefácio. *In*: MARTINES, Luciano; POSSÍDIO, Cyntia. **O trabalho nos tempos do Coronavírus**. São Paulo: Saraiva Educação, 2020. 190 p.

BRANDÃO, Mônica de Amorim Torres. Métodos adequados de solução de conflitos trabalhistas e o novo Direito do Trabalho. *In*: TUPINAMBÁ, Carolina (coord.). **Soluções de conflitos trabalhistas**: novos caminhos. São Paulo: LTr, 2018.

BRASIL. **Constituição da República Federativa do Brasil de 1988**. Brasília, 1988.

BRASIL. **Consolidação das leis do trabalho (CLT)**. Decreto-Lei n. 5.452, de 1º de maio de 1943. Aprova a Consolidação das Leis do Trabalho. Brasília, 1943.

CAPPELLETTI, Mauro; GARTH, Briant. **Acesso à Justiça**. Porto Alegre: Sérgio Antônio Fabris Editor, 1988.

CONSELHO NACIONAL DE JUSTIÇA. **Resolução n. 125, de 29 de novembro de 2010.** Dispõe sobre a Política Judiciária Nacional de tratamento adequado dos conflitos de interesses no âmbito do Poder Judiciário e dá outras providências. Brasília, 2010.

CONSELHO NACIONAL DE JUSTIÇA. **Justiça em Números 2019**: ano-base 2018. Brasília, 2019.

CONSELHO SUPERIOR DA JUSTIÇA DO TRABALHO. **Resolução n. 174, de 30 de setembro de 2016**. Dispõe sobre a política judiciária nacional de tratamento adequado das disputas de interesses no âmbito do Poder Judiciário Trabalhista e dá outras providências. Brasília, 2016.

CUNHA, Leonardo Carneiro da; NETO, João Luiz Lessa de Azevedo. A mediação e a conciliação no projeto do novo CPC: meios integrados de resolução. *In*: DIDIER JR., Fredie (org.). **Novas tendências do processo civil**: estudos sobre o Projeto do Novo Código de Processo Civil. Salvador: JusPodivm, 2014.

LEITE, Carlos Henrique Bezerra. **Curso de direito processual do trabalho**. 17 ed. São Paulo: LTr, 2019.

LEORATTI, Alexandre. Justiça suspende pagamento de acordo trabalhista devido à Covid-19. **Jota**, 2020. Disponível em: https://www.jota.info/tributos-e-empresas/trabalho/justica--acordo-trabalhista-06042020. Acesso em: abr. 2020.

PERELMAN, C.; OLBRECHTS-TYTECA, L. **O tratado da argumentação**: a nova retórica. São Paulo: Martins Fontes, 1996.

SANTOS, Boaventura de Sousa. Memorando do Observatório Permanente da Justiça Portuguesa sobre Bloqueios e Propostas de solução. **Observatório Permanente da Justiça Portuguesa**, Centro de Estudos Sociais Faculdade de Economia da Universidade de Coimbra, maio de 2005.

TUPINAMBÁ, Carolina (coord.). **Soluções de conflitos trabalhistas**: novos caminhos. São Paulo: LTr, 2018.

A Homologação de Acordo Extrajudicial em Tempos de Pandemia

FELIPE PRATA MENDES

1. INTRODUÇÃO

O mundo do trabalho está passando por um momento sem precedentes na história. No que tange às relações laborais, inúmeras são as consequências provocadas pela pandemia, tanto no âmbito individual como no coletivo. As medidas editadas pelas autoridades públicas buscam, por vários caminhos, manter os empregos e a renda dos trabalhadores, garantir a continuidade das atividades empresariais e reduzir os impactos socioeconômicos provocados pelo estado de calamidade pública.

Os reflexos do cenário pandêmico, porém, não se manifestam somente nas relações de direito material do trabalho. No campo processual, surgem discussões, que têm como aspecto central a adaptação de todas as instituições e sujeitos que protagonizam as relações processuais, para que possam manter a prestação jurisdicional.

O cumprimento desse intento não passa somente pela edição de atos normativos específicos para o contexto de pandemia, mas também pela identificação das oportunidades de utilização dos institutos já disponíveis no espectro normativo processual. É o caso do processo de homologação de acordo extrajudicial, introduzido pela Lei 13.467/2017 (denominada lei da "reforma trabalhista"), que provocou profundas alterações na Consolidação das Leis do Trabalho (CLT).

Trata-se de uma modalidade de jurisdição voluntária, que representa, na legislação reformada, uma mudança de paradigma, tendo em vista que as relações processuais laborais são tradicionalmente marcadas por uma alta carga de litigiosidade. O instituto tem sido bastante utilizado na prática processual, razão pela qual é natural o surgimento de divergências na aplicação.

Dada a simplicidade do procedimento, a homologação de acordo extrajudicial se apresenta como uma alternativa importante para a resolução de conflitos trabalhistas em tempos de pandemia. Porém, não se pode ignorar que, se emergem dúvidas interpretativas em condições de normalidade, outros problemas concretos vêm à tona no contexto do estado de calamidade pública, uma vez que esta possibilidade legal de solução de controvérsias não pode ser utilizada de forma dissociada de critérios, sob o argumento de que se vive uma situação de emergência.

Posto isso, o objetivo da presente pesquisa é analisar as possibilidades e limites do processo de homologação de acordo extrajudicial, no âmbito do cenário de pandemia provocado pela COVID-19.

Metodologicamente, trata-se de um trabalho que recorre ao levantamento bibliográfico e documental, com revisão da literatura e análise de atos normativos do Conselho Nacional de Justiça (CNJ) e dos órgãos integrantes da Justiça do Trabalho, editados no contexto do estado de calamidade pública.

O escrito está dividido em quatro seções, sendo esta introdução a primeira. Na segunda, é analisado o modo como a legislação trabalhista disciplinou a homologação de acordo extrajudicial. A terceira seção discutirá, a partir da apresentação de algumas situações práticas, as possibilidades, bem como os critérios que precisam ser observados na aplicação do instituto em tempos de pandemia. A quarte e última seção apresenta as conclusões do estudo.

2. O TRATAMENTO NORMATIVO CONFERIDO À HOMOLOGAÇÃO DE ACORDO EXTRAJUDICIAL

O instituto da homologação de acordo extrajudicial perpassa pelos preceitos fundamentais de acesso à justiça e duração razoável do processo, ambos previstos no art. 5º da Constituição Federal, em seus incisos XXXV e LXXVIII, respectivamente.

Trata-se de uma medida processual facilitadora de solução das controvérsias, em consonância com os mandamentos dos artigos 3º e 4º do Código de Processo Civil[1], os quais fomentam o acesso à justiça e a criação de políticas públicas judiciárias de resolução pacífica de demandas, como meios de se alcançar a celeridade e a justiça efetiva na prestação jurisdicional.

1 "Art. 3º Não se excluirá da apreciação jurisdicional ameaça ou lesão a direito.

§ 1º É permitida a arbitragem, na forma da lei.

§ 2º O Estado promoverá, sempre que possível, a solução consensual dos conflitos.

§ 3º A conciliação, a mediação e outros métodos de solução consensual de conflitos deverão ser estimulados por juízes, advogados, defensores públicos e membros do Ministério Público, inclusive no curso do processo judicial.

Art. 4º As partes têm o direito de obter em prazo razoável a solução integral do mérito, incluída a atividade satisfativa."

Souza Júnior, Souza, Maranhão e Azevedo Neto (2018) destacam que a homologação de acordo extrajudicial rompe com uma tradição processual trabalhista, marcada pela supremacia da jurisdição contenciosa. A noção de acesso à justiça não se restringe apenas ao acesso ao Judiciário pela via do conflito. São várias as "portas" de entrada, sendo, portanto, uma novidade extremamente positiva a inserção de um procedimento de jurisdição voluntária para a homologação de avenças celebradas extrajudicialmente pelas partes.

É fato inconteste que a conciliação sempre encontrou receptividade no ordenamento jurídico trabalhista. O artigo 764 da CLT determina que os magistrados empreguem bons ofícios e a persuasão, visando a uma solução conciliatória dos conflitos. Os artigos 846 e 850, do mesmo diploma, estabelecem o dever de se propor a conciliação na abertura da audiência e após as razões finais, respectivamente.

Destaca-se, ainda, a criação dos Centros Judiciários de Métodos Consensuais de Solução de Disputas (CEJUSC), por meio da Resolução do n. 174, de 2016, do Conselho Superior da Justiça do Trabalho, responsáveis pela realização das sessões e audiências de conciliação e mediação de processos em qualquer fase ou instância processual.

A reforma trabalhista, por sua vez, ao acrescentar o instituto da homologação do acordo extrajudicial à CLT, reforçou a tônica conciliatória, possibilitando sua desvinculação da jurisdição contenciosa, visando à desburocratização e à celeridade do procedimento.

Ao longo dos anos, a prática demonstrou que, por vezes, empregados e empregadores desejavam conciliar em certos termos, contudo, para que ambos obtivessem segurança na transação, a única saída era o ajuizamento de reclamatórias trabalhistas, para nelas conciliarem, sob a chancela judicial. No intento de evitar o ajuizamento de reclamações simuladas, o procedimento de jurisdição voluntária representa um avanço na efetividade da prestação jurisdicional e do acesso à justiça. É nessa linha a exposição de motivos da Lei 13.467/2017:

> Esperamos que, ao trazer expressamente para a lei a previsão de uma sistemática para homologar judicialmente as rescisões trabalhistas, conseguiremos a almejada segurança jurídica para esses instrumentos rescisórios, reduzindo, consequentemente, o número de ações trabalhistas e o custo judicial.

O êxito do instituto somente se sustenta, certamente, se adotados os requisitos legais, assim como as cautelas judiciais necessárias para que não se torne um mecanismo de fraude e lesão a direitos trabalhistas (KOURY, 2019, p. 25).

À vista disso, convém destacar de que forma a previsão legal disciplinou o exercício da jurisdição voluntária de homologação de acordo extrajudicial, notadamente, as questões relacionadas à competência e ao procedimento a ser adotado. O tratamento especial dado pela reforma trabalhista, por meio da criação de um Capítulo apartado, evidencia a intenção do legislador em fomentar o instituto na prática laboral.

Uma primeira questão que se sobressai no tratamento legal da homologação de acordo extrajudicial diz respeito à competência da Justiça do Trabalho. Nos termos do artigo 114, inciso IX, da Carta Magna, é competência da Justiça do Trabalho processar e julgar "outras controvérsias decorrentes da relação de trabalho, **na forma da lei**" (grifo nosso). Logo, em harmonia com a previsão constitucional, a Lei 13.467/17 incluiu a alínea *f* ao artigo 652 da CLT, dispondo que:

> Art. 652. Compete às Varas do Trabalho:
>
> [...]
>
> *f)* decidir quanto à homologação de acordo extrajudicial em matéria de competência da Justiça do Trabalho.

A partir nova previsão, atribuiu-se de forma expressa uma nova competência material à Justiça do Trabalho. Até então, os processos de jurisdição voluntária na justiça especializada limitavam-se principalmente a questões envolvendo levantamento de FGTS.

Mesmo após a entrada em vigor do Código de Processo Civil de 2015, que, em seu artigo 725, inciso VIII, autoriza o processamento de "homologação de autocomposição extrajudicial, de qualquer natureza ou valor", alguns magistrados trabalhistas demonstravam resistência em homologar tais acordos, em virtude da ausência de previsão legal específica, que sobreveio com a entrada em vigor da Lei 13.467/17.

O procedimento a ser adotado para a homologação do acordo extrajudicial está previsto nos artigos 855-B a 855-E da CLT, dentro do novo Capítulo III-A do Título X, denominado de "Processo de Jurisdição Voluntária para Homologação de Acordo Extrajudicial".

Em primeiro lugar, o artigo 855-B, da CLT determina que o acordo deverá ser firmado por meio de petição conjunta, sendo imprescindível que ambas as partes[2] estejam representadas por advogados. O § 2º faculta ao empregado, ainda, a assistência pelo advogado do sindicato de sua categoria, em consonância com as disposições do artigo 514 da CLT e da Lei 5.584/70.

Vale ressaltar que os advogados das partes devem ser diferentes, com vistas a evitar a fraude e a simulação de acordos, em consonância com o § 1º do artigo supracitado. Apesar de a lei não dispor expressamente, é possível inferir, sem maiores dificuldades, que os advogados não podem integrar a mesma sociedade, pois, nesse caso, pode restar viciada a vontade de uma das partes.

O novo dispositivo representa uma verdadeira mitigação do *jus postulandi*, enraizado na processualística laboral no contexto do surgimento da Justiça do Trabalho. Até

---

2 Por se tratar de um procedimento de jurisdição voluntária, é tecnicamente correto denominar os sujeitos partícipes de "interessados". Neste escrito, utilizar-se-á, indistintamente, as expressões "interessados" e "partes", nomenclatura esta adotada pela CLT.

então, as possibilidades de litigância sem a presença de advogado estavam restritas às situações previstas na Súmula 425 do Tribunal Superior do Trabalho (TST) [3].

Na homologação de acordo extrajudicial, a interveniência dos advogados se faz necessária pela peculiaridade do procedimento, bem como para que se garanta a proteção dos direitos do trabalhador, notadamente mais vulnerável na relação laboral.

Em atenção às verbas rescisórias e à possibilidade de o empregador condicionar o pagamento destas à realização do procedimento em exame, cuidou o legislador de preconizar, no artigo 855-C, da CLT, que a homologação do acordo não afasta o prazo de dez dias, a partir do término do contrato, para pagamento das verbas rescisórias, estabelecido no artigo 477, § 6º, do mesmo diploma, tampouco a multa pelo não pagamento, prevista no § 8º deste.

Tal previsão não representa um impeditivo para que as partes transijam acerca das verbas rescisórias. Contudo, caso desejem assim proceder, e não havendo o empregador adimplido com tal obrigação no prazo legal de 10 dias, deverá incidir sobre o valor acordado a multa do artigo 477, § 8º, da CLT.

Na mesma linha, preconiza Koury (2019, p. 29):

> O disposto nesse artigo deixa claro que, independente de o acordo versar sobre parcelas rescisórias, o certo é que sua homologação não pode dilatar o prazo legalmente previsto para pagamento das parcelas da rescisão contratual. Em outras palavras, não é razoável a criação de um procedimento legal para prejudicar o trabalhador no recebimento das verbas rescisórias a que ele faz jus, especialmente quando fica desempregado e delas mais necessita. Referida norma (art. 855-C, da CLT) não trouxe qualquer previsão de que o acordo possa versar sobre matéria rescisória ou esteja impossibilitado de fazê-lo, mas simplesmente preserva a garantia do prazo fatal de recebimento da rescisão, adotando-se ou não o procedimento em comento para sua quitação.

Nesse ponto, cabe destacar que o legislador reformista não restringiu o valor e as matérias passíveis de avença por tal procedimento. Logo, parcelas rescisórias podem ser objeto da homologação, porquanto a CLT não realizou qualquer diferenciação, assim como o Código de Processo Civil, em seu já mencionado artigo 725, inciso VIII, autoriza a homologação de autocomposição de qualquer natureza ou valor.

Tendo em vista que não há limitação sobre matérias, tampouco em relação ao momento do acordo, o instituto pode ser utilizado, dentro do contexto de calamidade pública decorrente da propagação do novo coronavírus, tanto para relações contratuais

---

3 Súmula 425 do TST: O *jus postulandi* das partes, estabelecido no art. 791 da CLT, limita-se às Varas do Trabalho e aos Tribunais Regionais do Trabalho, não alcançando a ação rescisória, a ação cautelar, o mandado de segurança e os recursos de competência do Tribunal Superior do Trabalho.

encerradas como para aquelas em curso, como forma de atribuir segurança jurídica a determinadas medidas adotadas pelos interessados.

Finalizando o Capítulo III-A, o artigo 857-E preconiza que haverá a suspensão do prazo prescricional quando do ajuizamento da petição conjunta, em relação aos direitos nela discriminados. O prazo retomará seu curso normal após o trânsito em julgado da decisão que rejeitar a homologação do acordo, computando-se o tempo decorrido anteriormente ao ajuizamento da ação, consoante dispõe o parágrafo único do mesmo dispositivo.

Desse modo, o artigo supracitado funciona efetivamente como uma garantia de segurança jurídica a quem utiliza o procedimento judicial de homologação de acordo extrajudicial, de modo que as parcelas homologadas não poderão servir de fundamento para eventual reclamação trabalhista.

Mesmo diante do tratamento legal conferido pela CLT ao instituto, existem ainda muitas controvérsias em torno dele, as quais, em tempos normais, já são objeto de imensa preocupação. Em um contexto de pandemia, o instituto deve ser prestigiado, como forma de conferir celeridade e segurança jurídica às partes, porém sem ignorar os limites para a sua utilização.

3. POSSIBILIDADES E LIMITES DA HOMOLOGAÇÃO DE ACORDO EXTRAJUDICIAL EM TEMPOS DE PANDEMIA

Antes de adentrar na aplicação do instituto da homologação de acordo extrajudicial no período de calamidade pública, é necessário deixar registrado, especialmente aos mais desavisados, que a Justiça do Trabalho não parou de funcionar. Magistrados, servidores, advogados e demais sujeitos que contribuem com a prestação jurisdicional estão trabalhando incessantemente, muitas vezes em ritmo mais frenético em comparação com os períodos de normalidade.

É evidente que são muitas as dificuldades enfrentadas para que se possibilite a manutenção dos serviços, dentro de um cenário no qual a medida mais recomendada para a proteção da vida e da saúde pública é o isolamento social. Assim como em vários outros segmentos da sociedade, uma série de adaptações vêm sendo realizadas, tanto no plano normativo quanto no fático, para que a Justiça do Trabalho continue a exercer o seu papel fundamental para o Estado Democrático de Direito.

Nesse sentido, é perfeitamente possível a instauração de um processo de jurisdição voluntária para a homologação de acordo extrajudicial, mesmo no cenário dos severos reflexos provocados pela COVID-19. Tal instituto deve ser considerado como uma importante ferramenta para a resolução de conflitos, especialmente neste momento, em que as relações trabalhistas estão vivendo sob extrema tensão. Porém, alguns aspectos práticos precisam ser enfrentados.

Um ponto que tem sido objeto de dúvidas no âmbito da homologação de acordo extrajudicial diz respeito ao fato de que a CLT, no art. 855-D, não obriga o magistrado a designar audiência. Apesar de a lei apresentar tal ato como faculdade (art. 855-D da CLT), é prudente a sua realização, principalmente para afastar quaisquer dúvidas acerca da veracidade e da lisura do acordo. Sobre o tema, discorre Koury (2019, p. 30):

> A audiência é indispensável no processo em geral e, especialmente, no processo do trabalho porque nela se encontram presentes e são concretizados os princípios da proteção, oralidade, imediação e concentração de atos e provas. Quando se tem um procedimento como o trabalhista, com a presumida vulnerabilidade de uma das partes, e se discute matéria que se relaciona com a sobrevivência do trabalhador, direito elevado à condição de fundamental, é muito importante o contato do juiz com as partes para que o ato a ser praticado seja cercado de todas as garantias.

A designação da audiência permite que o juiz verifique se o acordo apresentado à apreciação reflete a livre vontade das partes, atribuindo maior transparência e segurança ao procedimento. Tanto o deferimento como o indeferimento de plano (exceto em casos extremos) são medidas que devem ser evitadas, de modo que a audiência precisa ser encarada como um momento de prestação de esclarecimentos, essencial para a ratificação da livre manifestação da vontade das partes, especialmente se levado em consideração o grau de indisponibilidade conferido aos direitos trabalhistas.

Como a designação da audiência é facultativa, poder-se-ia afirmar que, em tempos de calamidade pública, a melhor solução é a análise dos termos do acordo, pelo magistrado, sem a realização da audiência. Com o devido respeito às opiniões contrárias, este não é o melhor caminho. Permitir a homologação dos acordos sem a prática deste importante ato processual pode ensejar a chancela de avenças com vícios graves, especialmente os de consentimento. De igual modo, o indeferimento prematuro pode representar cerceamento de direitos das partes que, de boa-fé, procuraram o Judiciário para a homologação dos acordos, nos estritos termos da lei.

O recomendável, nessas situações, é a realização de audiência telepresencial, expressamente permitida pela Resolução 314 do CNJ, pelo Ato nº 11 da Corregedoria-Geral da Justiça do Trabalho e pelo Ato Conjunto nº 009, da Presidência e da Corregedoria Regional do Tribunal Regional do Trabalho da Oitava Região.

Dada a natureza do procedimento de homologação de acordo extrajudicial, a audiência, em geral, é menos complexa do que uma audiência de instrução, de forma que a utilização de meios eletrônicos impõe menos dificuldades. Essa afirmação não isenta o juiz de atentar para as dificuldades técnicas que obstaculizem ou impeçam que as partes pratiquem o ato por meio telepresencial. Tal preocupação foi observada pelo art. 6º, § 5º, do Ato Conjunto nº 009, da Presidência e da Corregedoria Regional do Tribunal Regional do Trabalho da Oitava Região, que, em uma disposição pautada pelo bom senso e pela sensibilidade, estabeleceu que o ato somente poderá ser realizado se for possível a participação dos sujeitos envolvidos, não cabendo atribuir responsabilidade aos advogados e procuradores pelo comparecimento das partes.

Questão prática intrigante se coloca nas situações em que os advogados possuem possibilidades técnicas de participar da audiência, mas as partes, diretamente, não as detêm. Nesses casos, sustenta-se, com todas as vênias aos entendimentos em contrário, que os patronos podem transigir, desde que gozem de poderes específicos para tanto, outorgados em instrumento de procuração constante nos autos.

Souza Júnior, Souza, Maranhão e Azevedo Neto (2018) asseveram que, como não há litígio, não cabe a aplicação das consequências processuais de arquivamento e revelia, previstas no art. 844 da CLT, para os casos de ausência do reclamante e do reclamado, respectivamente. No processo de jurisdição voluntária, não há reclamante e reclamado e sim interessados. Nesse sentido, em um contexto no qual a realização da audiência sequer é obrigatória por lei, é possível vislumbrar a prática do ato unicamente na presença de advogados munidos de poderes específicos para transigir.

Esse fato não retira a possibilidade de o juiz avaliar se o não comparecimento direto das partes pode ser um indicativo de vício de consentimento na celebração do acordo. O estado de calamidade pública não constitui, de nenhuma forma, um "cheque em branco", que permite que quaisquer avenças sejam homologadas pelo Poder Judiciário.

Conforme se extrai do próprio artigo 652, alínea *f*, da CLT, o juiz não está obrigado a homologar o acordo formulado pelas partes. Seguindo na mesma linha, o Tribunal Superior do Trabalho sedimentou, na Súmula 418[4], o entendimento segundo o qual inexiste, no caso de não homologação de acordo, direito líquido e certo tutelável pela via do mandado de segurança.

O fato de a avença ser celebrada fora do juízo não exime o julgador da análise meticulosa dos parâmetros consignados, podendo julgar improcedente o pedido quando verificar a existência de vício ou prejuízo substancial a uma das partes. Não há, nos ensinamentos de Delgado e Delgado (2017), qualquer vinculação ao estabelecido no acordo. Portanto, é importante que o magistrado seja criterioso na análise, a fim de verificar se existe algum vício na avença.

Arantes e Pimenta (2018) afirmam que, para além dos requisitos inscritos nos artigos da CLT, é importante que as partes observem, igualmente, o artigo 104 do Código Civil, que determina que a validade do negócio jurídico requer agente capaz; objeto lícito, possível, determinado ou determinável; forma prescrita ou não defesa em lei.

Em relação ao objeto, as autoras entendem que deve haver dúvida razoável acerca do direito envolvido, pois, caso contrário, não tratar-se-á de acordo e sim de renúncia,

---

4 "Mandado de segurança visando à homologação de acordo (nova redação em decorrência do CPC de 2015) – Res. 217/2017 – *DEJT* divulgado em 20, 24 e 25.04.2017. A homologação de acordo constitui faculdade do juiz, inexistindo direito líquido e certo tutelável pela via do mandado de segurança."

proibida pelo art. 9º da CLT, que se constitui como o fundamento legal do princípio da irrenunciabilidade dos direitos trabalhistas. Transação pressupõe concessões recíprocas, ao contrário da renúncia, que é ato unilateral no qual o indivíduo dispõe de um direito de sua titularidade.

Mais uma vez, reforça-se a ideia de que o contexto de pandemia não pode funcionar como um escudo, que protege qualquer tipo de acordo extrajudicial apresentado em juízo para homologação. Qualquer conclusão contrária é extremamente perigosa, podendo gerar uma situação na qual o trabalhador, por exemplo, aceite o pagamento de valores irrisórios e confira eficácia liberatória a uma gama de parcelas, sob o argumento de que os impactos sociais gerados pela COVID-19 conclama, urgentemente, o recebimento de valores pelo obreiro.

Frequentemente, associa-se o instituto da homologação de acordo extrajudicial às situações em que o contrato de trabalho fora encerrado. De fato, é muito comum que os interessados recorram ao mecanismo para solucionar conflitos após o término da relação contratual.

Entretanto, a CLT não impede a aplicação aos casos de contratos em vigor. No cenário de pandemia, o processo de jurisdição voluntária é uma interessante alternativa para conferir segurança jurídica a determinados procedimentos.

Imagine-se uma situação na qual as partes celebram acordo individual pactuando a suspensão do contrato de trabalho, por 60 (sessenta) dias, nos termos do art. 8º da Medida Provisória (MP) 936/2020. A empresa, porém, encontra dificuldades para cumprir o disposto no art. 11, § 4º, da referida MP, que exige a comunicação do acordo, ao sindicato, no prazo de 10 (dez) dias, a partir da data da avença, em virtude do fato de que não conseguiu estabelecer qualquer tipo de contato com a entidade sindical.

Nesse caso hipotético, empregado e empregador poderiam recorrer ao instituto da homologação de acordo extrajudicial, objetivando conferir plena segurança jurídica ao procedimento de suspensão, evitando qualquer invalidade futura. Além da suspensão propriamente dita, o acordo pode dispor sobre outras matérias correlatas, como o valor da ajuda compensatória e os benefícios garantidos por força do contrato.

No caso do plano de saúde, por exemplo, a MP 936/2020 garante, no art. 8º, § 2º, I, a manutenção do benefício, porém podem surgir conflitos entre as partes em situações nas quais o trabalhador é responsável por parte do custeio do plano, por meio da realização de desconto em folha de pagamento. No período de suspensão, resta inviável a aplicação de quaisquer descontos, tendo em vista o não pagamento de salários pelo empregador. Uma saída possível seria a celebração de um acordo prevendo que, durante a suspensão, a empresa fica responsável pelo pagamento integral do benefício, podendo realizar o desconto proporcional dos valores correspondentes à parte que cabe ao empregado após o restabelecimento do curso normal do contrato. A homologação de um acordo nesses termos, pelo Judiciário, certificaria a validade do procedimento, retirando qualquer rastro de insegurança jurídica.

Nos acordos celebrados no curso dos contratos, além dos limites gerais já elencados, especialmente no que concerne à impossibilidade de haver renúncia por parte do trabalhador, outro ponto é digno de atenção: o instituto não pode ser utilizado para dispor sobre condições futuras, inexistentes ao tempo da celebração da avença.

Essa situação ocorreria no caso de as partes pleitearem a homologação de um acordo contendo uma cláusula que dispõe que, caso o trabalhador, futuramente, apresente infecção causada pelo novo coronavírus, a empresa não poderá ser responsabilizada. Tal pretensão, que não se materializou no plano dos fatos, não se constitui como objeto possível de uma avença. O Tribunal Regional do Trabalho da 18ª Região editou Súmula que consagra o não cabimento de acordos com esta finalidade[5].

Mais uma vez, verifica-se que as possibilidades de utilização do instituto em tempos de pandemia carregam consigo algumas limitações, que devem ser rigorosamente observadas pelos magistrados no momento da apreciação do acordo.

4. CONSIDERAÇÕES FINAIS

O instituto da homologação de acordo extrajudicial representa um avanço introduzido pela reforma trabalhista, pois amplia as formas de resolução dos conflitos trabalhistas, propiciando um avanço no que concerne ao acesso à justiça, que não pode ser enxergado apenas sob o prisma da jurisdição contenciosa.

Ao empregador, atribui segurança jurídica aos acordos celebrados extrajudicialmente, modificando um cenário anterior no qual este pagava o valor ajustado na avença e convivia com o risco de cobrança daquelas mesmas parcelas no âmbito de um processo judicial.

Ao empregado, permite que os conflitos sejam resolvidos mais rapidamente e de uma forma menos custosa, em comparação a um processo judicial que percorre todas as instâncias. Por outro lado, o obreiro possui, como salvaguarda, a análise pelo Poder Judiciário, que tem o papel de verificar se o acordo proposto preenche os requisitos para que seja homologado.

Mesmo constituindo-se como uma faculdade legal, é recomendável que os juízes designem audiência, a fim de ratificar que os termos do acordo traduzem a vontade

---

5 Tribunal Regional do Trabalho da 18ª Região. Súmula nº 7. "Acordo. Pretensões decorrentes de acidente do trabalho. Quitação dada pelo empregado em reclamação trabalhista. Alcance.

I. A quitação dada pelo empregado em acordo judicial 'por todas as obrigações decorrentes do contrato de trabalho' alcança também as decorrentes de acidente de trabalho, se a ação foi ajuizada depois que o STF reconheceu a competência desta Justiça Especializada para conciliar e julgar os litígios decorrentes de acidente de trabalho.

II. A quitação dada pelo empregado em acordo judicial 'por todas as obrigações decorrentes do contrato de trabalho' não alcança as pretensões decorrentes de dano que ainda não havia se manifestado ao tempo do acordo.

(RA nº 36/2010, *DJE* 11.05.2010, 12.05.2010 e 13.05.2010)".

das partes. No contexto de calamidade pública provocado pela COVID-19, há a possibilidade de realização de audiências telepresenciais, desde que haja possibilidades técnicas para a prática do ato.

Tanto em tempos de normalidade quanto em contextos excepcionais, o processo de jurisdição voluntária não pode ser instrumento de renúncia de direitos por parte do trabalhador. Trata-se de exigência inarredável, que deve ser observada com especial atenção pelos magistrados no contexto de pandemia.

Cláusulas contendo, por exemplo, a quitação de parcelas incontroversas que não foram pagas; a dispensa do pagamento da multa do art. 477, § 8º, da CLT, quando as verbas rescisórias reconhecidamente não foram quitadas no prazo legal; ou ajustes envolvendo condições futuras, que não se materializaram no momento da avença, não podem ser admitidas.

A homologação de acordo extrajudicial é uma alternativa interessante para atribuir segurança jurídica às medidas adotadas no cenário pandêmico. Entretanto, o estado de calamidade pública, que causa indubitáveis impactos sociais aos sujeitos do contrato de trabalho, não pode servir de justificativa para o abandono de especificidades técnicas, que precisam ser observadas no processo de homologação de acordo extrajudicial.

REFERÊNCIAS

ARANTES, Delaíde Alves Miranda; PIMENTA, Adriana. Limites para a homologação de acordo extrajudicial pela Justiça do Trabalho. **Revista LTr**, São Paulo, v. 82, n. 11, nov. 2018.

BRASIL. **Constituição Federal do Brasil de 1988**. Disponível em: http://www.planalto.gov.br/ccivil_03/constituicao/constituicaocompilado.htm. Acesso em: 28 abr. 2020.

BRASIL. **Consolidação das Leis Trabalhistas (Decreto- lei n. 5452/1943)**. Disponível em: http://www.planalto.gov.br/ccivil_03/decreto-lei/del5452.htm. Acesso em: 28 abr. 2020.

BRASIL. **Medida Provisória nº 936.** Disponível em: http://www.planalto.gov.br/ccivil_03/_Ato2019-2022/2020/Mpv/mpv936.htm. Acesso em: 30 abr. 2020.

DELGADO, Mauricio Godinho; DELGADO, Gabriela Neves. **A reforma trabalhista no Brasil**: com os comentários à Lei n. 13.467/2017. São Paulo: LTr, 2017.

KOURY. Luiz Ronan Neves. Homologação de acordo extrajudicial na justiça do trabalho: competência, jurisdição voluntária, procedimento. **Revista LTr**, São Paulo, ano 83. n. 02, fev. 2019.

SOUZA JÚNIOR, Antonio Umberto de; SOUZA, Fabiano Coelho de; MARANHÃO, Ney; AZEVEDO NETO, Platon Teixeira de. **Reforma trabalhista**: análise comparativa e crítica da Lei nº 13.467/2017 e da MP nº 808/2017. 2. ed. São Paulo: Rideel, 2018.

O Papel do Ministério Público – em Especial do Ministério Público do Trabalho – no Enfrentamento de Problemáticas Estruturais Decorrentes do Contexto Pandêmico

Gisele Santos Fernandes Góes

Ney Maranhão

1. INTRODUÇÃO

As múltiplas transformações sociais, culturais, políticas e econômicas que foram produzidas nas últimas décadas geraram desafios para os profissionais da área jurídica, principalmente, no particular, os do Ministério Público.

A cada dia, depara-se mais e mais com demandas estruturais[1], cuja principal característica que encerram é a da complexidade, vez que não trazem um "manual do fabricante" e exigem o desenvolvimento de todo um raciocínio crítico e reflexivo que deve desaguar na adoção de medidas efetivas de solução desses litígios[2].

---

1 Terminologia adotada na doutrina (processos estruturais, demandas estruturais, litígios estruturais ou demandas estruturantes) com base em Owen Fiss que analisa as *structural injunctions* no sistema de *common law* e trazida para o Brasil, no magistério de Sérgio Arenhart, Marco Félix Jobim e Edilson Vitorelli, primordialmente. Obras que embasam esse ensaio e estão nas referências bibliográficas e texto.

2 "Em resumo, o litígio estrutural é um litígio irradiado no qual a violação surge em decorrência do funcionamento de uma estrutura burocrática, pública ou privada, e, em virtude das características contextuais em que ocorre, sua solução exige a reestruturação do funcionamento da estrutura. Embora essa reestruturação possa ser feita de diversos modos e, frequentemente, não dependa da atuação do Poder Judiciário, ocorrendo pela atuação privada ou com a condução do Poder Executivo, se a alteração for buscada pela via do processo judicial, esse processo poderá ser caracterizado como processo estrutural" (VITORELLI, Edilson. Levando os conceitos a sério: processo estrutural, processo coletivo, processo estratégico e suas diferenças. **Revista de Processo**, São Paulo, v. 284, out. 2018. p. 357).

E a primeira indagação que emerge é a seguinte: os preceitos constitucionais e infraconstitucionais fornecem o conteúdo, alcance e limites, para o exercício do poder democrático nesses novos obstáculos?

Qual é o papel do Ministério Público? O modelo de adjudicação tradicional assentado no conflito bilateral, cujo núcleo é somente a resolução de controvérsias entre seres individuais, tendo como suporte um árbitro imparcial e que desenvolva a mera declaração do direito é suficiente?

As incertezas e a complexidade dos fenômenos sociais promovem a necessidade de um constante equilíbrio, o qual pode e deve ser oferecido, por meio do Ministério Público, Poder Judiciário, Defensoria Pública, Associações, Sindicatos, a partir de vetores de um outro paradigma de adjudicação, qual seja, o de porte dialógico, em um permanente cumprimento da garantia constitucional do contraditório, amplo direito à prova, flexibilização procedimental e de parceirização em prol de um mesmo objetivo: a tutela do "bem coletivo".

Hodiernamente, os litígios se distanciam da relação bilateral e assumem característica grupal ou plurilateral ou multilateral. Emergem epicentros coletivos, como resultantes de ações conduzidas pelas organizações que têm o condão de atingir várias pessoas, sejam físicas, sejam jurídicas e, geralmente, sem perspectiva de delimitação de quantos são ou serão os implicados.

O melhor quadro sinalizado é o encaminhamento para a solução autocompositiva que atenda o maior número de envolvidos. No âmbito jurisdicional, isso demanda atuação judicial inteiramente diversa da tradicional, cabendo ao magistrado atuar mais como um agente de negociação e de troca – e não como agente de decisão e imposição[3].

Não poderia ser diferente, assim, a postura do *Parquet*. Com efeito, o que se espera do membro ministerial também será atitude totalmente diversa da adjudicação outrora tradicional, pois, acima de tudo, hoje, deve ser ativo, comprometendo-se com a construção do caminho da pluralidade.

O paradigma estrutural, como alinhavado por Owen Fiss[4], norteia-se por problemas da modernidade, tais como o ambiental, racial, antitruste, transpondo o modelo clássico, de aporte liberal, individual, para se encampar os grupos oriundos das atividades das organizações sociais.

As atribuições das instituições se tornaram multifacetadas, convergindo para a produção de riscos permanentes na sociedade que necessita de amparo do Estado, via adjudicação de uma série de órgãos que devem estar em sintonia, para a prevenção ou correção do evento.

Logo, parte-se da premissa de que o processo estrutural é muito mais presente no cotidiano, em função do papel das incorporações e instituições, perante os novéis conflitos na sociedade.

---

3 VITORELLI, Edilson. Levando os conceitos a sério: processo estrutural, processo coletivo, processo estratégico e suas diferenças. **Revista de Processo**, São Paulo, v. 284, out. 2018. p. 342.

4 **The civil rights injunction**. Bloomington: Indiana University Press, 1978.

A segunda indagação vem formatando-se: como se constitui o processo estrutural? Como o Ministério Público é um agente fundamental para os valores irradiados e imantados pela Constituição e sistema jurídico pátrio? Por meio de que técnica procedimental se inicia tudo isso?

Sob esse panorama, o processo estrutural não é de prestação única, mas de uma série de atitudes que precisam ser aprofundadas e questões complexas que demandam amplo debate, envoltas de modo transparente, para que as soluções sejam edificadas no diálogo.

2. PANDEMIA: COVID-19 E POSTURA PRELIMINAR DO ESTADO BRASILEIRO

É de conhecimento geral que o mundo foi acometido de uma pandemia, declarada pela Organização Mundial de Saúde, decorrente do novo coronavírus (SARS-COV2), gerador da doença COVID-19. Os fatos se impõem.

Em relação à COVID-19, três circunstâncias devem ser destacadas: i) a diferença entre a velocidade de propagação da doença e do número de óbitos nos diversos países; ii) a aparente constância no momento em que o crescimento exponencial do número de infectados passa a ser verdadeiramente percebido, aproximadamente um mês após a detecção do primeiro caso, conforme foram observados países como os Estados Unidos e Brasil, à guisa de ilustração[5]; iii) a complexidade da problemática, a envolver uma miríade de fatores técnicos/humanos e uma estrutura sanitária e sociolaboral cujo funcionamento regular revelou-se insuficiente para assimilar a contento os impactos do episódio pandêmico.

Estudos conduzidos como o do Imperial College COVID19 Response Team, oriundo do Imperial College de Londres, o qual constitui uma das entidades de maior projeção de pesquisas na Grã-Bretanha, concluíram que devem ser consideradas estratégias de mitigação e supressão.

As estratégias de mitigação são voltadas à proteção dos idosos e no retardo do ritmo de transmissão/contágio com a prática do isolamento social vertical.

E as medidas de supressão da transmissão são as de rápida realização de maciça testagem, isolamento e distanciamento social da população de um modo geral e não mais somente dos idosos, instalando-se o isolamento social horizontal.[6]

Nesse cenário da pandemia, como o Brasil situou a questão do direito à saúde?

O Poder Legislativo, via Congresso Nacional, editou a Lei 13.979, de 6.2.2020, e estabeleceu uma série de ações com o propósito de enfrentamento da emergência de saúde pública decorrente do novo coronavírus (COVID-19). Posteriormente,

---

5 O mundo, em 27.4.2020, possui 3.013.840 habitantes infectados e 207.900 óbitos e o Brasil está com 63.100 habitantes infectados e 4.286 óbitos. Disponível em: https://www.worldometers.info/coronavirus. Acesso em: 27 abr. 2020.

6 Disponível em https://www.imperial.ac.uk/media/imperial-college/medicine/sph/ide/gidafellowships/Imperial-College-COVID19-Global-Impact-26.03.2020.pdf/ Acesso em: 27 abr. 2020.

reconheceu-se oficialmente a ocorrência de estado de calamidade pública no Brasil (Decreto Legislativo nº 6, de 20 de março de 2020, do Congresso Nacional).

A Lei 13.979/2020 trata de quarentena e isolamento, além de posturas da Administração Pública, tais como entrada e saída do país; requisição de bens e serviços e importação de produtos sem necessidade de chancela da Anvisa. Ela prescreve também a edição de atos infralegais, especificamente do Ministério da Saúde, em prol da crise de saúde pública.

É vital frisar que as atividades consideradas "essenciais" ou segmentos econômicos e serviços públicos essenciais devem ser objeto de reserva legal, nos termos da Constituição da República em seu artigo 9º, § 1º.

O parâmetro de reserva legal para ditar quem são as atividades e serviços públicos essenciais é a Lei 7.783, de 1989, a denominada "Lei de Greve".

Ainda que havendo essa norma citada, o Poder Executivo compreendeu pela edição de 02 (dois) decretos: Dec. 10.282, de 20.3.2020 e 10.292, de 25.3.2020, os quais não atritam com a legislação federal mencionada.

Portanto, esse foi o primeiro contexto jurídico da pandemia, em suma.

3. POSICIONAMENTO DO MINISTÉRIO PÚBLICO DO TRABALHO: INCENTIVO AO DIÁLOGO E EXPEDIÇÃO DE RECOMENDAÇÕES NO CONTEXTO PANDÊMICO (COVID-19)

O direito à saúde é um dos pilares cruciais da CRFB, previsto como um direito social das trabalhadoras e trabalhadores urbanos e rurais (artigo 7º, inciso XXII), além de estabelecido como direito de todos e dever do Estado (artigo 196 da CRFB).

A instituição Ministério Público do Trabalho (MPT), perante a pandemia, tinha dois caminhos para fazer opção: a) ou permanecer nos padrões rotineiros que sustentam sua atuação, via denúncias, instaura notícia de fato, notificação, audiências e celebração de termo de ajustamento de conduta (TAC) ou correção das irregularidades e arquivamento ou ajuizamento de ações coletivas; ou b) instaurar procedimentos promocionais, proativamente, cujo objetivo maior seria expedir Recomendações, com esteio nas diretrizes do Ministério da Saúde, da Anvisa e das normas pertinentes (até de cunho internacional), clamando pelo discurso plural do envolvimento de vários atores sociais nas atividades e serviços envolvidos.

O MPT se impôs um planejamento macroestrutural, plural, transdisciplinar, para a abertura de canal de comunicação com os setores públicos e privados essenciais na construção de um pacto concertado, sem desviar o "olhar" para o sistema normativo nacional e estrangeiro.

A recomendação se apresenta como uma técnica que viabiliza o papel do MPT não como um agente repressor, mas, sim, que instaura um despertar para a correção de condutas e prevenção de responsabilidades, como estatui o artigo 1º da Resolução do

Conselho Nacional do Ministério Público (CNMP) de n. 164/17[7], em conformidade com os artigos 129, inciso II, da CRFB c/c Lei Orgânica Nacional do Ministério Público (LONMP) e Lei Complementar 75/93.[8]

Nessa perspectiva, o MPT procura ser ator que fomenta o estatuto axiológico do diploma processual civil, no rumo da consensualidade, espírito cooperativo e resolução harmoniosa[9] com os outros partícipes da sociedade.

Tais recomendações não detêm caráter coercitivo, todavia podem desde logo ocasionar no destinatário a retificação do que esteja em descompasso com a estrita legalidade e, caso seja o Poder Público, pode anular o ato administrativo *ex officio*, no exercício da sua autotutela, portanto, no círculo das suas tutelas de liberdade ou, também, em caso de dúvidas e/ou divergências interpretativas, provocar o MPT para a mesa "redonda", dentro da técnica da mediação ou até da negociação.

Nesse segundo estágio que aflora a verdadeira atribuição do MPT como um incentivador na solução adequada desses litígios estruturais, sem fórmulas prontas, acabadas, mas, sim, construindo-as de "mãos dadas" com todos os envolvidos. Lembrando-se que ainda se tem a obrigatoriedade de se pautar nas normas-princípio da razoabilidade, da proporcionalidade, da eficiência, da publicidade e da motivação na resultante de respeito à dignidade da pessoa humana – especialmente, para o MPT, a dignidade dos trabalhadores[10].

Sergio Arenhart tem uma expressão totalmente acertada e feliz para explicar esse fenômeno do processo estrutural, em que a conduta do magistrado deve ser a de adoção de "provimentos em cascata".[11]

Entretanto, antes de se ingressar nesses provimentos, o que o sistema jurídico nacional oferta como "dutos" para se projetar o desencadeamento de soluções de natureza estruturante?

Não é suficiente entronizar *structural adjudication* com Owen Fiss, sem antes se perquirir algo mais intrínseco, qual seja, o papel do sistema social, especialmente, o que interessa, nesse particular, o subsistema social do direito.

---

7 Art. 1º "A recomendação é instrumento de atuação extrajudicial do Ministério Público por intermédio do qual este expõe, em ato formal, razões fáticas e jurídicas sobre determinada questão, com o objetivo de persuadir o destinatário a praticar ou deixar de praticar determinados atos em benefício da melhoria dos serviços públicos e de relevância pública ou do respeito aos interesses, direitos e bens defendidos pela instituição, atuando, assim, como instrumento de prevenção de responsabilidades ou correção de condutas.

Parágrafo único. Por depender do convencimento decorrente de sua fundamentação para ser atendida e, assim, alcançar sua plena eficácia, a recomendação não tem caráter coercitivo".

8 Art. 129, II, CRFB: MP: "zelar pelo efetivo respeito dos Poderes Públicos e dos serviços de relevância pública aos direitos assegurados nesta Constituição, promovendo as medidas necessárias à sua garantia"; art. 27, parágrafo único, inciso IV, LONMP; e art. 6º, XX, da LC 75/93.

9 Art. 3º, §§ 2º e 3º (métodos de solução consensual e MP) e art. 6º (cooperação), CPC.

10 Art. 8º CPC e art. 20 da Lei de Introdução das Normas ao Direito Brasileiro (LINDB).

11 ARENHART, Sérgio Cruz. Decisões estruturais no direito processual civil brasileiro. **Revista de Processo**, São Paulo, ano 38, v. 225, nov. 2013. p. 400.

Para tanto, elegeu-se a teoria dos sistemas sociais de Niklas Luhmann. O que permeia toda a temática das deliberações estruturantes é perceber que o direito é um subsistema do núcleo do sistema social. Consequentemente, a instituição Ministério Público está inserida nesse contexto sistêmico da sociedade.

O aporte sociológico de Luhmann da teoria dos sistemas demonstra que eles são fechados, autopoiéticos e autorreferenciados os subsistemas, tais como direito, economia, educação, política etc. Todos eles possuem suas estruturas internas, regras, limites, enfim, bases de constituição e desenvolvimento para a própria autorreprodução.

O elemento-chave desses subsistemas é o processo de comunicação, com característica social, porque representa o conjunto de vários sistemas psíquicos, sem localização de seres humanos, enquanto dependência do subsistema para sua sobrevivência.

O subsistema se coordena por intermédio das suas teias comunicacionais, existindo de modo independente, pois não está subordinado a seres humanos. Ele se torna atemporal e, com efeito, galga a sua reprodução. Entretanto, ele carece de sentido, onde os sistemas psíquicos, formadores de pensamentos, imprimem a interpenetração com o sistema social.

Desse modo, o subsistema não está insulado e alienado, tanto aos outros subsistemas, quanto a qualquer elemento de causalidade externa proveniente dos sistemas psíquicos. A sociedade é considerada como entorno e possibilita a abertura dos subsistemas no âmbito da teoria do sistema.

A teoria do sistema abrange subsistemas que se inter-relacionam e o significado produz a ponte entre o que deve ser atribuído como faixa do sistema e o que está de fora dos seus elementos, no entorno.

Dois traços são fundamentais para a teoria dos sistemas sociais: complexidade e diferenciação social.

Se o MPT é um dos concretizadores dos direitos sociais no ciclo das políticas públicas, sobretudo nas questões de saúde e segurança dos trabalhadores ou, melhor, de modo mais abrangente, do meio ambiente de trabalho[12], e como a pandemia COVID-19 é de altíssima complexidade e ínsita nessa conjuntura, nada mais apropriado do que o MPT plantar as sementes de toda uma estrada fincada no arquétipo da parceria, da união de esforços, pretendendo uma aliança em torno do que há de mais precioso, que é o direito à vida e à saúde dos trabalhadores, enfim, dos seres humanos.

O MPT, desde o *boom* da pandemia no Brasil até o dia 13.4.2020, expediu 4.977 (quatro mil e novecentos e setenta e sete) recomendações, primordialmente nos procedimentos promocionais instalados nas 24 unidades regionais do país.[13]

---

12 A visão de meio ambiente do trabalho aqui exposta detém caráter abrangente, engendrando "fomento legal direto e indiscutível para que a sociedade brasileira, incluindo juristas, compreenda, teorize e coloque em prática uma abordagem de meio ambiente ampla e complexa, apta a admitir sua **construção cultural**, sua **inspiração antropocêntrica**, sua **assimilação gestáltica**, sua **perspectiva sistêmica** e seu **alcance transdisciplinar**". (MARANHÃO, Ney. Meio ambiente: descrição jurídico-conceitual. **Revista Magister de Direito Ambiental e Urbanístico**, Porto Alegre, v. 66., jun.-jul. 2016. p. 67.

13 Dados extraídos do site www.mpt.mp.br e sua plataforma de mptdigital.

A recomendação no bojo do procedimento promocional tem como foco o diálogo social e a conscientização dos empregadores acerca das medidas a serem adotadas, para garantir a proteção à saúde e segurança dos trabalhadores, diante dos riscos de contágio da COVID-19.

Como o fato notório independe de prova, como prescrito pelo artigo 374, inciso I, do CPC, as recomendações contemplam diretrizes de tutelas inibitórias, com o foco da prevenção em face das ameaças de contaminação de trabalhadores de vários segmentos, como os dos estabelecimentos de saúde, transporte coletivo, supermercados, agentes funerários, entregadores de plataformas digitais, entre outros segmentos de atividades essenciais e não essenciais.

As demandas estruturais não estão para o padrão de respostas imediatas para os conflitos. Requerem um amadurecimento das instituições envolvidas, notadamente do Ministério Público e dos parceiros, como o Poder Judiciário, o Executivo, a Defensoria Pública, os Sindicatos, as Associações, as Empresas etc.

Os litígios estruturais devem ater-se às respostas mediatas, pois se cercam de expectativas grupais, sociais, políticas, econômicas e jurídico-institucionais, no mínimo. A trilha deve ser progressiva e suave para o sucesso da jornada.

A pandemia COVID-19 causou um reinventar das instituições, revendo os seus valores e premissas, e o MPT, corretamente, lançou-se na formulação de diretrizes técnicas sadias e razoáveis, fornecendo alternativas de ação em cenário de grande insegurança e pavor.

O fomento à espontânea adesão social a suas proposições materializa o acionar de importante dinâmica de diálogo e interação entre a sociedade como um todo e o subsistema sociolaboral, criando canais institucionais de reflexão cuja validade jurídica e social se eleva diante das particularidades da vivência pandêmica, marcada por um leque de incertezas e correspondentes indecisões, públicas e privadas.

Seguramente, não haveria de se esperar que o Ministério Público, sobretudo o Ministério Público do Trabalho, adotasse postura estática, cruzando os braços no aguardo de acionamentos formais e tradicionais, como se na normalidade estivéssemos. Antes, coube-lhe, com coragem e proatividade, colaborar com propostas de solução para conflitos ligados a problemáticas estruturais – logo, graves e complexas –, colocando-se também à disposição para o diálogo sereno e construtivo e, quando necessário, também para o firme acionamento judicial buscando tutelar interesses metaindividuais de magnitude constitucional.

A ênfase dialógica, todavia, continua sendo a perspectiva prevalente. A atuação ministerial, nesse contexto pandêmico, traduz-se, em termos concretos, em técnicas autocompositivas extrajudiciais, além de cooperação pré-processual e processual, cujo encaminhamento para medidas judiciais é mesmo de pouca proporção. Veja-se que, no balanço até 13.4.2020, ainda que com 7.565 (sete mil e quinhentas e sessenta e cinco) denúncias no âmbito do MPT, somente tinham sido ajuizadas 30 (trinta) ações coletivas (ações civis públicas) e, ao revés, já tinham sido instaurados 599 (quinhentos e noventa e nove) procedimentos promocionais, cujo *start* é com a recomendação e que culminaram na realização de mais de 100 (cem) mediações.

Com Tércio Sampaio Ferraz Junior, "a decisão é um procedimento cujo momento culminante é a resposta. A justificação da resposta constitui a questão da sua legitimidade."[14] A decisão abraçada pelo MPT está na veiculação da sua resposta que se legitima no recomendar, dialogar, mediar e assegurar a todas e todos o direito ao trabalho digno, saudável e seguro como espelho do Estado Democrático, cuja base inclui – bem se vê agora no cenário pandêmico – os direitos sociais.

BIBLIOGRAFIA

ARENHART, Sérgio Cruz. Decisões estruturais no direito processual civil brasileiro. **Revista de Processo**. São Paulo, ano 38, v. 225, p. 389-410, nov. 2013.

ARENHART, Sérgio Cruz. **A tutela coletiva de interesses individuais**: para além da proteção dos interesses individuais homogêneos. 2. ed. São Paulo: Ed. RT, 2014.

ARENHART, Sérgio Cruz; JOBIM, Marco Félix. **Processos estruturais**. Salvador: JusPodivm, 2017.

DICKSON, Brice. **Judicial activism in Common Law Supreme Courts**. Oxford: Oxford Press, 2008.

FERRAZ JR., Tércio Sampaio. **Introdução ao estudo do direito**. São Paulo: Atlas, 1989.

FISS, Owen. **The civil rights injunction**. Bloomington: Indiana University Press, 1978.

FISS, Owen. **El derecho como razón pública**. Madrid: Marcial Pons, 2007.

JOBIM, Marco Félix. **Medidas estruturantes**: da Suprema Corte Estadunidense ao Supremo Tribunal Federal. Porto Alegre: Livraria do Advogado, 2013.

JOBIM, Marco Félix. **Cultura, escolas e fases metodológicas do processo**. 3. ed. Porto Alegre: Livraria do Advogado, 2016.

KUHN, Thomas. **A estrutura das revoluções científicas**. 3. ed. Rio de Janeiro: Perspectiva, 1991.

LUHMANN, Niklas. **Legitimação pelo procedimento**. Brasília: UnB, 1980.

LUHMANN, Niklas. **O direito da sociedade**. São Paulo: Martins Fontes, 2016.

MARANHÃO, Ney. Meio ambiente: descrição jurídico-conceitual. **Revista Magister de Direito Ambiental e Urbanístico**, Porto Alegre, v. 66, jun.-jul. 2016.

VITORELLI, Edilson. **O devido processo legal coletivo**: dos direitos aos litígios coletivos. 2. ed. São Paulo: Ed. RT, 2020.

VITORELLI, Edilson. Levando os conceitos a sério: processo estrutural, processo coletivo, processo estratégico e suas diferenças. **Revista de Processo**, São Paulo, v. 284, p. 333-369, out. 2018.

14 Introdução ao estudo do direito. São Paulo: Atlas, 1989. p. 283.